DER ENGELREIGEN

Rudolf Passian

DER ENGELREIGEN

Antworten und Beweise
zur Existenz von Engeln

MMVIII

REICHL VERLAG · DER LEUCHTER · ST. GOAR

Umschlagbild: Druck um 1900

Zwei vorausgehende Auflagen erschienen im WerSch Verlag; die vorliegende Erstauflage im Reichl Verlag wurde neu gesetzt und erweitert um einige Quellenangaben und ein Literaturverzeichnis.

1–2.Tsd. 2008

www.reichl-verlag.de
Satzerstellung: Reichl Verlag, Gabriele Hitzel. Schrift: StempelGaramond
Gesamtherstellung: Druck- und Verlagsanstalt Bietigheim mbH
Gedruckt auf säurefreiem, alterungsbeständigem Papier

ISBN 978-3-87667-286-1

INHALT

„Dann hätte die katholische Kirche ja recht
mit ihrem Schutzengelglauben?“ –
„Ja meinst du denn, daß eine große,
Jahrtausende überdauernde Religion auf dem
Fundament von Märchen aufgebaut sein könnte?“

Hans Sterneder
in *„Frühling im Dorf“*

Danksagungen

Unserer getreuen Weggefährtin, Frau *D. E.*, gebührt an erster Stelle Dank, denn sie ebnete den Weg zum Erscheinen aller drei Auflagen dieses Werkes. Für eine erweiterte Auflage sorgten meine Freunde Dr. *Inge* und Dr. *Günther R.*, Köln.

Desgleichen danke ich meinem Freund und Verleger *Matthias Dräger* für die Besorgung der 3. Auflage. Ebenso allen hier nicht erwähnten oder persönlich unbekannt gebliebenen Helferinnen und Helfern!

Herrn Dipl.-Ing. *Valentin J. Oehen-Christen* danke ich für sein fachlich fundiertes und mutiges Vorwort.

Meiner Gattin *Evelyne* danke ich unter anderem für ihren Buchtitel-Vorschlag „Der Engelreigen“, den ich besser finde als meinen ursprünglichen Arbeitstitel „Engel sind irgendwie anders“. Zutreffender deshalb, weil – im Gegensatz zu uns Menschen – die Engelwelt liebevoll und gottverbunden Hand in Hand arbeitet, jeder seiner Aufgabe gemäß und einig, in dienender Liebe.

Überhaupt gilt mein tiefempfundenes „Vergelts Gott" sowohl sämtlichen diesseitigen Mitwanderern, die seit langem mein Wirken unterstützend begleiten, als auch allen jenseitigen Freunden und Helfern, die zum Entstehen des nunmehr vorliegenden Buches beitrugen!

Es ist herrlich, hüben wie drüben wahre Freunde zu haben!

Rudolf Passian

VORWORT

Es geht im vorliegenden Buch um viel mehr, als uns der Titel „Engelreigen“ glauben machen möchte. Es ist ein Frontal-Angriff auf den materialistischen Atheismus unserer Gesellschaft. Dabei kämpft Passian nicht mit theoretischen Überlegungen; er trägt vielmehr Erlebtes und an sich öffentlich Gewordenes zusammen, verknüpft zahlreiche Einzelzeugnisse mosaikartig zu einem überwältigenden Gemälde des Schöpfergottes, seiner Werke, seiner kontinuierlichen Einwirkung auf das Geschaffene mit Hilfe seiner Engelscharen, und sucht die Rolle des Menschen in dieser gewaltigen Komposition von Licht und Schatten sichtbar zu machen.

Qualifikationen

Es ist ein sehr mutiges Buch, ungerührt vom Meinungsterror unserer Gesellschaft,

- in welcher kein „vernünftiger“ Mensch mehr den Darwinismus zu hinterfragen wagt;
- in der ein völliger Wertewandel stattgefunden hat und höchste Verehrung und Hingabe an alle möglichen Ersatzgötter wie Kommunikations- und Unterhaltungstechnik, Verkehr, Lebensstandard, Globalisierung der Wirtschaft, Dauerwachstum des Bruttosozialprodukts usw. usf. zelebriert werden;
- wo die Schlagworte der französischen Revolution „liberté, égalité, fraternité“ unreflektierten Kult-Status genießen;

Passian setzt auf:
- die von Millionen von Christen (leider oft gedankenlos) gebetete Aussage: „Ich glaube an Gott, den Schöpfer des Himmels und der Erde";
- die durch zahllose Beispiele belegte Hierarchie der Werte mit dem Ursprung beim personalen Gott;
- die vielen sorgfältig erforschten Spuk- und anderen Para-Phänomene, welche Zeugnis geben für die Weiterexistenz der Geist-Seele nach dem physischen Tod des Menschen.

Es ist ein dringend notwendiges Buch, da
- eine wahre Flut von (großenteils belanglosen) Informationen täglich über die Menschen brandet und alles existentiell Wichtige unter sich begräbt;
- durch Technik, Verkehr und Unterhaltungsindustrie ein Höllen-Lärm produziert wird und vom heutigen „Stadt"-Menschen wie ein Opiat konsumiert wird zur Ausfüllung der inneren Leere;
- die von den Wirtschaftsgläubigen herbeigezwungene Globalisierung, einer Megamaschine gleich, die Bedürfnisse der Menschen und der Mitwelt mißachtet und vergewaltigt.

Rudolf Passian macht demgegenüber bewußt, daß
- zahlreiche Informationen bedeutungsvollsten Inhaltes in alten Schriften und in wenig verbreiteten Publikationen der Para-Forschung der Neu-Entdeckung harren;
- nur in der Ruhe, im Sich-auf-seine-Mitte-Konzentrieren (Meditation) der Anschluß an die geistige Ebene gefunden werden kann, das Bewußtsein der Geist-Seele-Körper-Struktur des Menschen aber erst eine zutiefst vernünftige Lebensführung ermöglicht und die Sinnfindung für das Leben jedes einzelnen erreicht werden kann;

- der Mensch als geistiges Wesen, das zur Zeit ein physisches Haus bewohnt, die individuellen Rahmenbedingungen – wie auch jene, die seine Familie, sein Volk ihm bieten können – braucht, um seinem Leben Inhalt und geistigen Fortschritt geben zu können.

Es ist ein tröstliches Buch, denn

- es ist eine Fundgrube für Beweise, daß wir nie allein auf unserem Lebensweg sind, wenn wir bloß die angebotene Hilfe aus der geistigen Welt erbeten, resp. akzeptieren;
- es ermöglicht eine vertiefte Erkenntnis und Beziehung zur Welt der Engelwesen und damit unsere eigene Ortung im großen Schöpfungsplan Gottes;
- es beweist, daß bei allen schwer durchschaubaren Vorkommnissen und Entwicklungen in unserer physischen Welt eine göttliche Regie mitwirkt, deren Anweisungen zielgerichtet und letztlich sinnstiftend sind.

Die Kraft des Zufalls – oder – es gibt keinen Zufall!

Wir gebrauchen die Begriffe „Zufall", „zufällig" in der Alltagssprache mit großer Leichtigkeit. Fängt man jedoch an, die „Zufälligkeiten" des Lebens zu hinterfragen, kann man sich wohl der von Passian zitierten Aussage der Ehrwürdigen Schwester *Theres Schälin* vom Kloster Menzingen anschließen, die gesagt haben soll:

Der Zufall ist das Pseudonym Gottes,
wenn er nicht selber unterschreiben will!

Im vorliegenden Buch finden sich zahlreiche Beispiele, die zeigen, daß hinter dem sogenannten Zufall ein intelligentes Wirken stecken muß.

Parapsychologie führt zur Religion!

Entgegen dem verbreiteten Irrglauben, Parapsychologie sei mit Okkultismus gleichzusetzen, beweist Passian mit seinen zahlreichen Beispielen untersuchter Para-Phänomene, daß der sorgfältige Umgang mit derartigen Phänomenen direkt zum Glauben an die Macht des Geistes (also an Gott) hinführt.

Wenn der denkende, heutige Mensch aufgrund der teuflischen Katastrophen des 20. Jahrhunderts mit dem unendlichen Leiden ganzer Völker, den Massenmorden, den Genoziden, mit Zweifeln am Lebenssinn ringt, stellt Passian mit den Beweisen der Kraft der Liebe ein Licht ins Dunkel der Verzweiflung.

Das Buch führt auch zur Klarheit der Beurteilung der zahlreichen -ismen und angeblich volksbeglückenden, materiellen Ver-Sicherungen, indem die geistige Ebene wieder klar über die materiellen Beglückungstheorien positioniert wird.

Alle die Erscheinungsformen des Bösen (des Diabolischen), die da sind:

- Orgien des Todes und der Vernichtung materieller Werte;
- Allgegenwart der Lüge;
- Trennung des Rechtes von der Sittlichkeit;
- die Macht als Selbstzweck;
- die Entwürdigung der menschlichen Persönlichkeit;
- die Vergottung von Technik und Wissenschaft;
- die Entgleisungen von Literatur und Kunst;
- usw. usf.

werden durch die zahlreichen Zeugnisse der Wirkung des Guten, der Liebe und der Gott-Bezogenheit relativiert und in die Gewißheit der schließlichen Überlegenheit der positiven, göttlichen Mächte bei zu ertragenden Prüfungen in unserem Leben gewandelt.

Die Kraft der Rituale, Gedanken und Symbole

Von der Kinesiologie her ist bekannt, wie durch Rituale, Gedanken und Symbole die energetische Situation des Menschen, seiner Umgebung, ja der ganzen Gesellschaft verändert werden kann. Die Wirkungen des Gebetes, der Riten und der Symbole werden in der parapsychologischen Forschung immer wieder bestätigt. Zu denken ist etwa an die Wunderheilungen in Wallfahrtsorten, an die weitgehend ungeklärten Effekte der Körbler-Medizin, an den ganzen Komplex des Placebo-Effektes und der Logurgie.

Die schlimmen Effekte der schwarzen Magie, der permanenten Verführung und Verhetzung ganzer Völker mit Hilfe der Massenmedien, das unbegreifliche Verhalten vieler Einzelpersonen und oligarchischen Gruppen, sind durch die Erfahrungen der letzten Jahrzehnte im Bewußtsein der meisten Menschen präsent. Der satanische Geist, der durch diese Vorgänge zum Ausdruck kommt, wird jedoch gerne übersehen.

So ist es sehr verdienstlich, daß der Autor diesen Phänomenen mehrere Kapitel widmet und damit ein Gebiet ins Bewußtsein der Leser bringt, das in unserer so sehr auf das Vordergründige ausgerichteten Zeit allzu leicht in Vergessenheit gerät.

Ich empfehle das Buch der Aufmerksamkeit einer breiten Leserschaft. Jedermann, der sich unvoreingenommen in dieses Werk vertieft, wird für sich selbst großen Nutzen daraus zu ziehen vermögen.

Köniz, im Oktober 2003

Dipl. Ing. ETHZ V. J. Oehen-Christen
Präsident der Schweizerischen Vereinigung für Parapsychologie, Bern,
Leiter des wissenschaftlichen Beirats

Zum Geleit

Der seit jeher zum religiösen Überzeugungsgut gehörende Glaube an die Existenz von Engeln und Geistern war nie ein blindes Fürwahrhalten, sondern beruhte weltweit auf uraltem Erfahrungswissen. Nunmehr scheint es an der Zeit zu sein, unleugbare Tatsachen aus dem Bereich mystischer Vorstellungen herauszuheben, sie unter Einbeziehung von Aspekten unseres heutigen wissenschaftlichen Weltbildes neu zu beleuchten und vermehrt in unser Alltagsdenken einzugliedern, statt sie törichterweise und stur zu leugnen.

Unter dem Arbeitstitel „Keiner ist verlassen“ plante ich bereits vor mehr als 25 Jahren die Abfassung eines Buches der nun vorliegenden Art. Es unterblieb jedoch, weil damals eine regelrechte Welle an Literatur über Engel einsetzte. An sich ein erfreuliches Zeichen geistigen Aufbruchs in einer fast nur dem materialistischen Denken zugewandten Zeit. Viele Zeitgenossen scheinen eben von all dem, was in punkto Sinn, Zweck und Ziel unseres Daseins von Kanzeln und Kathedern verkündet wird, ziemlich unbefriedigt zu sein. So mancher geistig heimatlos gewordene, aber nach wie vor den Lebenssinn suchende Mensch, legt sich in Anbetracht deszunehmend chaotischen Weltgeschehens die bange Frage aus Schuberts Deutscher Messe vor: „Wohin soll ich mich wenden?“ Zwar deckt ein immer umfangreicher werdendes Schul- und Spezialwissen voll die Bedürfnisse unseres Verstandes- und Erwerbsdenkens, Herz und Gemüt aber gehen dabei leer aus. Deshalb beginnen anscheinend viele einzusehen, daß der Mensch wirklich „nicht vom Brot allein“ lebt. Es macht sich daher allenthalben eine Art „spirituelles Vakuum“ bemerkbar, das viele zu einem verhängnisvollen Fatalismus verleitet. Aber eben:

„Wohin soll ich mich wenden? Was vermag mir einen festen seelischen Halt zu geben in den oft hart und sinnlos erscheinenden Wechselfällen des Lebens? Hat unser Dasein überhaupt einen Sinn, der über Fortpflanzung, Gelderwerb und Triebbefriedigung hinausreicht?"

Mehr denn je würde heute eine Neubesinnung auf wirklich Wesentliches dringend Not tun; aber was ist wesentlich? – Meines Erachtens gehören zum Wesentlichsten: glaubwürdig-vernünftige Antworten auf die Grundfragen nach unserem Woher und Wohin, über das Wozu jenes Theaters, das wir „Leben" nennen, und ob mit dem Tode wirklich „alles aus und vorbei" sein soll oder ob dann noch etwas nachfolgt?

In diesem Buch wird versucht, aus einem rund 45jährigen Studien- und Erfahrungswissen heraus, eine Reihe akzeptabler Antworten auf den vorgenannten Fragenkomplex zu geben. Als Handreichung für Suchende basiert dieses Buch auf den Ergebnissen einer seit 150 Jahren international betriebenen parapsychologischen Forschung, plus jenem Weltbild, welches uns die Kernphysik aufzuzeigen begann. Daß das Ganze zuletzt ins Religiöse einmündet, dafür kann ich nichts; das ergibt sich logisch und zwangsläufig allein schon aus dem umfangreichen Material der vergleichenden Sterbe- und Jenseitsforschung. An öffentlicher Beachtung oder gar Anerkennung fehlt es allerdings weitgehend. Für die allerwärts Mächtigen, vor und hinter den Kulissen, stünde zu viel, wenn nicht alles auf dem Spiel. Ihr Denken und Tun würde sich als grundfalsch und selbstschädigend herausstellen. Ja, die Akzeptanz des in diesem Buch aufgezeigten neuen Weltbildes käme zugleich einer Konsequenzen bedingenden Anerkennung christlicher Verhaltensregeln gleich und würde das Ende aller Kriege, Revolutionen und Rüstungsgeschäfte bedeuten, alles macht- und profitorientierten Denkens, samt Börsenspekulation, politischer Verlogenheit, Rechtsbeugung und Unterdrückung. Verständlich, daß an den erwähnten Forschungen offiziell keinerlei Interesse besteht. – Nun, die Entwicklung läßt sich wohl verzögern und negativ beeinflussen, auf die Dauer jedoch nicht aufhalten. Gewiß, man kann vor unbequemen Dingen die Augen verschließen, aber an Tatsachen ändert dies absolut nichts. Und nur mit Tatsachen geben wir uns ab.

Und nun, mit Verlaub, etwas Privates:

Oft fragt man mich, wie ich zur Parapsychologie kam: Aus dem Kriege als Invalide zurückgekehrt, folgte die rigorose Heimatvertreibung (aus dem Sudetenland, jetzt Tschechien). Danach schreckliche Jahre einer überaus harten politischen Strafgefangenschaft. Zwar hatte ich keiner politischen Organisation angehört (aus der Hitlerjugend war ich wegen Opponierens ausgeschlossen worden, was mir schriftlich bestätigt wurde), aber irgend jemand hatte mich bei der russischen Besatzungsmacht wegen politischer Witze denunziert. Nach wochenlangen nächtlichen Verhören, halb verhungert, wurde ich schließlich nach § 58 Absatz 10 des sowjetischen Strafgesetzbuches wegen „antisowjetischer Propaganda" zur Höchststrafe von 25 Jahren Zuchthaus verurteilt.

Die ersten Hungerjahre verbrachte ich in einem mit 7.000 Menschen (auch Frauen) überbelegten und als „Schweigelager Nr. 4" deklarierten Zuchthauskomplex. Keinerlei Verbindung zur Außenwelt. Für die Angehörigen galt man als vermißt. Nach dem Kriege! Es gab auch nichts zu lesen. Überhaupt kein Papier oder Schreibzeug, das war strengstens untersagt. Von derartigen Lagern gingen Transporte nach Sibirien. Wer Glück hatte, starb schon vorher. Viele Tausende sollen es, nach Schätzungen mitgefangener Ärzte, allein in unserem Lager gewesen sein. Die Leichen wurden allnächtlich fortgeschafft und unter reichlicher Beifügung von Chlorkalk verscharrt.

Für mich folgten später, wegen der Beteiligung an einem Ausbruchsversuch, zwei Jahre verschärfte Isolierhaft und anschließend ein Jahr „normale“ Einzelhaft. Was tut man in solch aussichtsloser Lage? Man beneidet die Toten, und klammert sich dennoch an das jämmerliche bißchen Leben! Und an das einzige, was einem möglicherweise verblieben war: an ein mühsam noch glimmendes Gottvertrauen. Hätte mir damals mein heutiges Wissen zur Verfügung gestanden, so wäre vieles besser zu ertragen gewesen. Auch hätte ich Mitgefangenen, als diese mich eines Tages um eine kleine Sonntagsandacht baten, viel mehr Trost und Kraft zum Durchhalten vermitteln können . . .

Als schließlich auch mich eine typische Lagerkrankheit gepackt hatte, die das nahende Ende erahnen ließ, sagte ich sinnierend zu einem Kameraden (aus Westdeutschland, namens Josef Klass): „Wenn es einen Herrgott gibt, so müßte er sehen, wie es mir geht.“ „Ja“, erwiderte Sepp, „das müßte er sehen.“ – Zwei Tage darauf war ich frei!*

Man wolle mich recht verstehen: Es liegt mir wahrlich fern, Mitleid erregen oder mich interessant machen zu wollen. Millionen anderen erging es weit schlimmer, sie verloren auf oft grauenhafte Weise ihr Leben. Damit meine ich alle Opfer von Haß und Kriegswahnsinn, ganz gleich welcher Nationalität. Sie alle sind ja Mitmenschen, und damit – aus meiner Sicht – Kinder Gottes. Meinen damaligen Peinigern und dem oder den Denunzianten habe ich längst verziehen; um deren nachtodliches Schicksal sind sie ohnehin nicht zu beneiden. Aufzeigen will ich mit den kurzen Angaben lediglich, wie und warum ich zur Parapsychologie kam. Bei ihr

---

* Anmerkung des Verlages: Von der Militärischen Oberstaatsanwaltschaft der Russischen Föderation in Moskau, erhielt unser Autor inzwischen die Mitteilung, daß er seinerzeit zu Unrecht verurteilt worden sei. Diese Rehabilitation ist um so bemerkenswerter, als sie von einer atheistisch geprägten Staatsmacht erfolgte. Von seiten der „christlichen“ Siegermächte wurde ähnliches bislang nicht bekannt.

fand ich die ersehnte Aufklärung, worin der Tod eigentlich besteht. Zugleich glaube ich damit die Gründe erläutert zu haben, warum ich auf dem stürmischen Meer des Lebens keinen zuverlässigeren „Schwimmgürtel" kenne als Religion. *Manfred Kyber* schrieb einmal, es sei letzten Endes eine Frage des eigenen Horizonts, ob jemand ohne Religion leben kann oder nicht. Bei dem grotesk geringen Ausmaß des heutigen Durchschnittshorizonts sei eine atheistische Einstellung allerdings sehr erklärlich. – Freilich meine ich *wahre* Religion, und keine solche, die Haß gegen Andersdenkende toleriert oder gar predigt.

Seit Jahrzehnten bin ich nun, ohne Missionierungsdrang, sachlich und objektiv bemüht, mein erarbeitetes Wissen weiterzugeben. In zahlreichen Publikationen, Vorträgen und Seminaren konnte ich vielen Mitmenschen zu einer eigenen Meinungsbildung verhelfen. Weltanschauliche Konsequenzen aus alledem zu ziehen, bleibt jedem selbst überlassen.

Was die im Buch wiedergegebenen Erlebnisse anbelangt, so sei man besonders bezüglich der Nahtodes-Erfahrungen auf der Hut vor pseudowissenschaftlichen Gegenargumenten. Mit Selbsttäuschung und dergleichen „Erklärungen" haben solche Berichte verhältnismäßig selten zu tun; sie werden von den Erlebenden als absolute Realität empfunden, wirklicher noch als unsere Wirklichkeit im Hier und Jetzt.

Besonders eindrücklich pflegen Begegnungen mit Engeln und anderen Schutzwesenheiten zu sein. Als wahrhafte Gottesboten vermitteln sie uns ein bislang nie gekanntes Gefühl von Liebe und Geborgenheit. Und so, wie schon bei unserer Geburt und schließlich auch beim Sterben liebevolle geistige Helfer zugegen sind, so begleiten uns Engel und andere Geistwesen während unseres gesamten Erdendaseins. Wohl dem Menschen, der sich dieser Tatsache bewußt bleibt und die heilsamen Einwirkungsmöglichkeiten der Engel nicht durch den Leichtsinn einer verkehrten Lebensauffassung behindert oder gar völlig unterbindet.

Jener Urintelligenz aber, die wir *Gott* nennen, sowie deren Botschaftern, den heiligen Engeln und seligen Geistern, sei mit diesem Buch aufs innigste gedankt, daß mir dessen Abfassung in meinem 80sten Erdenpilgerjahr noch vergönnt und möglich war! Aufnahmebereiten Mitmenschen sei es zum persönlichen Nutzen und mit herz-lichten Segenswünschen in die Hand gegeben. Betont sei nur noch, daß eine seriösunvoreingenommene und interdisziplinär betriebene Parapsychologie durchaus die Ehrenbezeichnung „Königin der Wissenschaften" verdient, denn sie wäre ohne weiteres in der Lage, die „getrennten Schwestern", nämlich Naturwissenschaft und Religion, wieder zu vereinen und damit der gequälten Menschheit bessere Wege aufzuzeigen, als jene es sind, die bisher nur zu Unfrieden und Leid geführt haben.

Der Verfasser

Vorbemerkungen

Im religiösen Denken aller Zeiten und Völker gab es schon immer den Glauben an Geister, Engel, Dämonen und andere Wesenheiten einer für uns unsichtbaren Welt, die wir das Jenseits nennen. Von der Parapsychologie her betrachtet wird das Jenseits definiert als jener Seinsbereich, der außerhalb der Wahrnehmungsfähigkeit unserer Sinne liegt bzw. da beginnt, wo unsere Sinne aufhören, uns Eindrücke zu vermitteln.

An sich sind Diesseits und Jenseits eine Sache der Frequenz. Frequenz bedeutet physikalisch die Schwingungszahl pro Sekunde. Unsere bescheidenen fünf Sinne erfassen leider nur einen sehr eingeschränkten Frequenzbereich. Alles das, was darüber hinausgeht, liegt *jenseits* unserer Wahrnehmungsfähigkeit, wiewohl es dennoch vorhanden ist. Beispiel Propeller: Ab einer gewissen Drehzahl wird er für unsere Augen unsichtbar. Unser allgemeines Weltbild ist daher abhängig von der Anzahl und der Beschaffenheit unserer Sinneswerkzeuge. Manche Tiere z.B. verfügen über zusätzliche Sinne; infolgedessen nehmen sie die Welt anders wahr als wir Menschen. Jedenfalls endet die Natur nicht dort, wo sie aufhört, sichtbar und meßbar zu sein. Daraus darf logischerweise gefolgert werden, daß es nicht bloß verschiedene Aggregatszustände der Materie gibt, sondern auch unterschiedliche Daseinsebenen, möglicherweise mit anders beschaffenen Lebewesen, als wir Menschen es sind.

Die hier dargebotene Definition des Jenseits läßt ferner den Schluß zu, daß unsere Gestorbenen nicht grundsätzlich und für immer verschwinden, sondern bloß optisch. Das gilt für alle irdischen Lebewesen. Die parapsychologische Sterbe-

und Jenseitsforschung konnte den Nachweis erbringen, daß der allgemein so sehr gefürchtete Tod nur unseren physischen Körper betrifft, der (laut Bibel), „von Erde genommen“, in der materiellen Welt verbleiben muß. In rund 150 Jahren Forschung konnten die mit dem Problemkreis „Tod und Jenseits“ zusammenhängenden Fragen weitgehend und klar beantwortet werden.*

In neuerer Zeit erfolgte eine nachhaltige Erweiterung und Ergänzung unseres Wissens um „die Dinge hinter den Dingen“ durch hunderttausendfach berichtete Erlebnisse in Todesnähe oder von nachtodlichen Begegnungen mit Gestorbenen. Hinzu kommt ein weiterer Faktor: Zahlreiche hellsichtig veranlagte Menschen aller Zeiten und Völker hatten bis zu einem gewissen Grade Einblick in andere Welten. Es gab ja schon immer sogenannte „Geisterseher/innen“, und da deren Aussagen sich erstaunlicherweise weitgehend decken, so können das nicht alles Halluzinationen gewesen sein; der Glaube an Geister, Engel, Dämonen und Naturgeister beruht auf einem soliden Fundament breitangelegten Erfahrungswissens, und *Goethe* hatte recht mit seinen Worten aus dem „Faust“: „Die Geisterwelt ist nicht verschlossen...“

Was diesbezügliche Erlebnisse anbelangt, so kann man natürlich alles anzweifeln, was an Erfahrungsberichten, Untersuchungen und sogar Experimentalergebnissen vorliegt. Der Zweifel an sich ist ja keineswegs verwerflich. Besonders dann nicht, wenn er uns zum (unvoreingenommenen) Suchen und Forschen anregt. Ohne kritische Untersuchung und unabhängig-objektive Beurteilung wird eine Wahrheitsfindung kaum möglich sein. Wenn man jedoch jedwede objektive

---

* Vgl. Rudolf Passian: Abschied ohne Wiederkehr? Tod und Jenseits in parapsychologischer Sicht, mit einem ausführlichen Vorwort des deutschen „Vaters der Raumfahrt“, Prof. Dr. Hermann Oberth. Reichl Verlag, St. Goar, 2005.

Untersuchung ablehnt und stur im Zweifel verharrt (was jeder Narr kann), so nannte dies unser Altmeister Dr. *Carl du Prel* „nicht den Beginn von Weisheit, sondern den Gipfel an Dummheit!"* Ähnlich äußerte sich *Angelus Silesius* mit den Worten: „Das sind die Weisen, die vom Irrtum zur Wahrheit reisen; die im Irrtum verharren, das sind die Narren!" Als Wissenschaftler sollte sich daher ehrlicherweise nur derjenige bezeichnen, der Tatsachen nicht ignoriert oder sie nach seiner Weltanschauung zurechtbiegt, weil sie nicht ins gewohnte Schema passen.

---

* „Sphinx", Band XV. Schwetschke u. Sohn, Braunschweig 1892/93, S. 316.

Urknall und Evolutionslehre

Die Behauptung, wonach das gesamte (sichtbare) Universum durch einen Urknall entstanden sei und sich seither ständig ausdehne, hat lediglich den Wert einer Hypothese. Mehr nicht, denn diese Theorie ermangelt ebenso der lückenlosen Beweiskette wie die herkömmliche Abstammungslehre des Menschen. Am Anfang jeder Erkenntnis steht – als Vorstufe des Wissens – der Glaube im Sinne von Fürwahrhalten. Wissenschaft und Religion bildeten ehedem eine Einheit. Seitdem im Abendland rein materialistisches Denken die Oberhand gewann, trennten sich beide. In bezug auf die Entstehung von Welt und Mensch wird von der etablierten Wissenschaft nachdrücklich die auf Darwin fußende Evolutionslehre vertreten. Demnach gab es vor 15 bis 20 Milliarden Jahren* einen ungeheuren Knall. Aus einem anfänglich erbsengroßen Materieklümpchen soll dann das Universum entstanden sein, welches sich seitdem ständig weiter ausdehnt.**

Auf diese Ausdehnung schließt man aufgrund der sog. „Rotverschiebung“: Je weiter sich die Sterne entfernen, desto länger wird ihr Licht gezogen, und deshalb erscheint es rot. Aber auch dieser Theorie, obwohl in Schulbüchern gelehrt, fehlt es an der nötigen Hieb- und Stichfestigkeit, denn diese Rotverschiebung kann man auch anders deuten: In Anbetracht der ungeheuren Entfernungen, die das Licht zurücklegen

---

* Allein schon solche Zeitangaben sind fragwürdig, denn sie setzen voraus, daß es den gegenwärtigen Jahreszeiten-Zyklus von Anbeginn gegeben hat.

** Der angebliche Urknall wäre demnach eine riesige Explosion gewesen. Eine solche bewirkt aber nur Chaos, keine gestaltenden und kontinuierlich aufbauenden Strukturen.

muß, *ermüdet* es und erscheint deshalb im Teleskop rot. Als erster erkannte dies schon 1929 der Astrophysiker *Fritz Zwicky*. „Dadurch wird die Urknall-Theorie überflüssig, und viel Ungereimtes löst sich auf“, schrieb ein Wissenschaftsmagazin im November 2001.

Mit dem Dogma vom Urknall meinte man die Entstehung der *Materie* erklärt zu haben. Ein noch weit größeres Rätsel aber ist die Frage, wie das *Leben* auf die Erde kam, sozusagen der „biologische Urknall“. Und da wird uns zu glauben zugemutet, die Entstehung des Lebens sei „einem gigantischen Zufall“ zu verdanken. Im Grunde genommen ist das Argument „Zufall“ allein schon alles andere als wissenschaftlich, denn auch Zufälle müssen ja zu ihrer Entstehung die nötigen Vorbedingungen haben. Und wenn sich aus dem Urknall-Chaos ein geordneter Kosmos entwickelt haben soll, so müssen ja zuvor die erforderlichen Gesetze da gewesen sein, nach denen die Weiterentwicklung voranschreiten konnte.* In dem Buch „Gott und die Wissenschaft“ sagt der bekannte französische Philosoph *Jean Guitton* (auf S. 51): „Wer hat diese Gesetze beschlossen? Durch welchen ‚Zufall‘ haben sich bestimmte Atome einander genähert, um die ersten Moleküle der Aminosäuren zu bilden? Und durch welchen Zufall haben sich die Moleküle verbunden, um zum komplexen Gebäude der DNS zu führen? Wer hat die Pläne des ersten DNS-Moleküls erarbeitet, die es der ersten lebenden Zelle erlaubte, sich selbst zu reproduzieren?“

Man halte sich folgende Tatsache vor Augen: Eine lebende Zelle besteht aus rund 20 Aminosäuren, die eine enge „Kette“ bilden. Die Funktion dieser Aminosäuren hängt von etwa

---

* Der US-Biologieprofessor Edwin Conklin erklärte, die Wahrscheinlichkeit, daß das Leben auf Erden einem Zufall zu verdanken sei, ist ungefähr so hoch wie die Wahrscheinlichkeit, daß bei einer Explosion in einer Druckerei ein umfangreiches Wörterbuch entstünde.

2.000 (!) speziellen Enzymen ab. Die Wahrscheinlichkeit nun, daß so viele Enzyme sich auf geordnete Weise einander nähern und schließlich – im Verlauf von Milliarden Jahren – eine lebende Zelle bilden, entspricht einer Größenordnung von 10 hoch 2.000, ist also völlig unwahrscheinlich! Dennoch wird dieser jedweder Vernunft hohnsprechenden Theorie geglaubt. Mit dem Begriff „Zufall" ist überhaupt nichts ge- oder erklärt. Auch hinsichtlich parapsychologischer Phänomene muß der „Zufall" immer dann herhalten, wenn man sich im Erklärungsnotstand befindet und eine ehrliche Anerkenntnis unleugbarer Tatsachen auf alle Fälle umgehen möchte. *Jean Guitton* hat wohl recht, wenn er sagt (aaO S. 67): „Was wir Zufall nennen, ist lediglich unsere Unfähigkeit, einen höheren Grad von Ordnung zu verstehen." Und um Weltsysteme einer höheren, nicht-physischen Ordnung geht es besonders bei der Frage nach dem Jenseits, und ob es Engel gibt.

Neben der Parapsychologie erarbeitete ausgerechnet die exakteste aller Wissenschaften, nämlich die *Kernphysik*, ein neues Weltbild, welches Brücke zu sein vermag zwischen herkömmlicher Wissenschaft und Religion: Die Quanten-Feldtheorie besagt, daß die Grundlage aller Materie *fließende Energie* sei. Für *Albert Einstein* war Materie lediglich „eine Form der ewigen Energie". Diese jedoch wird für uns erst wahrnehmbar durch ihre Wirkungen. Und da es offenbar nirgends einen absolut leeren Raum gibt, d. h. auch das scheinbare Nichts von Energie erfüllt ist, so hätte die biblische Schöpfungsgeschichte im Prinzip recht, wenn sie besagt, daß Gott die Welt „aus dem Nichts" erschuf. Denn das gesamte All besteht im wesentlichen aus Leere. Gewiß, es sind Sterne da, Galaxien, ja ganze Galaxien-Haufen; aber sie sind ungeheuer weit voneinander entfernt, sie schwimmen praktisch im leeren Raum. Nur Energiefelder der unterschiedlichsten Art sind überall vorhanden.

Ebenso verhält es sich beim Atom. Wenn wir uns ein Atom in der Größe einer Kugel von 200 Metern Durchmesser vorstellen, so wäre der Atomkern nicht größer als ein winziges Sandkorn. So „leer" ist ein Atom! Trotzdem bilden atomare Strukturen in ihrer Gesamtheit die feste Materie! Ergebnisse der kernphysikalischen Forschung deuten aber auch auf eine Mehrdimensionalität des Raum-Zeit-Kontinuums hin. Man rechnet bereits mit bis zu zwölf Dimensionen! Schon *Wolfgang Pauli* spricht in seinem gemeinsam mit *C. G. Jung* herausgegebenen Buch „Naturerklärung und Psyche" von noch unerforschten Dimensionen ohne Raum und ohne Zeit, zwischen der atomaren und subatomaren Ebene. Dort gebe es auch keine kausale Verknüpfung mehr von Ursache und Wirkung. Zudem könne sich Energie zu höchst unterschiedlichsten Elementarteilchen verdichten und besitze dabei – man höre und staune! – die Freiheit der Wahl! Mehr darüber zu sagen, würde hier zu weit führen. Jedenfalls gehört mit zum Erstaunlichsten die verbissene Arroganz, mit der solche Forschungsergebnisse und deren weltanschauliche Folgerungen ignoriert werden. Fürchtet man eine bedrohliche Abnahme der Beeinflußbarkeit der „werktätigen Massen", wenn allgemein das bekannt würde, was *Pascual Jordan* mit der Feststellung zum Ausdruck brachte: „...die Tatsache, daß nach unserer physikalischen Erkenntnis der Materialismus aufgehört hat, eine naturwissenschaftlich begründete Philosophie zu sein. Er ist statt dessen ein naturwissenschaftlich widerlegter *Irrtum* geworden."

Von dieser Feststellung ist auch der Marxismus und sein „Dialektischer Materialismus" betroffen; jene sozial- und machtpolitische Heilslehre, welcher Millionen Menschenleben geopfert wurden!

Für Menschen, die noch selbständig zu denken vermögen, sollte dies genügen. Leute jedoch, deren weltanschauliches

Brett vor dem Kopf von einem unverwüstlichen Härtegrad zu sein scheint, sind ohnehin unbelehrbar. Neben der Mehrdimensionalität der Existenzebenen, sollten endlich auch einmal die parapsychologischen Forschungsergebnisse in bezug auf den Menschen beachtet werden. Daß der Mensch aus Leib, Seele und Geist besteht, ist sehr allgemein gehalten, aber im wesentlichen richtig. So steht es ja auch im Neuen Testament (1. Thess. 5, 23), aber Seele und Geist werden oft auch in der Bibel miteinander vermengt. Im allgemeinen Sprachgebrauch geschieht dies ebenso: am Allerseelentag meint man ja eigentlich die *Geister* der Jenseitigen mit ihren Seelenkörpern. Unser Geist-Ich mit seinem Persönlichkeitsbewußtsein ist sicherlich von immaterieller (unstofflicher) Natur; seine Ausdrucksform aber ist der (feinstoffliche) Seelenkörper.

Hinsichtlich unserer Seele ermangelt es selbst der Psychologie an einer klaren und allgemein gültigen Definition; ihr Vorhandensein wird sogar in Abrede gestellt, wiewohl man andererseits von der „Psyche" zu sprechen gewohnt ist. Den Vogel jedoch schießt die moderne protestantische Theologie ab mit ihrer unsinnigen „Ganztod-Theorie". Dieser zufolge sterben Leib und Seele beim Tode gemeinsam, um dann irgendwann einmal samt dem Fleischeskörper wieder aufzuerstehen „zum Gericht". Der Theologe *Ernst Benz* nannte dies „so absurd wie nur möglich, denn zum persönlichen Leben gehört die Kontinuität der Persönlichkeit und die lebendige Entwicklung".*

Viele Phänomene der außerkörperlichen Erfahrung, der Nahtod-Erlebnisse sowie des Erscheinens Verstorbener lassen deutlich erkennen, daß wir in uns einen zweiten Körper besitzen: unseren *Astralkörper*. Dieser war allen alten Kulturen bekannt. Im Laufe der Zeit wurde er mit verschiedenen Bezeichnungen

* Beim Evang. Kirchentag in Düsseldorf, 1973.

belegt. In neuerer Zeit wird er zuweilen Energie- oder Bioplasmakörper genannt, weil er von bioplasmatischer Beschaffenheit ist, im Gegensatz zur atomar-molekularen Struktur unseres Erdenkörpers. Einen solchen inneren Leib bzw. Organismus besitzt jeder von uns, und eben dieser ist der Träger unseres Ichs bei außerkörperlichen Erfahrungen ebenso (dem buchstäblichen „Außer-sich-sein", wenn man den eigenen Körper daliegen sieht wie eine leblose Hülle), wie nach dem sogenannten Tode. Auch bei den vielerorts berichteten Erscheinungen Gestorbener ist es ihr Astralkörper, den sie – unbewußt – bis zur Sichtbarwerdung verdichten können.*

Es ist gewiß nicht falsch, wenn wir unseren Astralkörper, samt eventuellen weiteren feinmateriellen Strukturen, als *unsere Seele* betrachten. Sie gilt im Geheimwissen seit jeher als das belebende und organisierende Prinzip des Körpers. Sie sorgt mit ihren Kraftfeldern dafür, daß – während er sich regeneriert – neue Gewebe die geeignete Struktur annehmen und sich an der richtigen Körperstelle einordnen.**

Es ist durchaus kein neuer Gedanke, wenn wir dem seelischen Prinzip formgestaltende Fähigkeiten zuschreiben. Nach *Aristoteles* ist die Seele die Entelechie des Leibes, d. h. die in den Veränderungen des organischen Körpers sich verwirklichende Form.*** Im Menschen nun wirkt der Geist auf die Seele, und diese auf den Körper. In der Natur wirkt das Feine auf das Nächstgröbere in stufenweisen Übergängen.

---

* Dieses häufig berichtete Phänomen dürfte die Ursache sein für den weltweit verbreiteten Geister- und Gespensterglauben.

** Prof. Dr. Harold Burr von der Yale-Universität stellte schon 1935 fest, daß alle organische Materie von elektrodynamischen Feldern umgeben ist und durch sie kontrolliert wird (vgl. die morphogenetische Feldtheorie nach Rupert Sheldrake).

*** „Entelechie" ist etwas, das sein Entwicklungsziel in sich trägt, wie z. B. ein Samenkorn.

Unser *Geist* als höchste Stufe ist sehr wahrscheinlich formlos, er ist Bewußtsein. Die Seele hingegen ist sozusagen seine stoffliche Ausdrucksform, so wie das Urlicht als das Stoffliche der Gottheit gelten darf.*

Der Mensch bestünde somit

1. aus seinem immateriellen Geist-Ich,
2. aus dem feinmateriellen, unser Geist-Ich umhüllenden Seelenkörper, und
3. aus dem grobmateriellen Erdenleib, als äußere Umhüllung der beiden erstgenannten Prinzipien.

Dabei ist bemerkenswert, daß es keinen Geist ohne Seele gibt, jedoch Seelen ohne individualisierenden Geistfunken, wie Tier-, Pflanzen- und Elementseelen (Naturwesenheiten). Mehr zu alledem wolle man nachlesen im Kapitel „Zur Wesensstruktur des Menschen“ ab Seite 18 meines Buches „Licht und Schatten der Esoterik“ (Reichl Verlag).

Das *Jenseits* gliedert sich in vielerlei Existenzebenen von unterschiedlicher Lebensqualität, wobei die Schöpfungszahl 7 eine Rolle spielt. Die jenseitigen Sphären sind mit den Schichten einer Zwiebel vergleichbar, wobei die einzelnen Ebenen einander durchdringen und mit zunehmender Entfernung von der Erde immer subtiler werden. Nach dem körperlichen Tode gravitiert man in denjenigen Zustandsbereich, in den man entwicklungsmäßig gehört. Die meisten bleiben erdverhaftet. Zumeist haben sie noch Einblick in ihre gewohnte Umgebung und wundern sich, daß man sie nicht beachtet. Steht dann ein geeignetes Energiefeld zur Verfügung, so kann es zu Spukerscheinungen kommen, weil die Betreffenden auf sich aufmerksam machen wollen. In höhere Sphären der Astralwelt haben sie keinen Einblick, sind aber dennoch nicht verlassen; sie haben jederzeit die Möglichkeit der Willensumkehr, der gedanklichen

---

* B. Forsboom: Das Buch Emanuel. Bd. 2, S. 43. Reichl Verlag, St. Goar.

Kurskorrektur zum spirituell Positiven hin. Wer hierzu den Willen und die Kraft aufbringt, für den ändert sich die Umgebung. Plötzlich werden liebe vorangegangene Angehörige oder Freunde erkannt. Vielleicht auch ein Schutzengel. Solche Helfer sind in der Regel schon lange zur Hilfe bereit, aber der oder die Betreffende war nicht ansprechbar.*

Die uns umgebende Astralwelt umfaßt Existenzebenen von sehr unterschiedlicher Frequenz, von Bereichen, die man sehr wohl als „Hölle" bezeichnen kann, über Sphären der Läuterung (Purgatorium, aus dessen Erfahrbarkeit die Fegefeuer-Lehre entstand) bis hin zu lichtvollen Welten tiefempfundener Glückseligkeit, welche der religiösen Vorstellung vom „Paradies" entsprechen. Unsere eigentliche Heimat jedoch, der wir herkunftsmäßig entstammen, befindet sich nicht in der Astralwelt, sondern in Bereichen „jenseits des Jenseits". Diese liegen auch jenseits unseres Begriffs- und Vorstellungsvermögens, gemäß 1. Kor. 2, 9: „Was kein Auge gesehen und kein Ohr gehört hat und in keines Menschen Herz gekommen ist, was Gott bereitet hat jenen, die ihn lieben." Dort jedoch sind unsere Schutzengel und all die anderen Engel beheimatet, welche sich nie der göttlichen Ordnung entfremdeten; während unsere Schutzgeister, als vormalige Erdenmenschen, noch (den allerdings höheren Stufen) der Astralwelt zugehören.

---

* Der Vollzug einer entscheidenden Willensumkehr ist im Erdenleben allerdings wesentlich leichter zu bewerkstelligen als in den niederen Sphären der Jenseitswelt: Zu der bestürzenden Einsicht vom Weiterleben nach dem körperlichen Tode kommt noch die Schockwirkung des nunmehr erwachten Gewissens, welches sich hier nicht mehr durch Alkohol oder Vergnügungen betäuben läßt. Solche Hinübergegangenen erleiden schlimme seelische Qualen und sind zumeist außerstande, ihren Sinn auf etwas anderes zu lenken als das, was jetzt ihr Denken total in Anspruch nimmt; denn Gedächtnis und Erinnerung sowie deren ethische Bewertung sind Attribute unseres Geist-Ichs, nicht unseres Gehirns.

Über die Herkunft von Engeln und Menschen

In dem großen protestantisch-theologischen Lexikon „Die Religion in Geschichte und Gegenwart" wird im zweiten Band, Spalte 137, gesagt: „Den Glauben an halbgöttliche Wesen, die den Verkehr zwischen Gott und den Menschen vermitteln, die den Einzelnen vor allen dämonischen Mächten beschützen (Schutzengel) und auch über ganze Völker Wacht halten (Völkerengel), die alles Wachstum in der Natur beschirmen, diesen Glauben teilt die alte Kirche mit den Juden und Heiden."

Kardinal *Höffner* zufolge gehört die Existenz einer Geisterwelt zu den katholischen Glaubenswahrheiten. Daß dieser Glaube bei den Völkern bis heute mehr oder weniger stark verankert blieb, dürfte auf drei Ursachen beruhen:

1. auf seiner uralten Tradition,
2. auf seiner Erfahrbarkeit, und
3. weil man sich Gott selbst, in seiner Unfaßbarkeit, als ansprechbares Du nur schwerlich vorstellen kann.

Die protestantischen Reformatoren jedoch empfanden die Schutzengelverehrung als eine Abwertung der Majestät Gottes, ja sogar als eine Abweichung vom Gottglauben, wenn man sich – statt direkt an Gott oder an Christus – an die Engel wendet. Letztlich hatten solche Auffassungen das allmähliche Versiegen des Glaubens an Schutzengel im Protestantismus zur Folge. Dennoch ergab eine Meinungsumfrage aus dem Jahre 1995, daß fast jeder zweite Deutsche an persönliche Schutzengel glaubt.

Zu diesem Problemkreis kann uns die Parapsychologie mit Aussagen nützlich sein, die dem Erfahrungsgut der vergleichenden Jenseitsforschung entstammen; Aussagen, wie sie prinzipiell der Menschheit zu allen Zeiten durch geeignete Mittler (Medien) oder auf andere außergewöhnliche Weise zuflossen. Es ist nämlich erwiesenermaßen irreführend, wenn manche Theologen meinen, mit dem Tode des letzten Apostels hätten die göttlichen Offenbarungen aufgehört und seien somit abgeschlossen. Fürwahr eine reichlich kühne Behauptung, welche die bemitleidenswerte Unwissenheit solcher Theologen erkennen läßt.

Zu allen Zeiten und jedem Volk wurden Mitteilungen und Botschaften aus Bereichen der Jenseitswelt zuteil, angepaßt der Kulturstufe und somit Aufnahmefähigkeit der jeweiligen Empfängerschaft. Da macht auch die jüdisch-christliche Religion keine Ausnahme. Durch Neuoffenbarungen empfing die Christenheit auch in der nachapostolischen Zeit mehr als genug bestätigende oder vertiefende und weiterführende Impulse. Warum auch nicht? Von wem, das ist eine Frage für sich. Meistens kann man aufgrund des erkennbaren Niveaus des Dargereichten auf die Quelle schließen. Die Kirche tut sich schwer mit „Privatoffenbarungen“ und „Vatermedien“,* zumal da durchaus Vorsicht geboten ist. Andererseits sollte man nicht alles grundsätzlich ablehnen, sondern den biblischen Rat befolgen: „Prüfet aber alles und behaltet das Gute“ (1. Thess. 5, 21). Und „gut“ wäre in diesem Zusammenhang all das, was in Form nützlicher Lebenshilfe geeignet ist, unseren geistigen Horizont zu erweitern und unser Gottvertrauen zu festigen.

Christus betonte ausdrücklich die Unvollständigkeit seiner Lehre mit den Worten (lt. 1. Joh. 16, 12): „Vieles habe

* Unter dem Begriff „Vatermedien“ sind Empfänger von Botschaften zu verstehen, die sich als von Christus oder Gott direkt kommend ausgeben.

ich euch noch zu sagen, aber ihr könnt es jetzt nicht tragen". Demzufolge sollte es kein Christ für unmöglich halten, daß uns weiterführende Belehrungen und Informationen auch heute noch zur Verfügung stehen. Freilich, durch das Heruntertransformieren göttlicher Wahrheiten bis auf unsere niedere Entwicklungsstufe als Gesamtmenschheit, kann es zu ungewollten Trübungen und Verzerrungen kommen. Höherstufige Jenseitige betonen oft, wie schwierig es mitunter sei, uns etwas klarmachen zu wollen, wofür uns die Begriffe fehlen. Trotzdem fehlt es keineswegs an Versuchen höherenorts, unseren Kenntnis- und Erkenntniskreis zu erweitern. So war es im deutschen Sprachraum im 17. Jahrhundert *Jakob Böhme* (1575–1624) aus Görlitz, der als Mystiker das christliche Denken neu befruchtete. Im 18. Jahrhundert empfing *Emanuel Swedenborg* (1688–1772) Offenbarungen von beachtlichem Niveau. Aus dem 19. Jahrhundert ragt *Jakob Lorber* (1800–1864) hervor. Er schrieb das, was er hellhörend vernahm, nieder. So entstanden während eines Zeitraumes von 20 Jahren Tausende von Druckseiten, darunter ein zehnbändiges Johannes-Evangelium.

Eine leider so gut wie unbekannt gebliebene Schöpfungsgeschichte empfing im Jahre 1869 die katholische Baronin *Adelma von Vay* (1840–1925). Es handelt sich um das Buch „Geist, Kraft, Stoff" mit seinen Angaben zu einem Zahlengesetz, welches allem Schöpfungsgeschehen zugrunde liegt.* Es schildert den Verlauf eines Schöpfungszyklusses und beginnt nicht mit der Materie, sondern mit deren Ursprung, dem *Geist*. In Anpassung an unser Begriffsvermögen wird dieser Ursprung *Gott* genannt; Gott als geistiges Urprinzip, als Ur-Licht, Ur-Kraft und Ur-Leben.

In dem Buch „Geist, Kraft, Stoff" wird uns darzulegen

* Reichl Verlag (Bedellion-Verlag, St. Goar, 1993).

versucht, *wie* es zum Entstehen materieller Weltsysteme kommen konnte, und zur Entstehung von Menschen. Es sollte einleuchten, wenn gesagt wird, daß aus Gott, als reinem höchstpotenzierten *Geist**, nur *geistige* Wesen hervorgehen können, sogenannte Geister, aber keine Menschen von unserer Art, mit ihren schwerfälligen materiellen Leibern und allen sonstigen Unzulänglichkeiten.

Daß ursprünglich *Geister* ins Dasein traten, gehörte früher zur christlichen Glaubensgewißheit. So heißt es beispielsweise im berühmten „Wessobrunner Gebet", das aus dem achten oder neunten Jahrhundert stammt:

„Als weder die Erde, noch der Himmel darüber,
als weder Baum noch Berg war...
...da war schon der eine allmächtige Gott,
da waren mit ihm schon
die Menge der göttlichen Geister."

Zuerst also waren Geister da. Menschen unserer Art gab es erst viel, viel später. Den Darlegungen in „Geist, Kraft, Stoff" zufolge entströmten dem Urlicht intelligente, selbstbewußte, reine Geistwesen. Sie werden „Erstlinge" oder „Erstengel" genannt (hieraus entstand das Wort „Erzengel"). In ihrer Makellosigkeit waren sie zwar „rein", aber nicht vollkommen. Ihre individuelle Vollkommenheit zu erreichen war ihr vorgezeichnetes Entwicklungsziel. Sie sollten Mitwirkende werden im göttlichen Schöpfungsplan, weshalb sie über schier unbegrenzt scheinende schöpferische Gestaltungskräfte verfügten. Als Voraussetzung zu individueller Persönlichkeitsentfaltung war ihnen als höchstes Gut die *Willensfreiheit* verliehen. In ihr aber lag und liegt eine latente Gefahr, nämlich die

* Vgl. Joh. 4, 24: „Gott ist ein Geist." Das persönlichkeitsbezogene Wörtchen „ein" ist nur noch in älteren Bibelausgaben zu finden.

des willkürlichen oder unwillkürlichen Mißbrauchs und dessen Folgen; ein offensichtlich ewig gültiges Gesetz, dem alle intelligent-ichbewußten Wesen noch heute unterworfen sind, und auf dessen Basis jeder von uns Selbstgestalter seines Schicksals ist. Letztlich besteht ja unser Leben aus Prüfungen und Bewährungen, ob wir das wahrhaben wollen oder nicht. Bestandene Prüfungen aber sind persönliches Verdienst.

Damals nun soll es zu schwerwiegenden energetischen Dissonanzen gekommen sein, als ein Teil jener Erstlingsengel übermütig zu werden begann. Sie kannten ja nichts anderes als Wohlergehen in beglückendem Wirken und Geborgenheit. Menschlich gesprochen: Es ging ihnen zu gut! Selbstüberheblich meinten sie schließlich, es Gott gleichtun zu können. Sie wollten, wie es in der Bibel 1. Mose 3, 5 heißt, „sein wie Gott". Hochmut begann sich ihrer zu bemächtigen. Das Sprichwort „Hochmut kommt vor dem Fall" hat seine Berechtigung. Infolge verkehrten Denkens, das nicht mehr gottbezogen war, sondern ichbezogen wurde, verursachten diese Erstlingsgeister in ihren rein geistigen Welten ein energetisches Chaos, welches sie schlußendlich nicht mehr in den Griff bekamen. Solches droht uns auch heute wieder. Die entstandenen Energieturbulenzen verdichteten sich. Vergleichbar mit Gewitterwolken, die zur Entladung drängen, kam es letztlich zur katastrophenartigen Abstoßung all dessen, was nicht mehr der ursprünglichen Frequenz entsprach.

Hier haben wir den legendären *Engelsturz*, wie er uns als dumpfe Menschheitserinnerung in verschiedenen Religionslehren entgegentritt. Es war ein Sturz aus der Einheit in die Vielfalt, aus dem Zeitlosen ins Zeitgebundene, aus der Harmonie in die Zersplitterung. Als Folge ihres verkehrt angewendeten Eigenwillens verließen die Betroffenen den Freiraum ewiger Geistesgesetze und fielen der begrenzten Freiheit endlicher Naturgesetze anheim.

Es war jedoch nur ein *Teil* der Erstlingsgeister, die sich durch Eigenschuld abgesondert hatten. Das Wort „Sünde" kommt von „Absonderung". Trotz ihres Fehlverhaltens erfolgte keine Auslöschung ihres Ichs. In einer Ergänzung zu „Geist, Kraft, Stoff" wurde uns gesagt: „Ein neues Gesetz mußte die neuen Bedürfnisse der gefallenen Geister befriedigen, und so entstand das *Gesetz der Sühne*. Anfangs hatten Gottes Kinder nur der Liebe bedurft, jetzt bedurften sie auch seiner Gerechtigkeit, und so faßte das Gesetz der Sühne sowohl Wurzel in der Liebe, als auch in der Gerechtigkeit Gottes."* Die Folgen der „Sünden" (des Fehlverhaltens) stellen zugleich deren Sühne (die Wiedergutmachung) dar. Daß es Wiedergutmachungsmöglichkeiten überhaupt gibt, darf als *Gnade* in dem Sinne verstanden werden, wie wir diesen Begriff allgemein aufzufassen pflegen.

Auch dieses Gnaden- und Sühnegesetz ist noch heute wirksam. Es beruht auf dem für uns nach wie vor gültigen Grundprinzip von Ursache und Wirkung: Aus jeder Entscheidung oder Tat erwachsen unabdingbare Folgen, die weitere Folgen nach sich ziehen und in irgendeiner Weise ausklingen müssen. Da nun aber jegliche Abkehr vom Grundprinzip Gott – unserem Ursprung – Fehlverhalten zur logischen Folge hat, so sind *Leiden* das quasi automatische Ergebnis davon. Alles Leid dieser Welt hat seine Grundursache in unserem Abirren vom rechten geistigen Weg. Der „Heimweg ins Vaterhaus" steht uns allerdings jederzeit offen. Im Rahmen unserer persönlichen Entscheidungsfreiheit liegt es immer und allein an uns selbst, die erforderliche Kurskorrektur zu vollziehen. Weiter lesen wir in der angegebenen Quelle:

„Als Bindeglied zwischen den hohen, reinen, in der Prüfung erstarkten Erstlingen und den gefallenen Söhnen,

* E. v. Bergbach: Geisterkundgebungen. Siegismund, Berlin 1891, S. 45f.

dem Gegensatz, schuf Gott neue Welten, P a r a d i e s e, und reine Kindergeister, die dort wohnten. Den treuen Söhnen gab er die Führung dieser Welten, dieser Kinder, denn auch sie hatten dasselbe Ziel: die Vollkommenheit. Ein Teil der gefallenen Erstlinge (...) halfen diese Welten formen und bilden, und durch diese gesetzliche Arbeit, durch geduldiges Tragen der Folgen ihrer Tat, erreichten sie wieder jene Stufe von Reinheit, die sie verloren hatten. Doch ein Teil wollte sich nicht beugen vor Gott, und suchte nun auch die neue Schaffung Gottes hineinzuziehen in das Chaos, die Kindergeister zum Abfall zu verleiten. In der Parabel von A d a m und E v a wird von diesem zweiten Fall gesagt."

Aus der – räumlich betrachtet – oberen Welt wurde diesen Geistern der zweiten Schöpfung geistige Belehrung und Führung zuteil. Aus der unteren Sphäre, in die sie Einblick hatten, kam „die Versuchung“, in der Bibel symbolisch versinnbildlicht durch die Schlange.

So kam es, wiederum nach Äonen, zu einem zweiten Fall, d. h. ein Teil der Paradiesbewohner ließ sich zu falschem Wollen verleiten. Dies führte im Endeffekt abermals zu einem Absonderungsvorgang und schließlich zur Bildung neuer Weltsysteme von etwas niederer Frequenz, als es die Paradieswelten gewesen waren. Jene gefallenen Erstlingsgeister jedoch, die durch bewußte, böswillige Verführung diese Katastrophe verschuldet hatten, wurden nunmehr zu dem, was die Bibel Dämonen nennt.

Hier haben wir also die sagenhafte „Vertreibung aus dem Paradies“, deren Tatsächlichkeit sich offenbar dermaßen tief in die Kollektiverinnerung der Menschheit eingraviert hat, daß in vielen Religionen – mehr oder weniger deutlich – die Rede davon ist. Bedingt durch den Zwang des Kurzfassenmüssens sei zum weiteren Verlauf der Geschehnisse lediglich gesagt, daß es im Laufe von Äonen mehrere Male zu solchen Absonderungsprozessen kam. So sollen insgesamt sechs Weltstufen entstanden sein, von immer dichterer (materieller) Beschaffenheit, bis herunter zur Stufe unserer jetzigen Welt und von uns Menschen.

Damit wäre die Herkunft von Engeln und uns Menschen in einer der Vernunft nicht widersprechenden Weise geklärt. Engel wurden allerwärts und so häufig erfahren, daß es nicht mehr tunlich erscheint, ihre Realität anzuzweifeln; am allerwenigsten von christlich zu sein vorgebenden Seelsorgern, denn in Kol. 2, 10 und Eph. 1, 21 wird Christus als das Oberhaupt aller Engel bezeichnet. Christen sind daher schlecht beraten, wenn sie den Engelglauben vernachlässigen.

Wie überall in der Natur, so herrscht auch bei den Engelwesen das hierarchische Prinzip. Im Neuen Testament finden wir knappe Angaben mit Cherubim und Seraphim, mit „Thronen, Gewalten und Fürstentümern", unterteilt in drei Triaden. *Augustinus* (354–430) schrieb darüber im 11. und 12. Buch seines Werkes „Der Gottesstaat". Um 500 verfaßte ein Mann unter dem Pseudonym *Dionysius Aeropagita* eine umfangreiche Engellehre. Er gilt noch heute als Begründer der kirchlichen Angelologie, obwohl er auf dem System des Neuplatonikers Proklos (412–485) fußte.

Mehr zur kirchengeschichtlichen Entwicklung der kirchlichen Engellehre zu sagen, ist nicht der Zweck dieses Buches, zumal die Engel gewiß nicht konfessionsgebunden sind. Außerdem war man sich kirchlicherseits wohl kaum jemals einig über die Beschaffenheit intelligenter Wesen, die keinen physischen Körper besitzen und nicht an raum-zeitliche Bedingungen gebunden sind. Ehedem wurde z. B. ausgiebig über die Frage debattiert, wie viele Engel auf einer Nadelspitze Platz hätten. Das zweite Nicäanische Konzil vom Jahre 787 lehrte, daß die Engel feinmaterielle Körper besitzen, während das Laterانische Konzil von 1517 entschied, sie seien von rein geistiger Natur.

Übereinstimmenden jenseitigen Aussagen zufolge gibt es drei Entwicklungsstufen für persönlichkeitsbewußte unsterbliche (d.h. den „Gottesfunken" in sich tragende) Geistwesen, nämlich

a) Engel,
b) halbmaterielle Geister, und
c) materielle Menschen.

Als „Cherubim und Seraphim" gelten die Paradiesesgeister der zweiten bzw. Nachschöpfung, die noch keiner Bewährungsprobe ausgesetzt waren. Engel, sofern es sich nicht um Erstengel (bei Jakob Lorber: Urengel) handelt, sind somit entweder *gutgebliebene* Geister, die niemals zur göttlichen Ordnung in Widerspruch gerieten, oder es sind „geläuterte", d.h. wieder gut gewordene Geister der Nachschöpfung, die sich in selbstlos dienender Liebe auf die Stufe der Engel emporgearbeitet haben. Gefallene Erstengel hingegen, die sich als haßerfüllte Dämonen gefallen und der ihnen wesensgemäßen Gegensatz-Hierarchie angehören, werden vermutlich noch über Äonen ihr unseliges Treiben fortsetzen wollen, obwohl ihrer zweifellos hohen Intelligenz kaum entgangen sein dürfte, daß sie im Schöpfungsplan lediglich jene Kraft darstellen, die zwar stets das Böse will, letztlich aber dennoch dem zeitlos Guten zu dienen gezwungen ist (*Goethe*, „Faust").* Das deutsche Wort *Engel*, vom griechischen „angeloi" und dem lateinischen „angelus", bedeutet Bote.

---

* Gefährliche Viren, Krankheitsbazillen, Giftpflanzen, bösartige Insekten und Tiere etc. sind als „vom Gott der Liebe geschaffen" wohl kaum denkbar;

Soweit Engel mit Aufgaben in der Menschenwelt betraut sind, sollten wir sie als Gottesboten empfinden, als Boten aus einer übersinnlichen, feinstofflichen Welt; als Vermittler und Beweisführer zwischen jener und unserer Materiewelt, wie mein hinübergegangener Freund, der Zürcher Arzt und Psychiater Dr. *Hans Naegeli-Osjord* in seinem Buch „Umsessenheit und Infestation" (zu welchem ich das Geleitwort verfassen durfte) schrieb:**

„Diese beiden Welten sind eng aufeinander bezogen. Man darf sich die transzendente Dimension nicht als statische, reine Prinzipienwelt vorstellen, die unserer dynamischen Materiewelt nur das Gerüst gibt. Diese feinstoffliche Welt ist als zuerst existierende gleichfalls voller dynamischer Energie. Allein die Tatsache, daß sie sich in unsere grobstoffliche Welt verdichtete, beweist ihren dynamischen Charakter."

Dies alles sei zwar mit naturwissenschaftlichen Kriterien nicht nachvollziehbar, aber die Engel als „Überträger von Inhalten aus dem Transzendenten in unsere Erfahrungswelt" seien durchaus vorstellbar und nicht nur theologisch eine brauchbare Hypothese zur Welterklärung.

Der Erdheilungsexperte *Marko Pogacnik*, auf dessen Aussagen ich noch öfters Bezug nehmen werde, betrachtet die Engel als „eine Personifizierung des kosmischen Bewußtseins", und um sie in ihrem Wesen besser verstehen zu können, solle man sich „von der Vorstellung ihrer vermenschlichten Gestalt lösen und sie eher im Sinne eines reinen Bewußtseins sehen". Ihr Körper sei eine Schwingungsstruktur, die als

---

sie sind wohl eher als „Früchte des Gegensatzes" aufzufassen, d. h. als Ergebnisse der Bemühungen des widergöttlichen Prinzips, und demnach von Gott weder geschaffen noch gewollt (laut einer Mitteilung von Drüben, in: „Reformierende Blätter", Band. VI, 366). Dennoch liefern uns z. B. Giftpflanzen, in entsprechender Verdünnung (Potenzierung), Heilmittel.

** R.G. Fischer-Verlag, Frankfurt/Main 1994, S. 184.

Träger dieses Bewußtseins dient.* Mit Verlaub: ist das unser Körper nicht ebenfalls, und trifft dies letztlich nicht auf jedes Lebewesen zu?

Was nun den *Wirkungsbereich* von Erstengeln (Erzengeln) anbelangt, so dürften sich deren Aktivitäten wohl kaum auf die Herstellung von „Erzengel-Tropfen" für den Esoterikmarkt erstrecken oder auf einen einzelnen Menschen konzentrieren, ausgenommen bei einem Geschehen wie jenem der Menschwerdung Christi oder anderer Bewirkungen von großer spiritueller Bedeutung. Wesen aus der Ordnung der Engel können uns jedoch sehr wohl beschützend und leitend zur Seite stehen, und das sind unsere persönlichen Schutzengel. Dennoch erfahren wir deren Hilfe sichtbar und spürbar verhältnismäßig selten; viel öfters hingegen die liebevoll fürsorgliche Gegenwart unserer *Schutzgeister*!

Auf die Frage nun, was die Engel ihrem Wesen nach sind, wäre die Gegenfrage zu stellen: Was sind denn wir *Menschen* unserem Wesen nach? Wenn ein Mensch sich erkühnt, etwas über das Wesen der Engel aussagen zu wollen oder sogar über das Wesen Gottes, so übersieht er völlig, daß wir – wie schon *Thomas von Aquino* sagte – nicht einmal über das Wesen einer Fliege oder Ameise etwas aussagen können. Wir sind uns ja selber weitgehend ein Rätsel! Zwar häufen unsere exakten Wissenschaften immer mehr und kaum noch überschaubares Wissen an, aber wenn man sie nach dem ureigentlichen Wesen der Dinge fragt, und warum es so funktioniert und nicht anders, dann ist es mit der professoralen Vielwissenheit rasch zu Ende.

Welche existentiellen Grundfragen, nämlich jene über unser Woher und Wohin, vermochten die Wissenschaften bislang zu lösen? Keine, von der Misere der Psychologie ganz zu

---

* In: Erdsysteme und Christuskraft. Knaur-Reihe, MensSana, München 1998, S. 32.

schweigen. Auch die Naturphilosophie bleibt in Ansätzen stecken, weil allein vom Verstandesdenken her das Wesen der Dinge (z. B. das Wesen der Elektrizität) nie vollumfänglich ergründet werden kann. Die moderne Physik erhebt auch längst keinen Anspruch mehr darauf, etwas „von der Substanz an sich“ erkennen zu wollen. Der experimentellen Physik sind lediglich die meßbaren Erscheinungsformen der Materie und deren physikalischen Grundlagen zugänglich, soweit dies bis jetzt auf atomarer, subatomarer und energetischer Ebene möglich war.

Vielerlei Kenntnisse zu haben ist eben nicht gleichbedeutend mit Erkenntnis des Wesentlichen. Kenntnisse kann man sich aneignen, sinnerschließende Erkenntnisse zu erlangen, ist wesentlich schwieriger. Wenn man sie ernsthaft zu erringen sucht, wird uns Hilfe aus der jenseitigen Welt zuteil. Hierbei sind Engel als Repräsentanten einer weit höheren Seinsqualität als der irdischen gewiß in der Lage, das, was wir „göttlichen Willen“ nennen, zu erspüren und entsprechend zu handeln. Auf dieser Grundlage bringen sie durch ihr liebeorientiertes Wirken für uns die Existenz Gottes und seiner (vielbezweifelten) Liebe zum Ausdruck.

Mit einer solchen Definition des Wesens der Engel und ihrer Tätigkeiten sollten wir uns vorerst zufriedengeben. Auch Sinn und Zweck des Engeldaseins sind aus ihr erkennbar: Engel wirken – religiös gesprochen – offenbar im Sinne eines höheren, eines göttlichen Willens und Planes. Damit ist ihr Daseinszweck ausreichend umrissen. An sich ist dies der gleiche wie bei uns Menschen, nämlich, unsere Stellung im Naturgeschehen sowie unser Abhängigsein von einer höheren Liebe und Weisheit zu erkennen und – den Geboten der Vernunft folgend – uns entsprechend zu verhalten.

Hinsichtlich der Engel wäre es jedoch gewiß unzutreffend, annehmen zu wollen (wie dies zuweilen behauptet wird), daß sie eine Art einheitlich genormte Geschöpfe seien, ohne individuelle Persönlichkeitsprägung und ohne Willensfreiheit. Träfe dies zu, so wären sie lediglich roboterhafte Wesen, programmiert auf ihren jeweiligen Aufgabenbereich. Das widerspräche aber der Vielfalt der Einzigartigkeit, wie wir sie in der Natur allenthalben beobachten können. Wenn es schon keine zwei Schneeflocken geben soll, die einander in ihrer Struktur völlig gleichen, keine zwei voll miteinander übereinstimmenden Blätter an Bäumen sowie keine zwei Menschen von total identischem Aussehen und gleicher Veranlagung (woran auch das Klonen nichts ändern wird), so ist hierdurch die Annahme begründet, daß diese grandiose natürliche Vielfalt auch für Engelwesen gilt.

Dementsprechend unterschiedlich und persönlichkeitsgeprägt sind gewiß auch ihre Fähigkeiten und Neigungen. Deshalb wird auch nicht jeder Engel für jede Aufgabe geeignet sein. Es ist vielmehr anzunehmen, daß der einzelne solche Aufgabenbereiche übernimmt, die ihm quasi „liegen“, in denen er Optimales zu leisten vermag, weil er für deren Bewältigung die besten Voraussetzungen mitbringt.

Was jedoch die angeblich nicht vorhandene Willensfreiheit anbelangt, so dürfte diese Annahme allein schon deshalb hinfällig sein, weil ja schon der legendäre Engelsturz nur aufgrund von Willensfreiheit möglich war. Ohne persönliche Willens- und Entscheidungsfreiheit entfällt logischerweise jede Verantwortlichkeit des Individuums. Im Erscheinungsbild der unzähligen Nahtodes-Erlebnisse ist deutlich genug unsere Selbstverantwortung für all unser Denken, Tun oder Unterlassen erkennbar.

Dies gilt sicherlich auch für Engelwesen.

Erfahrbare Einwirkungsmöglichkeiten unserer jenseitigen Helfer

Erfahrungsgemäß vermögen Engel willentlich ihr Aussehen und ihre Größe zu verändern, je nachdem wie es erforderlichenfalls ihrem Auftrag oder Vorhaben am besten entspricht. Solches bringen aber auch dämonische Wesen fertig, und es entspricht der Wahrheit, wenn es 2. Kor. 11, 14 heißt, Satan selber könne sich zu einem Lichtengel verstellen. Auch hier handelt es sich um uraltes Erfahrungswissen, das keineswegs auf die Christenheit beschränkt, sondern älter als diese ist.

Engel können sich in einer Gestalt zeigen, die unserer allgemeinen Vorstellung entspricht, nämlich mit „Flügeln". In Wahrheit jedoch bedürfen Engel keiner Vogelschwingen; sie sind umgeben und werden getragen vom eigenen Kraftfeld lichtvoller Energie, das in seiner Ausstrahlungsform einem Flügelpaar ähneln kann. Der christlich-spirituelle Kunstmaler *Hans Georg Leiendecker* stellt dies auf seinen Engelbildnissen sehr anschaulich dar.*

Die für uns sichtbare materielle Welt ist offen und somit zugänglich für Einwirkungsmöglichkeiten aus vier unsichtbaren Daseinsbereichen:

1. aus der Welt der Engel (religiös gesprochen: aus dem Christus-Licht, denn Christus ist gemäß Kol. 2, 10 und Eph. 1, 21 der Gebieter über alle himmlischen Wesen),
2. aus der Welt der seligen Geister, d.h. vormaliger Erdenmenschen, soweit diese sich noch in den höheren Stufen der Astralwelt befinden,

---

* Vgl. Angaben hierzu im Kapitel „Vom Aussehen der Engel".

3. aus der Welt dämonischer Mächte, und
4. aus der Welt der Naturgeister und Elementarwesen. Diesen obliegen wichtige Aufgaben im Naturgeschehen.

In Fällen von Schutzengelerlebnissen, wo man den Helfer nicht sieht, wird man kaum genau sagen können, ob die Hilfe von Engeln kam oder von Verstorbenen, die uns im Leben nahestanden. Ausschlaggebend ist ja vielmehr, daß solche Hilfe überhaupt möglich ist, daß sie erlebt, ja sogar erbeten werden kann. Erleben kann man die Hilfe „von oben“ auf vielerlei Art und Weise. Aufgrund des überaus reichhaltigen Erfahrungsgutes auf diesem faszinierenden Gebiet können hier folgende Erscheinungsformen und Einwirkungsarten unsichtbarer Wesenheiten genannt werden:*

A Manifestationen von Engeln und Schutzengeln, mit oder ohne „Flügel“.
B Das Abgeholtwerden Sterbender.
C Engelhafte Geistwesen und ehemalige Menschen in Schutzgeistfunktion.
D Hilfe von Mutter Maria oder angerufenen Heiligen.
E Die Traumebene als Begegnungsplattform.
F Helfer, die aus dem Nichts auftauchen und ebenso rätselhaft wieder verschwinden.
G Menschen werden veranlaßt, Unbekannten zu helfen.
H Wahrnehmungen im hellseherischen, meditativen oder ekstatischen Zustand.
J Das Stimmenhören, innerlich oder von außerhalb kommend.
K Ahnungen und Vorzeichen.
L Licht-Phänomene.

* Wobei es vielerlei Überschneidungen gibt und die Aufzählung um weitere Kategorien erweitert werden könnte.

M Gebetserhörungen und Anrufung in höchster Not.
N Bewahrung vor Selbstmord.
O Schadlos überstandene schwere Unfälle.
P Bewahrung im Kriege.
R Bergsteiger-Erlebnisse.
S Kinder nehmen Engel wahr.
T Der „spiritus familiaris".

Das Ganze untergliedert sich dann noch in Erscheinungen, die nur der oder die Erlebende wahrnimmt, und in solche, die auch von Zeugen bestätigt werden. Letzteres unterstreicht die Realität des Vorgefallenen, im Gegensatz zum nur subjektiven Aussagewert jener Erlebnisse, für die keine Zeugenschaft erbracht werden kann, und die deshalb als Selbsttäuschungen oder unbewußte Produktionen der Psyche abgetan werden. Doch ist deswegen der Wert solcher Erlebnisse keineswegs geringer einzuschätzen, denn für den Betroffenen stellen sie – in der Regel – eine gravierende Erfahrung dar, die bedeutsam sein kann fürs ganze weitere Leben und die nie vergessen wird. Im Gegenteil: Aus der Erinnerung daran schöpft man immer wieder neue Kraft und Zuversicht, wenn das Leben mal zur Qual wird...

Aus den angeführten Kategorien von Einwirkungsmöglichkeiten und Manifestationsarten jenseitiger Intelligenzen seien aus der Fülle vorhandener Erlebnisberichte einige wiedergegeben; wobei jedoch betont sei, daß unsere unsichtbaren Helfer leider oft nicht so können, wie sie gerne möchten. Ihrem Helfenwollen sind gewisse Grenzen gesetzt, auch aus dem Grunde, weil wir Menschen letztlich selber zu entscheiden haben, in welcher Weise wir unsere (zumeist selbst verursachten) Probleme meistern, und wie wir auf bestimmte Situationen zu reagieren für richtig halten. „Wir stehen euch in gewissen Fällen, wenn es in unserer Macht liegt, bei. Aber *über* uns, in anderen Zonen, waltet eine mächtige Hand, die uns von manchen Handlungen abhält, die wir zu eurem vermeintlichen Nutzen ausführen möchten", sagte ein Entkörperter zu dem Jenseitsforscher Dr. *Robert Friese.* „Es ist uns dann nicht möglich, euch beizustehen, namentlich, wenn es wichtige Eingriffe in eure Verhältnisse oder euer Leben betrifft. Dann sind wir machtlos und kommen nur als Freunde, mit euch zu trauern oder uns zu freuen."

Unsere Schutzgeister sind uns jedoch unbedingt an Erkenntnis des Wesentlichen überlegen. Sie kennen die Geheimnisse um Leben und Tod, um die geistigen Hintergründe von Freud und Leid. Zudem waren sie ja Erdenmenschen wie wir und vermögen deshalb am besten nachzuempfinden, was uns hienieden bedrückt oder zu schaffen macht. Und weil sie uns von Herzen lieben, möchten sie uns helfen und beistehen. Zumindest versuchen sie, uns in spirituell positivem Sinne zu inspirieren. Fast oder völlig machtlos sind sie – ebenso wie unsere Schutzengel – nur dann, wenn ihr Schützling total im primitiv-materialistischen Denken versumpft oder gar ins Kriminelle abdriftet. Dann können gegebenenfalls nur noch fürbittende Gebete helfen, sowohl seitens der Schutzwesenheiten, als auch der irdischen Angehörigen eines solchen bedauernswerten Menschen. Denn „das Gebet vermag viel, wenn es ernstlich ist", heißt es ganz richtig bei Jakobus 5, 16.

Der Genius

Und all Dein Ahnen, es ist kein Wahn,
kein Trug Deiner suchenden Sinne:
Dich führet ein Höheres himmelan,
Dich ziehet ein Wesen zu sich hinan,
daß es Deine Seele gewinne.

Dich leitet ein Genius, der Dich beschirmt
im tobenden Wirbel des Lebens;
und wenn es in brausenden Wettern stürmt,
wenn über dem Haupte die Wolke sich türmt,
Du rufest ihn an nicht vergebens.

Doch der Mensch bewahre sein besseres Ich
in all dem irdischen Treiben,
so wird ihm kein Erdenkampf fürchterlich,
und in all seiner Not wird ewiglich
getreu ihm sein Genius bleiben.

Hanna Vogt-Vilseck

Begleiten uns mehrere Beschützer? Können sie wechseln oder uns verlassen?

Zu derlei Fragen sind wir auf Angaben in hl. Schriften und somit aus höheren Seinsebenen angewiesen. Die Antworten jedoch sind uneinheitlich. Einigkeit herrscht nur dahingehend, daß es Schutzwesenheiten *gibt*. *Jakob Lorber* zufolge soll es keinen Menschen geben, „der nicht wenigstens drei Schutzgeister, zwei Engel und einen großen Engel hätte, über die noch ein Siebenter wacht".*

Adelma von Vay wurde belehrt, jeder Mensch werde von sieben Wesenheiten begleitet. Demnach steht man unter der Leitung eines Sonnengeistes (als Urlichtspender), eines sogenannten Doppelgeistes, eines Familiengeistes (Verwandter) und vier Elementarwesen.

Anzahl, Rangstufe und spirituelle Qualität unserer jenseitigen Begleiter ist naturgemäß sehr unterschiedlich, weil dies von unserem eigenen Persönlichkeitswert abhängt. Schon bei der Geburt dürfte dies von Bedeutung sein. Danach, im späteren Erwachsenenleben, spielen dann die Art unseres Denkens, Wollens und Handelns die ausschlaggebende Rolle hinsichtlich der begleitenden Geistwesen, die wir quasi gesetzmäßig anziehen.

Im allgemeinen scheint es so zu sein, daß jeder von uns einen Schutzengel zur Seite hat, und neben diesem eventuell mehrere Schutzgeister. Letztere sind zumeist vorangegangene Verwandte oder Freunde, mit denen uns viel verband.

Unter Bezugnahme auf einen möglichen Wechsel unserer Schutzwesenheiten erklärte *Emanuel*, es sei nicht erforderlich,

---

* J. Lorber: Erde und Mond. Neu-Salems-Verlag, Bietigheim, 1922, S. 142.

„von der Wiege bis zur Bahre“ an den Menschen gebunden zu sein. „Wenn ein Mensch eine geistige Arbeit hat, zu der er höherer Führung bedarf, so wird ihm diese durch einen hochstehenden Geist zuteil.“ Doch sei dies keine Fessel für einen Schutz- oder Führungsengel. Zwischen ihm und seinem Schützling besteht „ein fluidisches Band“, das eine sofortige Gedanken- und Gefühlsübertragung ermöglicht. „Zeit und Raum sind, wenn auch noch nicht vollkommen aufgehoben, doch von solchem Geiste beherrscht.“ Und: „Es wechseln auch die leitenden Schutzgeister der Menschen mit dem Wechsel ihrer Arbeit, ihres geistigen Fortschrittes. Ihr Menschen seid in eurem geistigen Wert erkannt, genau bemessen, klar durchschaut von höherem leitenden Geist.“

Wenn wir den Sinn unseres Daseins zu erkennen beginnen, den Primat des Geistes erahnen und „immer strebend uns bemühen“ (*Goethe*, „Faust“), so bewirkt dies zu gegebener Zeit einen Wechsel unserer Führungs- und Betreuungsgeister, ähnlich dem Lehrerwechsel in der nächsthöheren Schulklasse. In umgekehrter Linie, wenn man sich willentlich eines negativen Verhaltens befleißigt (Betrug, Besitzgier, Hemmungslosigkeit, Machtmißbrauch, Lüge, Raub und Mord etc.), so verlieren wohlwollende Geistwesen ihre Einflußmöglichkeiten und müssen ihren Platz anderen Kräften räumen. Auch hierzu *Emanuel*:

> *„Wenn ein Mensch mit Vorsatz und Wollen schlecht ist, die Stimme des Gewissens konsequent betäubt, so kann der Schutzgeist seines Amtes nicht mehr walten, weil es zwecklos geworden, ihn länger zu umgeben. Es ist ein ewiges Gesetz, daß alles Zwecklose erlischt, und die Natur übersetzt es in ihre Sprache, indem sie zwecklose Organe durch Rückbildung aufhebt. Wenn (jedoch) ein solcher Mensch Reue empfindet und (nunmehr) das Gute anstrebt, so wird*

ihm wieder soviel Hilfe zuteil, als seinem Werte und Wollen entspricht. Ihr müßt euch das Schutzgeistamt nicht als etwas nach einer bestimmten Schablone Gemachtes denken."*

Von sich aus werden uns unsere Schutzwesenheiten also nie verlassen. Wir selbst berauben uns ihrer Einflußmöglichkeiten. Kampflos jedoch geben sie ihre Positionen nicht auf. Es steht ja auch für sie einiges auf dem Spiel, nämlich ihr eigener geistiger Fortschritt, den sie dann erreichen, wenn wir – mit ihrer Hilfe – unsere Lebensaufgabe gemeistert haben.

Schutzwesenheiten haben es schwer. Sie sind um ihre Aufgabe keineswegs zu beneiden. Nicht bloß wegen der Kämpfe, die sie mit übelwollenden Kräften zu bestehen haben, sondern auch wegen des Verhaltens ihrer Schutzbefohlenen, das meistens dem eines störrischen Esels gleichkommen mag. Jeder Schutzengel hat enorme Verantwortung zu tragen. Wem von uns Menschen kommt es überhaupt zum Bewußtsein, welch gewaltige Einsatzbereitschaft und Arbeitsleistung wir da in Anspruch nehmen, ohne auch nur einen Gedanken des *Dankes* aufzubringen?

Von drüben wurde versichert, daß jene Geistwesen, die ein Schutzgeistamt anstreben und hierzu geeignet sind, in höheren Sphären eine regelrechte Ausbildung absolvieren. Dabei handele es sich um einen umfangreichen Unterricht, von dem wir uns keinen Begriff machen können, da er jede irdische Pädagogik weit übertreffe. „Von der praktischen Menschenkenntnis angefangen, bis zur Suggestionspraxis; vom Verhalten bei körperlichen Leiden bis zur seelischen Selbstüberwindung, ja sogar die Beherrschung von Energiestrahlen aller Art oder das gewaltsame Herausreißen des Astralkörpers in höchster

* Bernhard Forsboom: Kundgebungen des Geistes Emanuel, Bd. I. Reichl Verlag, St. Goar 2003 (Neuauflage im Originaltext), Kapitel „Schutzgeister".

Gefahr", dies alles gehöre zur Ausbildung von Schutzengeln und -geistern.

Dr. Justinus Kerners „Seherin von Prevorst", *Friederike Hauffe*, sah hinter jedem Menschen dessen Schutzgeist, „sofern dieser nicht wegen der Schlechtigkeit des Betreffenden von ihm gewichen, ihm entzogen worden war."* Dies trifft, so wurde von drüben schon verschiedentlich gesagt, auch auf Leute zu, die Gott und die persönliche Unsterblichkeit leugnen, ganz abgesehen von jenen, die vorsätzlich schlecht handeln.

Wie dem auch sei, jedenfalls bekommt jeder von uns die geeigneten Führer, die man so lange behält, wie wir selber zu ihnen passen. Erwähnt sei noch, daß *medial Veranlagte*, die ihre Begabung im Sinne von 1. Kor. 12 und 14 als Gnadengaben empfinden und sie uneigennützig im Dienst am Nächsten einsetzen, in jedem Fall eines starken jenseitigen Schutzes teilhaftig werden. Ohne einen solchen wären die negativen Energieschwingungsfelder niederer Geistwesen unerträglich. Zur Seherin von Prevorst z. B. sagte ein Jenseitiger, dessen seelsorgerische Betreuung sie übernommen hatte und der täglich Spukphänomene hervorrief: „Ich komme jetzt sieben Tage lang nicht mehr zu dir, weil jetzt dein Schutzgeist mit etwas anderem, Wichtigem beschäftigt ist und du mich ohne diesen nicht ertragen könntest."

Zitiert sei hier noch der Parapsychologe *Franz Vinzenz Schöffel* (1884–1959), langjähriger Herausgeber der Zeitschrift „Das neue Licht", welcher in einem seiner Bücher den Mangel an sittlich hochstehenden und dementsprechend uneigennützigen *Medien* beklagte. Solche Medien gebe es leider nur sehr wenige. Aus den meisten, selbst bedeutenden und vielversprechenden Medien seien mit der Zeit sehr mittelmäßige

---

* Hermann Schüttoff: Unser Fortleben im Jenseits. Philadelphia-Verlag, Leonberg 1956, S. 37.

geworden, weil sie es nicht verstanden, moralischen Nutzen aus ihrem höheren Wissen zu ziehen. Ein solches Medium könne „durch egoistisches Denken niedere Elemente anziehen, wodurch die ursprünglich guten (jenseitigen) Führer sich veranlaßt fühlen, das Medium zu verlassen." Und: „Medien, die sich (charakterlich) zu bessern versuchen, werden nie von ihren Schutzgeistern verlassen werden."

Somit dürften die Fragen dieses Kapitels hinreichend und verständlich beantwortet sein, und wir können uns weiteren Aspekten der Schutzengel-Lehre zuwenden.

Der beigegebene „Versucher“

Im folgenden wird ein weiterer, sehr ernstzunehmender Aspekt berührt, nämlich die Frage: Haben wir evtl. auch *dunkle* Begleiter, die nicht unser Bestes wollen?

Diese Frage muß mit „ja“ beantwortet werden.

Die katholische Theologie stimmt hier mit der kabbalistischen Mystik ebenso überein wie mit dem Germanenglauben, wonach jeder Mensch in seinem Erdenleben begleitet wird von seinem persönlichen *Genius* und auch von einem *Dämon*. Derselbe muß nicht gerade ein „Satansengel“ sein, von dem *Paulus* sich lt. 2. Kor. 12, 7 bedrängt fühlte, auf jeden Fall aber „Einer von der Gegenseite“, dem es gestattet ist, uns „in Versuchung zu führen“. Gelingt es ihm, so gereicht es uns zum Nachteil, und der Versucher triumphiert. Gelingt es ihm nicht, und wird es ihm im Verlauf unseres Lebens immer schwieriger, uns vom rechten Weg abzudrängen, so bringen wir ihn durch unser Vorbild zum Nachdenken über das Verwerfliche seines Tuns und die Mißlichkeit seiner Lage. Auch solche Geister erkennen dann, daß es Empfehlenswerteres gibt als dauernd Unheil anzurichten und den Teufel zu spielen, und wie sie sich verhalten müßten, damit auch ihnen eine bessere Zukunft blüht.

Auch hier unterliegt das Geschehen gewissen Wechselwirkungen: Gelingt es uns, unseren „Quälgeist“ zu einem positiven Gesinnungswandel zu bewegen, so „erlösen“ wir ihn und gewinnen in ihm einen Freund, der uns – wenn uns einmal „die Stunde schlägt“ – in dankbarer Freude erwarten wird. Insofern sollten wir unseren „Versucher“ nicht als Feind betrachten, sondern als unseren *Schüler*. In der Naturordnung ist allenthalben ein weisheitsvoller Sinn erkennbar. In dem Buch „Geist, Kraft, Stoff“ lesen wir zu unserem Thema (S. 219), daß der Mensch Schüler, Lehrer und Darsteller zugleich sei:

„Jeder Erdenmensch ist von zwei Mächten beeinflußt, von einer lehrenden und einer lernenden, und er selbst ist die darstellende. Jeder Mensch hat einen unsichtbaren Beschützer und einen unsichtbaren Versucher; er selbst steht in der Mitte zwischen beiden. Der Beschützer ist weiser und besser, der Versucher unwissender und schlechter als der Mensch selbst. Das Gute ist immer da, um dem Menschen zu helfen, ihn geistig, intellektuell und moralisch zu steigern; aber auch das Schlechte ist da, nicht etwa, um ihn zum Schlechten zu verführen, sondern um das Gute, das der Mensch von sich gibt, in Empfang zu nehmen und für sich zu verwerten.“

Wir sollten achtsam sein und uns nicht zum Schüler unseres niederen Begleiters degradieren lassen, der dann keine Achtung mehr vor uns haben könne und auf seine Art Rache an uns übe, weil er Zeit und die Chance verlor, von uns zu lernen. Dies würde auch unserer eigenen spirituellen Weiterentwicklung zum Nachteil gereichen, denn „jedes Nichterfüllen einer Aufgabe oder Pflicht ist Fall“. Des weiteren wird erklärt, daß von unserem Versagen auch unser guter, gottbezogener Begleiter in Mitleidenschaft gezogen wird. Es mißlang ihm, uns eine Stufe höher zu bringen. Statt dessen muß er uns nun auf eine noch niederere Stufe folgen, allwo er mit noch schwereren Hindernissen zu kämpfen hat als bisher:

„O Menschen, stellet euch vor, was für schwere Missionen eure Beschützer aus dem jenseitigen Vaterland bei euch haben! Und denket euch, wenn ihr es einmal so weit gebracht haben werdet (...), wo ihr solch schützende Missionen

werdet übernehmen können, welch schwere Kämpfe ihr dann bei der Beeinflussung eurer euch anvertrauten Schützlinge zu bestehen haben werdet! Bedenket ferner, daß die Gerechtigkeit des Schöpfers die denkbar eminenteste ist (...), daß ihr einst auch solch verstockte Zöglinge zu erlösen bekommen werdet; dort, auf jener Stufe, wo ihr schon die Glückseligkeit erreicht zu haben glaubtet, dort werdet ihr die Sühne finden für euer Fehlverhalten.“

Am Schluß dieser hier gekürzt wiedergegebenen Belehrung wird betont:

„Euer Widersacher (...) soll an eurer täglichen (charakterlichen) Besserung, an eurer täglichen geistigen Kraftzunahme, die ‚Lockspeise‘ finden, ebenfalls besser zu werden und an Kraft zuzunehmen. Mit jeder Verbesserung eures Widersachers wird die Versuchung schwächer, und wenn ihr ihn durch euren Fortschritt zum Guten mitgerissen, in eure Fußstapfen gelenkt habt, hört auch die Versuchung auf. Und wer war es, der sie auflöste? Ihr wart es selbst, weil ihr eure Stellung gegenüber dem Versucher richtig erkannt, ihn nicht als Bösewicht und Teufel, sondern als armen hilfsbedürftigen Schüler behandelt und ihn in das Gefühl eurer Barmherzigkeit eingeschlossen habt. – So muß eines das andere erlösen (...) Fasset es, o Menschen!“

Und an anderer Stelle (aaO, 192):

„Die moralische Stufe des Menschen bestimmt den Rang oder die Höhe, die sein Schutzgeist auf der Stufenleiter der Reinheit einnimmt (...)
Der Mensch weiß gar nicht, welch wichtige Rolle er im Weltenall spielt; er kennt gar nicht die Tragweite jedes seiner Willensausflüsse, jedes seiner Worte, jeder seiner

Taten. Er ahnt nicht, welchen großen Folgenkreis sie beschreiben (...)
*Der Mensch ist ein gar wichtiges Glied in der Schöpfung, in seiner Art (sogar) wichtiger als die Engel in der ihren; denn die Aufgabe der Engel ist es, im Makrokosmos zu wirken, während die Aufgaben der Menschen sich im Kleinlichen bewegen. Im Kleinen, das oft so schwer zu erfüllen ist! Es ist leichter, eine große weltbeglückende Tat zu verrichten – wenn die Fähigkeiten dazu vorhanden sind –, als täglich im kleinen Familien-, Freundes- und Berufskreis stündlich, minütlich die vielen GeduldS-, Demuts- und Nachsichtsproben zu bestehen, die der Mensch gar nicht zählen kann!**
Und jede einzelne derartige Probe ist nicht nur wichtig für die Charakterveredelung des Menschen selbst, sondern wichtig für seine ganze Umgebung, nicht bloß für die menschliche, sondern auch und um so mehr für die geistige. Denn die geistige Umgebung des Menschen überwiegt zahlenmäßig bei weitem die menschliche; und wenn der Mensch auf der einen Seite Lehrer und Beschützer um sich hat, so umgeben ihn auf der anderen Seite wieder Schüler und Schützlinge, welche letztere von ihm Gehorsam, Liebe und Gerechtigkeit lernen, während erstere durch sein Besserwerden steigen sollen in ihrer Stufe. Der Mensch übt eine große Anziehungskraft auf die Geister aus, er kann schlechte bessern und kann auch gute zu Fall bringen.“

Diese Aussagen verdienen mehrmals gelesen zu werden. In ihrer Bedeutsamkeit zeigen sie zugleich auf, daß von drüben nicht bloß Unsinn oder Belangloses durchkommt, wie oft gerne behauptet wird.

---

* In wohlwollender Art ist aus diesen Worten das liebevolle Verständnis unserer höheren Begleiter erkennbar für die zahllosen Unebenheiten unseres Alltagsverhaltens!

Jede bestandene oder nicht bestandene Bewährungsprobe ist demnach nicht nur für uns selbst von Bedeutung, sondern auch für unsere unsichtbare Umgebung. Wohlgemerkt handelt es sich bei den hier in Rede stehenden „Versuchern" nicht von vornherein um Jenseitige, die man im Katholizismus „Arme Seelen" nennen würde. Letztere kommen nämlich – sofern sie dazu überhaupt Möglichkeiten haben – nicht zu uns, um uns Schwierigkeiten zu bereiten, sondern in der sehnlichsten Hoffnung, Hilfe von uns zu erlangen in Form von Gebeten, Zuwendung und Fürbitte.

Arme Seelen, denen wir zum Licht verhalfen oder Vorangegangene, die sich drüben im Purgatoriumszustand befinden, können uns nämlich schon jetzt, während unseres Erdendaseins, Schutz und Hilfe angedeihen lassen. Selbst bei den berühmt-berüchtigten *Poltergeistern* handelt es sich in der Regel lediglich um erdverhaftet gebliebene Übeltäter, deren seelische Qualen wir gar nicht ermessen können. Dennoch können wir ihnen aus ihrer Not heraushelfen und gegebenenfalls ihre Dankbarkeit erleben, wie der folgende Erlebnisbericht aus England aufzeigt:

Mrs. *J. T. Moor* war schon als Kind stark medial veranlagt. Glücklicherweise kannte sich ihr Vater als Experimentalpsychologe in derlei Dingen gut aus. Als die Tochter 14 Jahre alt war, beabsichtigte man, London zu verlassen und ein Domizil in besserer Luft zu suchen. Das aber erwies sich als schwierig, denn die Familie war recht groß. Schließlich schrieb ihnen ein Freund aus Berkshire, er wüßte ein geeignetes Haus, aber das sei seit etwa sieben Jahren unbewohnt, weil es darin spuken solle. Der Vater besichtigte das zweistöckige Gebäude und mietete es. Von dem gespenstischen Ruf, den es genoß, sagte er seiner Familie nichts, um niemanden zu ängstigen.

An einem Wochenende saß die 14jährige nähend im Zimmer, als sie plötzlich Kettengerassel vernahm. Sie befürchtete, der im gleichen Raum schlafende kleine Bruder könnte davon aufwachen, aber das Baby schlief ruhig weiter. Das Geräusch verstummte, und auf einmal stand ein alter Mann vor ihr, der sie traurigen Blickes ansah. Er war von gefälliger Erscheinung, mittelgroß und schwarz gekleidet.

Das Mädchen erschrak natürlich sehr, zumal sich, außer ihr und dem Kleinkind, niemand im ersten Stock des Hauses aufhielt. Entsetzt aus dem Zimmer fliehend, eilte sie zu ihrer (Stief-)Mutter und berichtete von dem soeben Erlebten. Diese gebot schließlich, niemandem im Hause etwas zu sagen und bei ihr zu bleiben, bis der Vater heimkommt.

Am gleichen Abend versetzte der Vater seine Tochter in einen außergewöhnlichen psychischen Zustand (Trance), wodurch es dem Jenseitigen ermöglicht wurde, sich durch die Sprechorgane des Mädchens zu äußern. Auf diese Weise erfuhr man, daß es sich bei jenem „Spukgeist" um einen Mann namens *Richard Tipper* handele, der aus Eifersucht einen Mord begangen hatte, dies aber schon bald bereute und sich dann selber umbrachte. Seine Frau sei bald nach seinem Selbstmord gestorben. Neben anderen Angaben nannte er die Ortschaft, wo seine Familienmitglieder leben. Bei der späteren Nachprüfung stellte sich alles als zutreffend heraus. Tipper erklärte ferner, daß er unter unsäglichen Gewissensqualen am Ort seines Verbrechens herumirre und nunmehr stark hoffe, das junge unschuldige Mädchen könne ihm helfen. Es möge doch bitte täglich für ihn beten, bis der Friede in seine Seele wieder einkehre ...

Wenn jemand sich in Tieftrance befindet, so weiß er/sie nach der Rückkehr in den Normalzustand nichts von alledem, was zwischenzeitlich geschah oder was die betreffende Person im Trancezustand gesprochen hat. Der Vater erzählte nun alles seiner Tochter. Diese war von der ihr zugedachten Aufgabe nicht sonderlich erbaut, denn sie fürchtete, vor der gespenstischen Erscheinung jedesmal maßlos zu erschrecken. Sie bat deshalb den Geist Tipper, ihr niemals bei geschlossener Tür zu erscheinen, sondern nur durch offenstehende Türen zu kommen, und auch nur dann, wenn ihr Vater zugegen sei. Sonntags darauf nahm sie die Bibel zur Hand und begann, im Beisein ihres Vaters, daraus vorzulesen. Richtig kam der materialisierte Jenseitige zur offenstehenden Tür herein und hörte zu!*

Auf die Frage, ob er nun Ruhe finde, antwortete er: „Ja, aber noch nicht ganz. Ich beginne, *mehr Licht* um mich zu sehen“, und bat, in dieser Weise weiterzumachen.

Während der folgenden Woche erwachte das Mädchen oft aus dem Schlaf, weil ihr jemand übers Haar oder die Wangen strich. Einmal vernahm sie dabei die Worte: „Gott behüte dich, mein Kind, für das, was du an mir tust.“ Von da an begann sie, sich an den Umgang mit dem Geist zu gewöhnen und gerne mit ihm zu plaudern. Unter anderem nannte er den Platz, an welchem sein Körper begraben lag. Tatsächlich fand man das Grab mit dem Namen „Richard Tipper“. Eines Morgens, in der dritten Woche ihrer Fürbitte, sah sie ihn in strahlender Helle eintreten. In feierlichem Tone sprach er zu ihr: „Deine Mission ist vollendet. Ich fühle mich frei. Ich sehe das Licht und habe Frieden. Gott, unser himmlischer Vater, hat mir durch mein Gewissen vergeben. Dank sei auch dir, mein gutes Kind. Mögest du frei bleiben von Leidenschaft und blutiger Schuld, so daß du nach Abschluß deines Lebens *sofort in die höheren Sphären ewigen Lichtes* gelangst, wo Friede, Freude und Glückseligkeit herrscht.“

So sprach er noch lange in zu Herzen gehenden Worten und setzte hinzu, daß, wenn – wie er hoffe – er die Erlaubnis

* Das spezielle mediale Kraftfeld dieses Mädchens muß von ausreichender Stärke gewesen sein, um das seltene Phänomen der Vollmaterialisation (sog. Phantombildung) bei Tageslicht zu ermöglichen.

bekomme, ihr Schutzgeist sein zu dürfen, so würde er ihr als unsichtbarer Beschützer zur Seite stehen und sie trösten, wenn Sorgen und Kummer sie bedrückten.

Mit einem mehrmaligen „Gott segne dich!“ nahm er dann Abschied, und die Spukgeräusche im Hause hörten für immer auf. Mrs. *Moor* versichert, daß sie in den dreißig Jahren, die seither verflossen sind, oft die väterliche Fürsorge jenes Mannes verspürt habe, der ihr ein wahrer Schutzgeist war und noch ist.*

* Es steht wohl außer Zweifel, daß diese Frau – zuvor wie danach – unter Obhut ihres „regulären“ Schutzengels und weiterer Schutzwesenheiten stand, zu denen sich dann Richard Tipper gesellte. Seine Dankbarkeit und sein Wiedergutmachungswille müssen sehr ausgeprägt gewesen sein, daß er sich am Schutz von Mrs. Moor so stark beteiligen durfte.

Die beiden Engel des Menschen

Ein Engelpaar uns folget immerdar,
unsichtbar. Fühlt ihr nicht ihr Fächeln?
Des einen Aug' so rein,
rechts von der Wange dein,
blickt in die Seele dir bei frohem Lächeln.

Was guter Art sein Griffel aufbewahrt,
Gedanken, Taten aus des Tags Getümmel,
was fromm und gut,
nimmt er in seine Hut
und trägt's um Mitternacht hinauf zum Himmel.

Mit strenger Wacht gibt auf das Böse acht
der and're. Alles Schlechte kann er sehen.
Von links herein
schaut er ins Herze dein,
sieht auf der Stirn die Schuld dir schrecklich stehen.

Die Schuld schreibt auf er, daß sie ewig bleibt.
Das Siegel will er noch darauf nicht pressen.
Schau auf, o Kind,
er löscht es aus geschwind,
wenn Gott du bittest reuig, zu vergessen.

Bleibt stumm dein Mund, bis naht die nächt'ge Stund,
eh' dir im Aug' der Reue Tränen scheinen,
so ist's zu spät!
Zu Gott der Linke geht –
Den andern Engel aber hörst du weinen...

B. F. Ingemann
(Aus dem Dänischen übersetzt)

Welche Arten von Engeln sind bekannt?

Ohne Zweifel existiert eine Vielzahl von Engel-Kategorien und Vereinigungen, die sich ebenso unterschiedlichen Aufgaben widmen.

Meinem Studienmaterial zufolge wären vorrangig folgende zu nennen:

1. Schutzengel
2. Erzengel
3. Geburtsengel
4. Sterbe-/Todesengel
5. Familienengel
6. Heilungsengel
7. Engel des Trostes
8. Führungsengel
9. Zeremonialengel
10. Festtagsengel
11. Schicksalsengel
12. Völkerengel
13. St. Michaelsengel
14. Landschaftsengel

Beginnen wir mit den bekanntesten, unseren

1. Schutzengeln,

denn sie stehen uns am nächsten: Die Frage, ob ausnahmslos jeder Mensch bei seiner Geburt einen solchen Begleiter aus der göttlichen Lichtwelt zugeteilt bekommt, kann m. E. nicht unbedingt mit Ja beantwortet werden. In Fällen, wo sich Bewohner aus der Unterwelt ins Erdendasein drängen, deren Plan es ist, auf der Grundlage bewußter Gottfeindlichkeit an die Schaltstellen irdischer Macht zu gelangen, wird deren unsichtbare Begleitung wohl kaum aus erhabenen Lichtwesen bestehen, weil gemäß des Affinitätsgesetzes sich Ähnliches zu Gleichartigem gesellt.

Aber grundsätzlich sollte man, wie bereits gesagt, unterscheiden zwischen Schutz*engeln* und Schutz*geistern*. In der Regel begleitet uns ein Schutzengel (sozusagen als nächsthöhere Instanz), aber wir können mehrere Schutzgeister haben. Bei ihnen handelt es sich um ehemalige Erdenmenschen. Zumeist um solche, die mit ihrem Schützling geistig-seelisch stark verbunden sind. In den weitaus meisten Fällen von erlebter Hilfe in größter Not handelt es sich ja um das Eingreifen lieber Vorangegangener. Freilich müssen dieselben eine Entwicklungsstufe erreicht haben, die ihnen das verantwortungsvolle Amt eines Beschützers ermöglicht. Kleinkinder, so wurde von drüben gesagt, haben einen Schutzengel so lange, bis das Kind verständiger wird. Dann übernimmt ein Schutzgeist seine Führung.

Ob das in jedem Falle so ist, mag dahingestellt bleiben; so undenkbar wäre es wohl nicht, wenn man an die relativ häufig vorkommende wundersame Errettung von Kleinkindern aus Lebensgefahr denkt. Andererseits nahmen aber auch Erwachsene ihren Engel als solchen wahr, und nicht immer „nur" ehemalige Menschen als Schutzgeister. Solche Angaben liegen meistens auf der gleichen Ebene wie die Frage, warum nicht bei jedem (halbwegs anständigen) Menschen und in *jeder* gefahrvollen Situation Hilfe aus der Himmelswelt erfolgt. Hierzu aus meiner Sicht:

Auf spirituellem Gebiet walten zwar gewisse Gesetzmäßigkeiten, aber es dürfte gewagt sein, in punkto „Begleitschutz des Menschen" allgemeinverbindliche Regeln aufstellen zu wollen. *Eine* Regel jedoch gilt als Leitlinie gewiß für alle Schutzwesenheiten, nämlich die, ihre Schutzbefohlenen weiterzubringen auf ihrem Wege zu Gott. Von Belang ist in diesem Zusammenhang die Äußerung einer Schutzwesenheit an ihren Schützling, die in den Worten gipfelte: „Mein ganzer Rat darf nur dahin gehen, dir zu sagen, daß du Geist bist von Gottes Geist, und daß du dieser deiner Wesenheit nach zu handeln hast. Deinen freien Willen, deine eigene Entscheidung darf ich dir nicht abnehmen, denn eben dadurch, daß du selber prüfst, lernst und reifst du. Die Zahlen kann ich dir geben, rechnen mußt du selbst."

2. Erzengel

Als nächste seien die bereits erwähnten Erzengel genannt, die „Erstlinge direkt aus dem Urlicht" nach dem Offenbarungswerk „Geist, Kraft, Stoff", die „Urengel" laut *Jakob Lorber*. Der Eingeweihte *Kahir* nannte sie „erstgeborene Gedanken der Gottheit",* deren wahre himmlische Wesenheit dem irdischen Verstand wohl überhaupt nicht anschaulich zu machen sei. Infolgedessen, und auch in Anbetracht des Wirrwarrs diesbezüglicher Angaben in der Literatur ist es wenig ergiebig, über Erzengel langatmige Abhandlungen schreiben zu wollen. Selbst die Bibel ist da recht sparsam mit Hinweisen, obwohl sie Engel als solche oft erwähnt. Die christlichen Kirchen beschränken sich im wesentlichen auf nur drei Erzengel: Michael, Gabriel und Raphael. Verstreut entdeckt man weitere Erzengelnamen in der Bibel: Jeremiel, Sealthiel, Camael, Haniel und Uriel.** In der jüdischen Kabbala finden

---

* Dies ist ein ebenso bildhafter Vergleich, wie wenn man die Engel als „bewußtseinsbegabte Teilkräfte des göttlichen Willens" bezeichnet. Erklärt ist damit nichts.

** In der römischen Synode vom Jahre 745 wurden die Engelnamen Uriel, Ragull, Tubuel, Inias, Tubias, Sabaoc und Simiel, die im Volke große Verehrung genossen, nicht als Namen von Engeln, sondern von Dämonen (!) erklärt (Hefele: „Konzil-Geschichte" I und III). Theologischerseits herrscht

wir ferner Namen wie Ratsiel, Uraniel, Muriel und Alaniel. Vermutlich bezeichnet jeder dieser Namen ein anderes göttliches Attribut. Die gemeinsame Endung -el besagt nämlich, daß es sich bei diesen Ur- oder Erstengeln um die sich offenbarende Kraft der jeweiligen göttlichen Eigenschaft handelt. Aber eben: Unser Wissen über Gott ist kläglich gering. Uns bleibt lediglich, aus gewissen Fakten Schlüsse zu ziehen, z. B. den, daß unmöglich alles „aus sich selbst entstanden" sein soll. Wer das für bare Münze nimmt, der sollte – in Anpassung an dieses Niveau – auch an Klapperstorch und Osterhase glauben! Nach *Kahir* ist „El" das hebräische Wort für Gotteslicht, das sich in der Schöpfung kundgibt. Zu diesem Licht aber müssen wir uns erst einmal erhoben haben, bevor wir versuchen, Göttliches in seinem Wesen zu begreifen und es erklären zu wollen.

Was ich allerdings für sehr unwahrscheinlich halte, ist die Ansicht, Erzengel würden sich am Esoterik-Geschäftsrummel beteiligen („Erzengeltropfen") oder als „Großmeister" in irgendwelchen Geheimlogen fungieren oder sich gar als „UFO-Flottenkommandeure" betätigen. All dies wird ernstlich behauptet und geglaubt!*

Nach Daniel 7, 10 gibt es zehntausendmal hunderttausend Engel. Demzufolge auch ebenso viele Engelnamen. Der Vatikan sieht es offenbar nicht gern, wenn christlich-charismatische Kreise weitere Engelnamen bekanntgeben. So z. B. im „Engelwerk" (Opus Angelorum) der stigmatisierten *Gabriele Bitterlich* (gest. 1978). Im Schrifttum dieser Gemeinschaft

---

über Uriels Obliegenheiten bis heute keine Klarheit. In der modernistischen Theologie spielt dies keine Rolle mehr, da man an Engel ohnehin nicht mehr glaubt.

* „Kein Schwindel ist zu dumm, er findet doch sein Publikum" (Wilhelm Busch). Ob die „Erzengeltropfen" jenen Tränen entstammen, die von Engeln wegen der Unverfrorenheit von „Esoterikern" vergossen werden?

werden mehr als 300 Engelnamen genannt. Rom untersagte 1983 per Dekret, den Engeln Namen zu geben, obwohl von dort verlautet, daß „die Zahl der Engel 99 mal höher liegt als jene aller Bewohner der Erde in Vergangenheit und Zukunft zusammengenommen“.

Zu *Gerda Johst* wurde von drüben erklärt, Erzengel seien Heiligtumbewahrer und Staatslenker(?). Sie hätten ungeheuer große und schwere Aufgaben zu bewältigen, aber sie stünden Gott nicht näher als andere Engel. Wörtlich: „Die Rangstufen der Engel sind nichts anderes als eine Aufgaben-Einteilung; doch wir Engel haben alle die gleiche enge Zugehörigkeit zu Gott, und ein jeder von uns ist so stark, wie Gott es zu gegebener Zeit verlangt, denn wir werden von seiner Kraft und seinem Willen durchströmt“.*

3. Geburtsengel

Zur Frage, wann der Geist eines zur Welt kommenden Kindes seinen Körper in Besitz nimmt, gibt es, wie auch über die jenseitige Begleitung beim Sterben, reichliche und sich im wesentlichen deckende Informationen. Hinsichtlich des Geborenwerdens ist dies anscheinend weniger der Fall. Jedoch herrscht Übereinstimmung dahingehend, daß die Schutzwesenheiten spätestens bei der Kindesgeburt ihr Amt antreten. Neben den begleitenden Schutzengeln und -geistern unterstehen wir offenbar auch der Obhut eines in der Hierarchie höherstufigen Engels, der mehrere Menschen oder ganze Gruppen von Geistern und Menschen unter seiner Oberleitung vereinigt.

Zu unserer unsichtbaren Begleitung sollen außerdem auch Naturwesen gehören. *Adelma von Vay* sah einmal visionär ihre eigene Geburt. Sie nahm eine alle anderen überstrahlende

* G. Johst: Das ungeschliffene Juwel. Reichl Verlag, St. Goar 2002, S. 59.

Lichtgestalt wahr, mit einer leuchtenden Aureole um das Haupt, die liebevoll ihre Hände über das Neugeborene hielt und segnende Worte sprach. Es dürfte dies der Schutzengel Adelmas gewesen sein. Ein würdiger Mann im Habit eines Ritters sprach: „Ich bin dein Ahnherr und Schutzgeist Ehrenreich Wurmbrand. Sei mutig und unverdrossen. Ich will dich nie verlassen und dir männliche Tatkraft einflößen." (Die Baronin war eine geborene Gräfin Wurmbrand). Dann erblickte sie vier schöne Gestalten, die sich innig umschlungen hielten und in allen Farben schimmerten. Es waren Naturgeister. Der erste sprach. „Im Dunkel deiner Erdenwege sei es licht in dir, und wenn du traurig bist, so blicke auf zum Himmel, wo das ewige Licht thront. Rufe mich Astra, Geist des Lichtes. Ich bin die Flamme, die dein Herz erwärmen soll." Der nächste stellte sich als ein Luftgeist vor: „Ich, Eora, gebe dir den Tau des Gebetes. Fromm sei dein Sinn, rein deine Zunge und dein Herz."

Die dritte Gestalt war ein Gnom mit langem Bart und einer Flamme auf der Brust. Er sprach: „Aus der Erde (kommend), bin ich mit dir zugleich zur Erde einverleibt. In den Mühen des Lebens soll ich dir helfen. Rufe mich dann, ich bin stets bereit." Die vierte, ein weibliches Wasserwesen, erklärte: „Mein Name ist Belle. Ich bringe dir Gesundheit, Kraft und Jugend, viel Magnetismus. Mich rufe an, wenn du müde wirst, ich will dich dann erfrischen."*

Wäre es wirklich so undenkbar, daß wir alle auch von Vertretern aus den Naturreichen begleitet werden? Leider ging uns Abendländlern das Wissen um diese Geschöpfe fast völlig verloren. Aus der geschilderten visionären Rückschau geht allerdings nicht hervor, welche Engelwesen beim Vorgang einer Geburt als solche beteiligt zu sein pflegen. Sicherlich mag es Quellen geben, die uns hierüber Näheres und

* Adelma v. Vay: Visionen im Wasserglas. Verlag Verein geistiger Forscher, Budapest 1877, S. 108.

Glaubwürdiges sagen könnten; im allgemeinen aber müssen wir uns halt mit der Begrenztheit unseres Wissens um wesentliche Lebensvorgänge und Naturgeheimnisse abfinden.

Als etwas Grundsätzliches wird von drüben betont, daß sich bei der Einverleibung höherer Geister dementsprechend höherstufige Wesenheiten beigesellen. Bei der Inkarnation weniger hoher schließen sich mindere an. Alles in allem: Mögen die Abläufe und Begleiterscheinungen bei Geburt oder Tod eines Menschen auch noch so mannigfaltig sein, sie vollziehen sich dennoch im Rahmen von Grundgesetzen, die für alle gelten.

Engel, der mich hergeleitet

Engel, der mich hergeleitet
zu der Erdenpilgerschaft,
der Du mir den Weg bereitet
und mich immerfort begleitet –
Schenke mir von Deiner Kraft,
daß mein Wesen wirkt und ruht
Tag und Nacht in Gottes Hut.

David Schwarz

4. Sterbe- und Todesengel

Erheblich reichhaltigere Informationen liegen vor über die Gegenwart von Engeln während des Sterbens bzw. beim körperlichen Tode. Die international betriebene Todes- und Jenseitsforschung verfügt über ein reichhaltiges Material an Aussagen von Menschen, die dem Tode sehr nahe waren und überzeugt sind, bereits „mit einem Fuß im Jenseits“ gewesen zu sein. Derlei Berichte pflegt man „Visionen“ zu nennen, doch kann nicht genug betont werden, daß die Betroffenen solche angeblichen Visionen als äußerst reale Wirklichkeit empfinden.*

Wie beim Geborenwerden, so sollen auch beim Sterbevorgang, bei der Herauslösung des inneren Menschen aus dem physischen Leib, sieben Wesenheiten ihres Amtes walten. Jedoch gibt es auch hier erhebliche Unterschiede in der Art und Herkunft dieser „Sterbebegleiter", plus der damit in Wechselwirkung stehenden Art des Sterbeverlaufs. Aus welchem Grunde auch sollte man beim Tode z. B. eines Massenmörders oder Kriegstreibers die Erscheinung einer erhabenen Engelsgestalt erwarten dürfen? Sterbende, die (wie der Volksmund sagt) „von allen guten Geistern verlassen" sind, die sich im Leben schwer gegen das kosmische Grundgesetz der Liebe vergangen haben oder sich gar dem Satanismus zugewandt hatten, solche sind weder um die Art ihres Hinübergehens zu beneiden noch um das, was danach folgt! Es sei denn, der oder die Betreffende hat noch in letzter Minute eine Gesinnungskorrektur vollzogen und in aufrichtiger Reue göttliche Hilfe erfleht. Dennoch kann es passieren, daß ein solches „Buße tun" von dunkler Seite verhindert wird, wie die nachstehende Begebenheit erkennen läßt, die ein katholischer Pfarrer erlebte:

In der Zeit, als er noch junger Kaplan war, wurde er eines Abends zu einem Sterbenden gerufen. Er wunderte sich zwar darüber, war aber zugleich hocherfreut, denn bei dem Kranken handelte es sich um einen fanatischen Gottesleugner, dem es ein sonderbares Vergnügen bereitete, alles Hohe und Heilige mit unflätigen Worten zu verhöhnen. Wenn er an einem Kreuz oder an einer Kirche vorbeikam, schäumte er schier

* Gegenargumente wie: Die Betreffenden seien ja gar nicht tot gewesen, u. a. mehr, sind für Kenner des vorhandenen Forschungsmaterials nicht mehr stichhaltig.

vor Wut! Und nun, in seiner Sterbestunde, ließ er den Priester rufen!

Der Pfarrer bekennt: „Mir schwoll das Herz vor Freude, dem Himmel eine längst verlorengeglaubte Seele retten zu dürfen. Ich eilte was ich konnte, ebenso der Messner, der mich begleitete, damit wir ja nicht zu spät kämen! Wir kürzten den Weg sogar ab und liefen über Wiesen und Felder. Aber das währte nicht lang, denn wir kamen über eine Heide, die mit unabsehbaren Scharen von Raben besetzt war! Unheimlich flatterten uns die krächzenden Tiere in der hereinbrechenden Nacht um die Knie. Wir wateten förmlich in einem Meer von Raben, und mußten es endlich aufgeben; denn es war undenkbar, uns weiter einen Weg durch diese schauerlichen Scharen von Raben zu bahnen, die uns immer bedrohlicher umflatterten. Ich konnte mir auch nicht denken, woher diese Unmenge von Raben auf einmal kam, und hatte schon ein unheimliches Gefühl, als könnte es nicht ganz mit rechten Dingen zugehen, wie man so sagt. Kurz und gut, wir mußten notgedrungen umkehren und uns auf die Straße begeben, die in weitem Bogen zu dem Hause des Sterbenden führte. Als wir diese Straße zur Hälfte zurückgelegt hatten, kam uns schon ein Bote entgegen, mit der Nachricht, daß der Kranke bereits gestorben sei."

Zu wessen Gunsten ein eventueller Kampf um die Seele eines Abscheidenden ausgeht, ob die lichten oder gegensätzlichen Kräfte obsiegen, hängt wohl hauptsächlich davon ab, welcher der beiden Seiten man – bewußt oder unbewußt – den Besitzanspruch eingeräumt hat. Doch zurück zu den Sterbe-Engeln, diesen „Geburtshelfern in ein neues Leben".

Der Begriff „Todesengel" verleitet leicht zu falschen Vorstellungen. Beim Tode eines guten Menschen verdienen die begleitenden Wesenheiten nicht die Bezeichnung „Todesengel" in der üblichen negativen Bedeutung, d.h. sie sind keine schreckenerregenden und angsteinflößenden Knochenskelette mit Sense und Stundenglas. Im Gegenteil, es sind erhabene Wesen von hoheitsvollem Aussehen. *Adelma von Vay* gegenüber wurde erklärt, der irdische Sterbeprozeß sei ein Geborenwerden ins jenseitige Geisterreich; eine Art „Entbindungsarbeit", wobei sieben Geistwesen als jenseitige „Geburtshelfer" tätig sind:

1. Ein Jenseitiger, der den Sterbenden am meisten liebt. Er wirkt als eine Art Anästhesist, indem er magnetopathisch auf das Gehirn einwirkt und dadurch Bewußtlosigkeit hervorruft.
2. Ein „Mutter-Geist", zuständig für Herz, Liebe und Empfindung. Meistens ist dies der Geist der leiblichen Mutter der sterbenden Person. Befindet sich diese noch nicht im Jenseits, so obliegt diese Aufgabe einer Ahnin mütterlicherseits.
3. Ein „Vatergeist". Er befreit die Seele aus dem Sonnengeflecht und bildet den Kern des Nervengeistes aus.* Diese Aufgabe wird vom vorangegangenen Vater des Sterbenden oder einem Vorfahr väterlicherseits übernommen.
4. Ein „Freundesgeist", zuständig für die Nerven und Fluide „zur Verwandlung der chemischen Bestandteile. Das ist meistens der Geist eines Wissenschaftlers, Arztes oder Lehrers. Er bildet das Seelenkleid und dessen Fluide aus".**
5. Ein „Schwestergeist", eine Verwandte, die man sehr geliebt hat. Sie öffnet dem Sterbenden das geistige Sehen.

---

* Unter „Nervengeist" oder „Perisprit" verstand die Seherin von Prevorst das Bindeglied zwischen Leib und Seele, vermutlich identisch mit dem Ätherleib.

** Bei außerkörperlichen Erlebnissen ist anscheinend nicht in jedem Fall unser Astralkörper der Träger unseres Ichs.

6. Ein „Brudergeist", zumeist ebenfalls ein vorangegangener Verwandter, hier zuständig für die Aktivierung des geistigen Sehens.
7. Ein Jenseitiger „für die gröbere Arbeit", wie z. B. die Zertrennung des „Lebensbandes", der vielgenannten „Silberschnur", die unseren physischen mit dem feinstofflichen Leib verbindet (vgl. Buch Prediger resp. Kohelet 12, 6: „Noch ehe der silberne Faden zerreißt"). Bei sehr materiell ausgerichteten Leuten sei, so wird erklärt, die Lostrennung des Geistes aus dem Körper schwierig, hingegen bei mehr geistig eingestellten Menschen sei dieser Prozeß ein leichter. Bei ihnen bildet sich schon während ihres Erdendaseins ein fluidaler Körper („Lichtkörper"?), wodurch die Umwandlung zum Jenseitsbewohner erleichtert wird.

Noch immer ziemlich verbreitet ist der hoffende Glaube an ein Abgeholtwerden Sterbender durch liebe Vorangegangene oder durch den Schutzengel. Als *Friederike Hauffe*, die durch den Arzt *Justinus Kerne*r berühmt gewordene „Seherin von Prevorst", starb, sah ihre bei ihr wachende Schwester den Schutzgeist der Seherin: ihre Großmutter Schmiedgall.

G. W. Surya berichtet von der einzigen Tochter eines hohen Militärbeamten, die schwerkrank daniederlag. Als der Vater mit einem Bekannten an ihrem Bett weilte, ging plötzlich die Tür des Krankenzimmers von allein auf. Überrascht erklärte die Kranke mit strahlendem Gesicht: „Soeben war ein wunderschöner, großer weißer Engel hier. In einer Stunde kommt er mich holen." Wirklich starb sie eine Stunde danach.

Aus dem Ersten Weltkrieg erzählt Surya ein Fronterlebnis: Ein hellsichtiger Soldat sah einen großen Engel, der auf bestimmte im Schützengraben schlafende Soldaten eine rote

Rose niederlegte. Am folgenden Morgen kam es zum Sturmangriff, und alle Soldaten, welche vom Engel die rote Rose bekommen hatten, fielen!

Frau *Maria From* berichtete in der dänischen Fachzeitschrift „Psykisk Tidsskrift“ folgende Begebenheit:

> *„Ich lag in einem Krankenhaus zusammen mit einem Mädchen, sehr jung und schwerkrank. Eines Nachts hörte ich sie sagen: ‚Schlafen Sie?‘ ‚Nein‘, antwortete ich. ‚Wollen Sie bitte für mich das schöne Lied singen: ‚Nur stille, nur stille?‘ Ich antwortete ihr, daß ich nachts, wenn die Kranken schlafen sollen, nicht singen dürfe. ‚Doch, bitte singen Sie. Denn es ist meine letzte Nacht. Es stand ein Engel an meinem Bett. Er sagte, daß ich morgen vormittag um elf Uhr ihm folgen solle, er würde mich dann nach Hause holen.‘ Und da sang ich für das kleine kranke Mädchen.*
> *Am nächsten Vormittag lag ich mit der Uhr in der Hand. Als der kleine Zeiger eben die Elf passiert hatte, ging ein Lächeln über das Gesicht der Kranken; es war wie verklärt. Sie ging heim. Gott hatte einen Engel zu ihr gesandt.“*

Kinder stehen den Engeln offenbar näher als wir Erwachsenen, denn es kommt durchaus nicht selten vor, daß Kinder kurz vor ihrem Tode einen Engel zu sehen behaupten. Dr. P. berichtet von einer kleinen Nichte, die todkrank war. Sie hatte Angst vor dem Sterben, klammerte sich an ihre Mutter und fragte: „Mutti, wie soll ich das machen, wenn ich sterben soll?“ – Die Mutter vermochte nicht zu antworten, so krampfte sich ihr Herz zusammen vor Schmerz und Verzweiflung. Kurz darauf sagte die Kleine: „Mutti, Mutti, hier steht ein Engel! Er sagt, daß ich mich in seine Arme legen soll, wenn er sie ausstreckt.“

Als nun des Kindes letzte Stunde kam, erzählt Dr. P., „streckte meine kleine Nichte ihre Arme aus mit einem seligen Lächeln. Sicher hat ein Engel Gottes seine Arme ihr entgegengestreckt und ihr Köpfchen an seine Brust gelegt."

Dr. P. kannte ferner ein sechsjähriges Mädchen, das lange krank gewesen und ärztlicherseits für unheilbar erklärt worden war. Eines Tages bat sie, aufstehen zu dürfen, sie wolle mit den Engeln spielen. Man erlaubte es ihr für kurze Zeit. Die Kleine lief umher und sprach und spielte mit unsichtbaren Freunden. Dies wiederholte sich an mehreren Tagen. Als sie wieder einmal die Erlaubnis zum Aufstehen bekommen hatte und dann wieder ins Bett zurück sollte, begab sie sich erst zu allen Pflegerinnen der Abteilung und verabschiedete sich von ihnen. Dann erklärte sie, sich jetzt hinlegen zu wollen, denn bald solle sie mit den Engeln fortgehen und bei ihnen bleiben. Rasch schlief sie ein, und bald entdeckte man, daß sie heimgegangen war...

Während ein plötzlicher Tod aus spiritueller Sicht nicht gerade wünschenswert erscheint, weil er uns völlig unvorbereitet trifft, wird offenbar jedes Kind, auch wenn es z. B. durch Unfall plötzlich sterben muß, sofort von einem mütterlich-liebevollen Engel in Obhut genommen.

Den Ausspruch „Kinder haben einen Schutzengel" hört man oft auch von Leuten, die man in religiöser Hinsicht bestenfalls als „Traditions-Christen" einstufen kann. Unbewußt mag diese Einstellung auf Matth. 18, 10 gründen, wo *Jesus* sagte: „Hütet euch davor, einen von diesen Kleinen zu verachten! Denn ich sage euch: Ihre Engel im Himmel sehen stets das Angesicht meines himmlischen Vaters" (Einheitsübersetzung).*

---

* Das Wort „verachten" beruht auf einem Übersetzungsfehler aus dem griechischen Text. Dies ergibt sich aus der Rückübersetzung ins Aramäische, der Muttersprache Jesu. Demnach warnte Jesus nicht vor einer Verachtung

Obwohl *Luther* wähnte, er brauche keine Engel, denn er habe das Wort Gottes, so blieb dennoch der Engelglaube im Protestantismus noch lange lebendig. So heißt es in einer alten lutherischen Taufagende, in einem Gebet nach der Kindestaufe: „Wir bitten dich für die Eltern um Weisheit, Liebe und Geduld; für das Kind um deiner Engel Wacht, um gute Gefährten auf seinem Lebensweg, die ihm einen guten Weg weisen."

4.1 Der Sterbevorgang

Zwar ist dieses Buch hauptsächlich dem Thema Engel und Schutzgeister gewidmet. Da jedoch vom Sterben und von Todesengeln die Rede war, sollte aus parapsychologischer Sicht wohl auch zum Sterbevorgang selbst und zu einigen Aspekten desselben etwas gesagt werden. Zu letzteren gehört auch die Problematik der Organtransplantation und der Kremation.

Grundsätzlich wäre zu bemerken, daß unser Dasein ziemlich sinnlos wäre, wenn es bloß der Fortpflanzung, dem Gelderwerb und dem Genießen zu dienen hätte. Im Unterschied zu allen anderen Kreaturen sind wir Geistwesen, denn

---

der Kinder, sondern vor deren sexuellen Mißbrauch, wie dies in orientalischen Ländern noch heute gang und gäbe ist. Der mutigen Haltung Jesu ist es zuzutrauen, daß er es wagte, ein verbreitetes Laster zu geißeln mit den Worten: „Hütet euch! Ihr sollt keine Kinder schänden! Amen! Amen! – Ich soll euch sagen: Ihre Engel haben zu jeder Zeit Zutritt zu Abba" (zum Vater). Entnommen dem neuesten Werk des wohl größten Aramäisch-Experten unserer Zeit, Dr. Günther Schwarz: Worte des Rabbi Jeschu. Verlag Styria, Graz und Wien, 2003, S. 56. In Anbetracht der weltweit immer bedrohlicher werdenden Lage der christlichen Kirchen (Erzbischof Dyba: „Wir befinden uns im freien Fall") und ihrer tödlichen Bedrohung durch den Islam wäre eine zuverlässige Rückübersetzung der neutestamentlichen Schriften in die Muttersprache Jesu dringend erforderlich, um dem Christentum die überaus notwendige geistige Neubelebung zu ermöglichen.

wir arbeiten ja geistig. Zu fragen wäre also, ob beim Tode des Körpers auch unser Geist-Ich mit seinem unverwechselbaren Persönlichkeitsbewußtsein betroffen ist?

Diese Frage kann mit Sicherheit verneint werden, denn der gefürchtete Tod besteht lediglich im Ablegen und Zurücklassen unseres physischen Leibes, der unserem Ich während des Erdendaseins diente, und der – aus Materie bestehend – in der materiellen Welt verbleiben muß. Wir geben damit der Mutter Natur nur das zurück, was sie uns geliehen hat. Auch der Bibel zufolge ist unser Körper „von Erde genommen und wird wieder zu Erde", d. h. seine Bestandteile gehen im Zuge eines materiellen Auflösungsprozesses in den Kreislauf des Naturhaushaltes zurück.

Im Kapitel zur Evolutionslehre war bereits die Rede von der Seele als unserem „inneren Leib", dem „corpus subtile" des *Paracelsus.* Weltweit durchgesetzt hat sich die Bezeichnung „Astralkörper". Von der Parapsychologie her wurde seine Existenz nicht nur erfahrungswissenschaftlich nachgewiesen, sondern auch experimentell. Berechtigterweise können wir diesen unseren *inneren* „Leib" als *Seele* auffassen. Sie nämlich ist es, die im bewußtlosen Zustande ebenso wie während des Schlafes die Körperfunktionen in Gang hält. Als strukturierter Energiekomplex fungiert sie als Bindeglied zwischen Geist und physischem Leib, weil unser Geist-Ich – als etwas rein Spirituelles – nicht direkt auf die Materie einzuwirken vermag.

Hinsichtlich unseres (feinstofflichen) Astralkörpers kann man also vom „inneren" Menschen sprechen, wie er in 2. Kor. 4, 16 und Eph. 3, 26 angedeutet wird. Jedenfalls sind Geist und Seele nicht miteinander identisch. Geist ist Bewußtsein, Seele ist formgebendes Prinzip und stellt die Körperlichkeit des Geistes dar. Der Mensch *ist* also keine Seele, er *hat* eine. Beim Tode pflegt man auch nie zu sagen „jemand gab seine Seele auf", als vielmehr „gab seinen Geist auf".

Während außerkörperlicher Erfahrungen, wenn ein zeitweiliger Austritt des Ichs aus dem Körper erfolgt, bleibt der innere Leib mit dem physischen durch eine Art „Nabelschnur“ verbunden. Sie wird „Lebensband“ oder auch „Silberschnur“ genannt, weil das Leben in ihr silbrig glänzend pulsiert.* Während nun bei außerkörperlichen Erfahrungen nur eine vorübergehende Trennung unserer beiden „Wesenshälften“ stattfindet, ist dies nach dem sogenannten Tod eine endgültige und somit dauernde. Weiter nichts.

Beim Sterbevorgang selbst spielen sich erstaunliche Dinge ab. So berichten Abertausende, die klinisch tot oder anderweitig dem Tode nahe gewesen waren, übereinstimmend von einer lückenlosen und überaus eindrücklichen Lebensrückschau, von der sie überrascht wurden. Zumeist einer Art *Lebensfilm* vergleichbar, der alle Einzelheiten der persönlichen Vergangenheit offenlegt. Das Überwältigendste an dieser Kern-Erfahrung sei, daß die Lebensrückschau auf der Basis eines enorm erweiterten Bewußtseins geschieht und begleitet wird von einer glasklaren moralischen Beurteilung jeder einzelnen Lebenssituation! Zudem unabhängig von Alter, Geschlecht, Nationalität, Rasse oder Weltanschauung.

Die schweizerische Historikerin *Magdalena Bless* beispielsweise kam bei einem Autounfall beinahe ums Leben. Sie berichtet:

> *„Mit Erstaunen realisierte ich, daß ich am Sterben war. Ich fühlte mich rasch durch einen Tunnel gezogen, bedrängt von einem dröhnenden Geräusch. Aus dem Tunnel draußen, fühlte ich mich frei und leicht. Kurz sah ich meinen leblosen Körper von oben. Er interessierte mich nicht mehr.“*

---

* Unser physischer Leib ist für die Lebensbedingungen im Diesseits konzipiert, während der Astralkörper den Verhältnissen im Jenseits entspricht, dessen Bürger wir schon jetzt sind.

Sodann erfolgte auch für diese Frau der Lebensrückblick:

„Wie in einem plastischen Film zog mein Leben an mir vorbei. Alle meine Empfindungen, Erlebnisse, Taten und Gedanken(!) erfaßte ich sozusagen ‚mit einem Blick‘. Selbst längst vergessene Bilder, Gerüche und Töne aus frühester Kindheit tauchten wieder auf! Nun gingen mir plötzlich innere Zusammenhänge auf, die mir im Leben verborgen geblieben waren. Alles hatte einen Sinn. Ich erkannte, daß es auf die Beweggründe ankommt, die hinter unserem Handeln stehen.“

Frau Bless berichtet weiter:

„Mir wurde klar, daß letztlich allein die Liebe zählt, der Urgrund unseres Lebens. Bei Lieblosigkeiten in meinem Lebensfilm empfand ich Scham und Reue“. Und weiter: „Ich fühlte die tröstliche Nähe eines licht- und erbarmungsvollen Wesens, das mich kannte und annahm, wie ich war. Ich hielt es für Christus...
*Helle Gestalten, die unbeschreiblich gelöst und heiter wirkten und eine wunderbare Harmonie ausstrahlten, näherten sich mir, und ich erkannte unter ihnen liebe Verwandte, allen voran meine geliebte Großmutter.“**

Ein US-Amerikaner namens *Dannion Brinkley*, in dessen Haus ein Blitz einschlug, während er am Telefonieren war, und bei dem rund zehn Minuten lang Atmung und Puls aussetzten, erlebte ebenfalls die Begegnung mit dem Licht und seine Lebensrückschau. Er berichtet unter anderem, daß er von dem Licht gefragt worden sei: „Weißt du, wo du bist?“ – Brinkley kam aber gar nicht dazu, die Frage zu beantworten, denn plötzlich zog sein Leben an ihm vorbei. Dabei spürte er noch einmal jedes einzelne Gefühl, das er je in seinem Leben

* In: Zeitschrift „Brückenbauer“, Nr. 48 vom 26.11.1997, S. 27.

empfunden hatte! Und er bekam zu sehen, in welcher Weise sein emotionales Verhalten nicht bloß sein eigenes Leben beeinflußt hatte, sondern auch das Leben anderer Menschen! Im Vergleich zu der reinen Liebe, die er jetzt bei seinem Nahtodes-Erlebnis verspürte, empfand er das, was er getan hatte, entsetzlich. Er sagt: „...ich habe schreckliche Dinge angerichtet, wenn ich es mit dieser Liebe messe! – Wenn man so überlegt, wie wenig Liebe man anderen gegeben hat, dann steht man wirklich schlecht da. Einfach verheerend! Darüber kommt man nie weg."

Viele, die bereits am Tor zum Jenseits waren, wurden aufgefordert, umzukehren. In der Regel aber wollten sie nicht zurück, nachdem sie dem „Großen Licht" begegnet waren und ein auf Erden nie gekanntes Geborgenheitsgefühl kennengelernt hatten. Eine Frau, die aufgrund verkehrter Erziehung überhaupt kein Selbstwertgefühl besaß, fühlte sich von diesem (nichtblendenden) Licht, das sich zu einer Lichtgestalt verdichtete, liebevoll angenommen und akzeptiert. Sie versichert, daß ihr jenes Licht „ein Gefühl totaler Sicherheit" vermittelte, wie es ihr zuvor völlig unbekannt gewesen war. „Es war wunderbar," sagte sie, „es war vollkommene, bedingungslose Liebe!"

Da es nichts Sinnloses in der Natur gibt, so deutet das Ganze auf eine *spirituelle Weltordnung* hin. Eine Weltordnung, die offenbar auf ethischen Prinzipien beruht. Einen anderen Sinn kann besagte Lebensrückschau gar nicht haben. Zumal die Qualität unseres Weiterlebens im Jenseits unzweifelhaft von der Qualität unseres Erdenlebens abhängt. Das bedeutet in der Praxis: Mit jedem Tag und mit jeder Stunde gestalten wir – bewußt oder unbewußt – unsere eigene Zukunft in der Ewigkeit. Wenn wir darüber hinaus erkennen, daß alles in der Natur beseelt ist und auf geheimnisvolle Weise miteinander in Wechselwirkung steht, so sollte es nicht schwerfallen, unsere Mitverantwortung zu erkennen auch gegenüber der Mutter Natur und ihren Geschöpfen, ja gegenüber dem Weltgeschehen überhaupt!

Was jedoch die allgemeine Angst vor dem Tode anbelangt, so ist diese verständlich in einer Gesellschaft, die kaum einen Gedanken an ein schlußendliches Sterben zu vergeuden pflegt. Es sei aber ausdrücklich betont, daß der Tod selbst nicht schmerzhaft ist. Bei charakterlich guten Menschen schon gar nicht. Ängste sind nur hinsichtlich der Umstände berechtigt, die zum Tode führen können, wie langandauernde schwere Krankheit oder Verletzungen. Und was den mitunter zu beobachtenden „Todeskampf" anbelangt, so ist dies kein Ringen mit dem „Sensenmann", sondern bedeutet, daß die Loslösung des inneren Leibes vom äußeren im Gang ist, was jedoch keine Schmerzen verursacht.

Im übrigen läßt die vergleichende Jenseitsforschung erkennen, daß wir, wenn wir mal „drüben" ankommen, nicht gefragt werden, was und wer, sondern wie man gewesen ist, was man aus seinem Leben gemacht hat. Nur dies hat Ewigkeitswert.

4.2 Zur Problematik von Organverpflanzungen

Zu den dargelegten Fakten zum Sterbevorgang aus parapsychologischer Sicht ergeben sich logischerweise brisante Fragen zur Praxis der Organübertragung. Hier steht besonders der *Zeitpunkt* einer Organentnahme im Vordergrund. Via Massenmedien wird uns vorgegaukelt, die entnommenen Organe würden von „Toten" stammen. In Wahrheit handelt es sich bei den „Spendern" um noch lebende Menschen, die man (irrtümlich) für bewußtlos hält, weil sie nicht mehr reagieren. Daher kommt der Frage nach dem Zeitpunkt des definitiven Todes zentrale Bedeutung zu.

Erst seit dem Jahre 1968 vertritt man in der Medizin drei unterschiedliche Stadien des „Totseins“:

1. den klinischen Tod (mit Herz- und Atemstillstand),
2. den Hirntod (wenn im EEG die Null-Linie erscheint), und
3. den biologisch absoluten oder Gewebetod.

Als klinisch tot gilt, wer noch reanimierbar erscheint, d. h. bei dem Atmung und Herztätigkeit eventuell wieder in Gang zu bringen sind. Falls sich aber auch keine Hirnströme mehr feststellen lassen, so wird dies als organspendetauglicher Zustand betrachtet. Um die Durchblutung der Organe zu gewährleisten, unterbricht man den natürlichen Sterbevorgang. Damit zwingt man den Körper des Patienten, bis zur Organentnahme am Leben zu bleiben. Dies wiederum hat u. a. zur Folge, daß das erwähnte Lebensband, die vielgenannte „Silberschnur“, nicht reißen kann und infolgedessen noch als Schmerzleiter fungiert.

Mittlerweile sickerte durch, daß der Zeitpunkt des Hirntodes sehr dehnbar sein kann, ja daß es zur Zeit überhaupt keine allgemein anerkannte medizinische Methode gibt, im Einzelfall den unumkehrbaren Stillstand sämtlicher Gehirnfunktionen zu bestimmen.* Wer am Sterben gehindert wird, ist jedenfalls noch nicht tot. Wissen sollte man ferner, daß Menschen im Koma durchaus noch „alles mitbekommen“ können, was gesprochen oder getan wird; angstvoll sehen sie sich außerstande, sich bemerkbar zu machen...

Ein Beispiel: Die 28jährige *Katharina Lauritzen* aus Köln starb 1995 bei der Geburt ihres Kindes. Sie lag zwei Tage in der Leichenhalle, dann wachte sie auf. „Ich spürte“, sagt sie, „daß ein Tuch über meinem Kopf lag. Ich wollte es wegnehmen,

* Dr. Robert Kehl, in „Journal Franz Weber“, Nr. 24/1993.

aber ich konnte mich nicht bewegen. Mir war kalt.“ Der vermeintlich „Toten“ gelang es unter größter Anstrengung schließlich doch, das Tuch ein kleines Stückchen vom rechten Auge wegzuschieben. Sie sah die Leichen auf den Eisengestellen liegen, aber sie vermochte nicht, sich aufzurichten oder zu schreien. – Könnte es bei Koma-Patienten nicht ebenso sein, daß solche Menschen zwar besinnungslos zu sein scheinen, aber dennoch alles hören, ohne darauf reagieren zu können? Das Entsetzliche, was sich seinerzeit im Fall *Jan Kerkhoff* abspielte, schlug damals hohe Wellen in der Öffentlichkeit. Ein Fall unter zahlreichen ähnlichen.

Das war im Jahre 1992. Jan Kerkhoff hatte sich einer Gehirntumor-Operation unterziehen müssen. Es war alles gut verlaufen, aber bei der Entfernung eines Drainageröhrchens kam es zu Komplikationen. Der Patient fiel in ein tiefes Koma. Er wurde schließlich für „hirntot“ erklärt. Man versuchte, von der Gattin das Einverständnis zur Organentnahme zu bekommen. Nach langem Überlegen lehnte sie ab. Dadurch hatte sie, ohne es zu ahnen, ihrem Mann das Leben gerettet!

Nach vier Tagen im Koma erwachte Jan Kerkhoff. Aber nur kurz. Sein Bruder war zugegen. Auf dessen Frage: „Jan, hörst du mich?“ erfolgte die Antwort. „Ja, ich höre dich.“ Die Ärzte wollten dem Bruder nicht glauben und meinten, er habe sich getäuscht. Doch nächstentags geschah dasselbe im Beisein von Ärzten, und von da an häufiger.

Schließlich konnte Kerkhoff als geheilt nach Hause entlassen werden. Ärztlicherseits sprach man von einem „unbegreiflichen Fall“. Der Hirntod, dessen man sich so sicher gewesen war, ist also nur ein Scheintod gewesen. Und auch Kerkhoff versicherte, daß er sich während seines Hirntodzustandes zwar in keiner Weise verständlich machen konnte, aber daß er zu denken vermochte und zu fühlen. Er hatte

z. B. gespürt, wie ihn jemand schmerzhaft kniff. Er wollte aufschreien, aber nicht den leisesten Ton vermochte er hervorzubringen. Hätte seine Frau die Organentnahme nicht abgelehnt, so wäre ihr Mann – sagen wir's ganz deutlich – ermordet worden!

Die Hirntod-Theorie beruht also somit auf falschen Vorstellungen, aber man hält weiterhin daran fest. Warum aber gibt man „Hirntoten" vor der Organentnahme Vollnarkose?

Nach Herzverpflanzungen zeigt sich übrigens bei der Empfangsperson nicht selten eine deutliche Persönlichkeitsveränderung mit seelischen Fremdeinflüssen, wie unter anderen der sehr bekannt gewordene Fall der New Yorker Tanzlehrerin *Claire Sylvia* zeigt. Sie hatte ein neues Herz bekommen. Als sie aus der Narkose aufwachte, verspürte sie einen bis dahin nie gekannten Appetit auf Bier und Hühnerschenkel! Und sie begann von einem Mann zu träumen mit den Initialen T. und L. – Wenn sie diesen Mann im Traum küßte, so saugte sie seinen Körper in sich hinein wie einen „Flaschengeist". Das wurde ihr verständlicherweise unheimlich.* Sie erfuhr schließlich Näheres über den ursprünglichen Besitzer ihres neuen Herzens: Es handelte sich um einen 18jährigen Anstreicher, der bei einem Motorradunfall „gestorben" war und dessen Namen mit den Buchstaben T. und L. begann. Seine Angehörigen erzählten, er habe am liebsten kaltes Bier getrunken und Hühnerfleisch dazu gegessen.

Claire Sylvia (sie schrieb später ein Buch) sprach mit anderen Empfängern von Fremdherzen. Auch sie träumten von den Spendern und mußten mit deren Genüssen und Wünschen fertigwerden. Der Amerikaner *Tomy Wasson*, dem das Herz einer Frau eingepflanzt worden war, fühlt sich seitdem sexuell zu jungen Männern hingezogen.

* Hier dürfte es sich um astralkörperliche Einflüsse handeln, die vom Verstorbenen ausgehen.

Ebenso entsetzlich wie der Handel mit Körperorganen angeblich Hirntoter ist die Unwissenheit selbst von katholischen Theologen. So erklärte der Zürcher katholische Ethiker *Alberto Bondolfi*:

> „*Um ein Organ zu entnehmen, brauchen wir nicht mit metaphysischer Sicherheit zu wissen, was der Tod ist. Wir brauchen nur die moralische Sicherheit, daß ein Prozeß eingetreten ist, von dem der Betroffene nicht mehr zurückkommt.*“

Bondolfi betont, es gebe „keine katholische Lehre über den Todeszeitpunkt“. Nun, den Kirchen und der Bibel ist vieles Wesentliche unbekannt. Der Bibel zufolge ist ja unsere Erde noch immer der Mittelpunkt des Weltalls. Und da die Kirchenführer auch bloß Menschen und Kinder ihrer Zeit sind, so geben auch sie nur das wieder, was sie gelernt, gehört oder gelesen haben. Oder sie verlassen sich auf die Aussagen von Experten, in diesem Fall von Medizinern. Nur, auch die haben schon oft geirrt, das beweist die Medizingeschichte zur Genüge. Im Christentum gab es über Jahrhunderte hindurch ein intuitiv-mystisches Wissen und ein metaphysisches Erfahrungswissen. Heute ist davon kaum noch etwas vorhanden, sonst könnte ein Mann wie Monsignore *Elio Sgreccia*, Chef des Bio-Ethischen Zentrums der Universität vom Heiligen Herz in Rom, nicht erklären: „Anders als zum Beispiel das Gehirn oder die Sexualorgane ist das Herz kein Organ der Identität des Menschen“! Nun, daß Herz und Gemüt in unserer hektischen Zeit immer weniger gelten, liegt in der Verlängerung materialistischen Denkens. Aber daß unser Herz als Organ mehr ist als bloß eine Blutzirkulationspumpe, das scheint manchen Leuten trotz ihrer Gelehrsamkeit völlig indiskutabel zu sein. Wenn man z. B. Betten auspendelt, in denen jemand gestorben ist, so ist dort die

Strahlung am stärksten, wo die Brust lag. Und fühlen wir denn selber nicht deutlich genug, wenn wir jemanden von Herzen lieben und alles Gute wünschen, daß dies wirklich aus dem Herzen kommt, und nicht bloß aus dem Kopf?

1934 lebte in Pirano bei Triest eine damals 42jährige Frau, *Anna Monaro*, Mutter von zwölf Söhnen. Wenn diese Frau im Schlaf oder im Halbschlaf lag, entströmten Lichtstrahlen aus ihrer Herzgegend! Sichtbar und fotografierbar! Als das der katholische Pfarrer sah, ergriff er die Flucht!*

Wegen der Wichtigkeit des Themas sei noch die sogenannte „Xenotransplantation" gestreift, d. h. Fremd-Transplantation. Hier ist das Übertragen von tierischen Organen in Menschenkörper gemeint, besonders von Schweinen. In der Zürcher „Weltwoche" vom 6. 2. 1997 las man: „Wer sich jahraus, jahrein Schinken und Koteletts zuführt", der solle sich doch nicht aufregen, wenn das Schwein zum „Ersatzteillager für Menschen gemacht wird".

Das Jahr 1996 wäre beinahe zum „Jahr des Schweins" geworden. Der britische Forscher *David White* hatte nämlich gentechnisch veränderte Schweineherzen an die Hals- oder Bauchgefäße von Affen angenäht, und siehe, die Schweineherzen schlugen weiter, vierzig, zum Teil bis zu sechzig Tage lang! Normalerweise wird ein fremdes Organ infolge der „hyperakuten Abwehrreaktion" in kurzer Zeit abgestoßen. Die von Prof. White verwendeten Schweineherzen waren jedoch genetisch so verändert worden, „daß sie vom Empfänger-Organismus nicht mehr als völlig fremd erkannt wurden". Mitte 1997 verbot die britische Regierung vorläufig (!) Organübertragungen vom Schwein auf den Menschen. Aber nicht etwa aus ethischen Gründen, nein. Sondern nur deswegen, weil die Übertragung tierischer Krankheiten befürchtet wird

* In: „Zeitschrift für Seelenleben", 1934, S. 98 und 135.

und dadurch neue unbekannte Krankheiten ausgelöst werden könnten.

Auch den umgekehrten Weg sucht man einzuschlagen: Nach Pressemeldungen vom März 1993 war es an der Universität Cambridge gelungen, zwei Gen-Schweine zu züchten, in deren Brustkorb Menschenherzen schlagen! Wäre es sehr daneben, solches in den Bereich schwarzmagischer Praktiken einzuordnen?

Seit dem Kapstadter Chirurgen Christiaan Barnard im Jahre 1967 erstmals eine Herzverpflanzung gelungen war, hat sich die Transplantationsmedizin weltweit zu einem makabren Milliardengeschäft entwickelt.*

Leben wir in der prophezeiten „Teufelszeit"? Wohin soll all das falsche Denken und Handeln noch führen? Auch die hochgelobte und uns aufgezwungene Gen-Technologie beginnt ihre Tücken zu offenbaren: In genmanipulierten Pflanzen verändert sich der Stoffwechsel! Damit ändern sich auch die therapeutischen Wirkungen.

Aus parapsychologischer und auch aus ethischer Sicht ist von Organtransplantationen abzuraten, allein schon wegen der uns bekannten feinstofflichen Beschaffenheit des Menschen, von welcher die Schulmedizin (noch) nichts weiß.

4.3 Feuerbestattung

Zur Frage, ob vom parapsychologischen Wissen her eine Kremation empfehlenswert sei oder nicht, wäre vorerst abzuklären,

* Nicht nur in den USA blüht dieser profitable Handel (eine Niere, Leber oder Lunge, bei uns ca. 10.000 Euro, kostet dort bis zu 120.000 Dollar, ein Herz bis zu 240.000 Dollar). Menschen aus armen Ländern holt man mit gefälschten Papieren ins Land und entnimmt ihnen – gegen Bezahlung – Organe. „Eurotransplant" liefert nach Rußland entsprechende Klinik-Einrichtungen. Deren „Organproduktion" wird dann per Privatjet abgeholt. In China soll die Art der Hinrichtung (angeblich) Krimineller von der Auftragslage zur Organlieferung abhängen („Der Spiegel", Nr. 36/1994. Vgl. auch „Das Geschäft mit

ob der Leichnam unmittelbar nach seiner Entseelung sogleich zu absolut toter Materie wird oder nicht. Wenn ja, so würde es durchaus belanglos sein, was mit dem abgestorbenen Körper geschieht, d.h. ob er beerdigt, ins Meer geworfen, verbrannt oder zu Tiernahrungsmehl verarbeitet wird.** Ferner müßte der Nachweis erfolgen, daß der nunmehr tote Leib in keinerlei biologischer Wechselbeziehung mehr steht zum Seelenkörper bzw. Astralleib seines vormaligen Besitzers. Im Zusammenhang mit der Kremationsfrage ist außerdem von Belang, ob sich unser innerer Leib beim Sterbeprozeß sofort und restlos vom physischen Körper löst oder ob dies längere Zeit in Anspruch nimmt.

Wir wollen hier einmal hypothetisch annehmen, fernöstliche und esoterische Lehren hätten recht mit ihrer Behauptung, daß es zwischen dem Astralorganismus und unserem irdischen Leib eine Art Verbindungsglied gibt, den sogenannten *Ätherkörper*. Er soll Träger der regenerierenden Lebenskraft sein. Hellsichtigen Beobachtungen zufolge löst er sich bald nach dem Tode auf, wobei sein Energiefeld größtenteils vom Astralkörper aufgesogen wird. Ein Teil davon – und das ist für unser Thema wichtig – verbleibt jedoch im Leichnam, um den naturgemäß langsamen Zersetzungsprozeß zu gewährleisten. Bis zum Abschluß desselben scheint also noch eine energetische Verbindung zum Astralkörper zu bestehen, weil sonst der Leichnam sofort zerfallen würde. Der Paraforschung liegt zum Problemkreis „Leichenverbrennung“ aufschlußreiches

---

dem Tod“ von Richard Fuchs, Patmos-Verlag, Düsseldorf 2001, und „Ungeteilt sterben“ von Dr. Gisela Lermann, Mainz 1996. Bei uns verpflichtet man Ärzte, hirntote Patienten sofort dem nächsten Transplantationszentrum zu melden, anstatt sie in Frieden sterben zu lassen. Das vorherige Befragen von Angehörigen erfolgt leider nicht immer; oft werden diese, auch von Krankenhausseelsorgern (!), psychisch unter Druck gesetzt, bis sie schließlich einwilligen.

** Was mit menschlichen Embryos bereits praktiziert wurde!

Material vor. Darunter Beobachtungsberichte von hellsichtig oder anderweitig medial veranlagten Personen, die einer Kremation beigewohnt hatten, als auch Stellungnahmen „von drüben“ aus der jenseitigen Welt. Dabei zeigen sich unterschiedliche Ansichten: Manche befürworten die Einäscherung, andere lehnen sie strikt ab, und beide Standpunkte werden begründet.

Der Parapsychologe und Herausgeber einer Fachzeitschrift, *E. W. Dobberkau,* schrieb hierzu nach fast 30jähriger Erfahrung als Hellseher:

> *„Das Feuer löst den inneren Menschen von seinem Erdenleibe viel schneller und gründlicher als die Verwesung der Leiche im Grabe. Alles Materielle, das den abgeschiedenen Geist mit dem Diesseits verbindet, fällt durch die Verbrennung der Leiche von ihm ab; er wird frei und kann sich ganz seiner Weiterentwicklung im Jenseits widmen...“*

Dies ähnelt einer Aussage, die der britische Justizrat *Binney* von drüben empfing und die besagte, das Feuer würde den Geist von einer Anziehung befreien, die ihn zuweilen während einer beträchtlichen Zeitspanne in der Nähe des abgestorbenen Körpers zurückhält.

Bei *Adelma von Vay* finden wir die gleiche Auffassung: Für Menschen, die zuvor nichts von einem Fortleben nach dem Tode wußten, sei die Kremation sogar als spirituelle Wohltat zu betrachten, denn hierdurch komme die oder der Hinübergegangene am schnellsten zum Bewußtsein des jenseitigen Lebens, auch wenn mit der Einäscherung ein schmerzhaft empfundenes Schockerlebnis verbunden war.

Einer anderen Quelle zufolge wird erklärt, nach dem Tode bestehe noch eine mehr oder weniger starke Anziehungskraft zwischen dem feinstofflichen und dem zurückgelassenen Körper. Erst bei fortschreitender Zersetzung des letzteren würde diese Bindung nachlassen und schließlich aufhören. Hier sei auch der Grund zu suchen für Vorkommnisse, wo ein Ermordeter oder tödlich Verunglückter nachtodlich erscheint, um die Beerdigung seines unentdeckt gebliebenen Leichnams zu veranlassen.*

Eine andere belangreiche Frage wäre in diesem Zusammenhang die, warum sich Kirchen, speziell die katholische, so lange und so heftig gegen die Einführung der Kremation wehrten? Wußte man damals noch einiges mehr über die eigentliche Konstitution des Menschen als heutzutage? In der Tat deutet etliches darauf hin, daß unser feinstofflicher Körperhaushalt durch Feuer tatsächlich geschädigt werden kann, und daß man ehedem darum wußte. Auf die Frage, wie es sich mit Menschen verhalte, deren Leiber verbrannten, antwortete der im Ersten Weltkrieg in Flandern gefallene Sohn *Raymond* des berühmten britischen Physikers und Parapsychologen Sir *Oliver Lodge* (1851–1940) mit den Worten: „Wir haben manchmal schreckliche Mühe mit Leuten, die zu schnell verbrannt worden sind." Raymond empfahl, man solle die Körper der Verstorbenen nicht vor Ablauf von sieben Tagen einäschern.

Von erschütternder Tragik ist die Aussage eines Hinübergegangenen, dessen Leichnam kremiert worden war: „Ihr habt meinen Körper dem Feuer übergeben. Ich mußte ihn lassen und konnte es noch nicht." Sein jenseitiger Begleiter (vielleicht sein Schutzengel?) erklärte hierzu:

> *„Ihr, die ihr vom Weiterleben des Ichs durchdrungen seid, ihr werdet euch frei und erlöst vom Körper trennen. Für euch ist die Bestattung durch Hitze oder Verwesung gleich. Nur die Erdgebundenen und Unwissenden, die nichts von*

* Dr. med. Rudolf Hein: Der Fluidalkörper des Menschen. Verlag Max Altmann, Leipzig 1922, S. 29f.

Tod und Fortleben hören wollten, bäumen sich auf und nehmen das plötzliche Losreißen als körperlich und seelisch empfundenen Schmerz mit hinüber.“

Der Sprecher empfahl, auch bei Verunglückten, die einen plötzlichen Tod erlitten, von einer Kremation abzusehen. Für Wissende hingegen sei dies jedoch, auch in letzterem Falle, d. h. bei Unfalltod, gleich.

Zusammenfassung: Alles in allem

1. darf die Erdbestattung als naturgemäß gelten, eine Leichenverbrennung als naturwidrig;
2. sollten besonders die Leiber kerngesunder sowie junger Menschen nicht verbrannt werden. Desgleichen plötzlich ums Leben Gekommene. Zumindest nicht so bald, wie das heute üblich ist. Früher war es eine sinnvolle Gepflogenheit, bei Gestorbenen, die man zu Hause aufbahrte, drei Tage Totenwache zu halten; sie bekamen hierdurch Gelegenheit, Klarheit über ihren neuen Zustand zu erlangen.
3. Bei geistig unwissend Verstorbenen, deren Sinnen und Trachten sehr materiebezogen war, sollte man mit der Einäscherung auf jeden Fall zuwarten. Die Krematoriumsverwaltung respektiert im allgemeinen solche Wünsche.
4. Im Gegensatz zu jenen, für die das Verbrennen ihres abgelegten Körpers zu einem Horror-Erlebnis wurde, merken andere überhaupt nichts davon und erfahren erst später, was mit ihrer irdischen Hülle geschah.
5. Die Frage „Feuerbestattung, ja oder nein?“ ist also von sehr individuellem Charakter und kann infolgedessen nicht in allgemeinverbindlicher Weise beantwortet werden. Vorsichtshalber sollte man jedoch, wenn irgend möglich, sieben Tage bis zur Einäscherung verstreichen lassen.

Zum Abschluß noch der sehr aufschlußreiche Bericht eines Lawinenopfers, der damals 20jährigen *Rita K.*, die noch in letzter Minute die Kraft zum Schreien fand und deshalb vor dem Begrabenwerden bei lebendigem Leib bewahrt blieb:

Rita raste mit ihrem Freund Horst (21) die Piste hinab. Plötzlich erdröhnte ein bedrohliches Grollen hinter ihnen: Eine Lawine löste sich und wälzte sich direkt auf Rita zu! Mit ungeheurer Wucht rollten die Schneemassen über sie hinweg und begruben sie unter sich.

Die Bergwacht brach sofort mit zwei Suchhunden auf. Rita wurde gefunden, aber ihr Körper war eiskalt, ihre Glieder starr, kein Herzschlag zu spüren. Eine halbe Stunde lang kämpften Rettungssanitäter um ihr Leben. Vergeblich.

> *„Es war entsetzlich", berichtet Rita. „Ich hörte alles, was die Männer sagten, doch ich konnte mich weder bewegen noch schreien. Es war, als wenn ich alles, was mit mir geschah, wie in einem Film sah... Ich bekam mit, wie meine ‚Leiche' abtransportiert wurde, wie Horst meine Hand hielt und seine Tränen auf meinen Körper tropften. ‚Ich lebe doch, bitte hilf mir', wollte ich schreien, doch ich kriegte keinen Ton raus..."*

Weil im Leichenschauhaus kein Platz mehr war, rief der zuständige Verwaltungsangestellte Ritas 82jährige Tante an, ihre einzige lebende Verwandte. Unter Tränen gab die alte Dame Ritas Leiche zur Kremation frei.

> *„Zwei schwarzgekleidete Männer legten mich in einen Sarg. Der Deckel schloß sich, und von da an war der ‚Film' wie abgerissen..."*

Als der Sarg auf ein Laufband gestellt worden war, vermochte Rita, von Todesangst ergriffen, plötzlich laut zu schreien. Die Schreie wurden gehört, das Band gestoppt, der

Sarg geöffnet: Rita war gerettet! – Noch heute leidet sie unter Angstträumen...

4.4 Beobachtungen hellsichtiger Krankenschwestern

Auf das allgemein großartige Schulwissen sollten wir uns, trotz seiner imponierenden Komplexität, nicht allzu viel einbilden. Unser Wissen über das eigentliche Wesen der Dinge, ja sogar über unser eigenes Wesen, ist nämlich erschreckend mangelhaft! Im Grunde genommen tappen wir dahin wie Blinde, und es kommt uns gar nicht zum Bewußtsein, daß sich unsere Sinneswahrnehmung bloß auf einen kleinen *Teil* der Schöpfungsvielfalt erstreckt! Und diesen Teil halten die meisten von uns irrtümlich für das Ganze, über das nichts mehr hinausgeht! Nur selten, und dann meistens nur in einem veränderten Bewußtseinszustand, sind uns mitunter winzige Einblicke „hinter den Vorhang" möglich. Ein paar Worte von mir lauten:

Noch pilgern wir am Wanderstab
fast blind durch Raum und Zeit –
Doch tief im Herzen ahnen wir
den Glanz der Ewigkeit!

Manche Menschen aber sind nicht blind; sie gehören zu jenen Begnadeten, die mehr sehen dürfen als andere, zum Beispiel dann, wenn angeborene Hellsichtigkeit vorliegt. Dies war bei einer evangelischen Gemeindekrankenschwester der Fall. Sie war zwar als „Geisterseherin" verschrien, aber wegen ihrer Tüchtigkeit beließ man sie in ihrem Amt.

Einmal kam es zu einer bedrohlichen Erkrankung des jüngsten Kindes des evangelischen Pastors, einem Mädchen. Was ihm eigentlich fehlte, war unklar. Ärztlicherseits war alles versucht worden. Das Kind wand sich in Krämpfen und wurde zusehends schwächer.

Mitten in der Nacht entschloß sich der Pastor, die Gemeindeschwester zu holen. Doch wie erstaunt war er, als er sie fertig angekleidet vorfand und bereit, mitzukommen. Als sie im Pfarrhaus angekommen waren, verlangte die Schwester heißes Wasser sowie Handtücher, um Umschläge machen zu können. Nach drei Stunden war die Kleine gerettet und schlief ruhig und friedlich.

Tiefbewegt dankten ihr die glücklichen Eltern, wollten nun aber wissen, wie alles zugegangen war. Und die Schwester erzählte, daß es schon recht spät gewesen sei, als sie endlich schlafen gehen wollte. Da habe plötzlich der Schutzengel des Kindes vor ihr gestanden und gesagt: „Zieh dich an und komm' mit mir. Ich brauche deine Hilfe, *denn da kann ich allein nicht fertig werden.** Mach rasch, nimm das und das mit (er nannte verschiedene Gegenstände) und komm!" Ja, und das war der Grund, weshalb sie bereits fertig zum Mitkommen war, als der Pastor kam, um sie zu holen.

Sehr Aufschlußreiches zu unserem Thema bringt die britische Krankenpflegerin *Joy Snell* in ihrem überaus lesenswerten Büchlein „Der Dienst der Engel".** Wenn sie am Bett von Schwerkranken einen *hellen* Engel sah, so war dies ein absolut sicheres Zeichen, daß der Patient genesen wird, auch wenn seitens der Ärzte keine Hoffnung mehr bestand. Nahm sie jedoch einen *dunklen* Engel wahr, so bedeutete dies, daß die alsbaldige Abberufung des betreffenden Kranken bevorstand.

---

* Eine nachdenkenswerte Aussage!

** Turm-Verlag, Bietigheim-Bissingen 2002. Auch Prof. Dr. Werner Schiebeler erwähnt Joy Snell in seiner Broschüre: Engel als Boten Gottes und Helfer der Menschen; mit einem Geleitwort des evang. Theologen Dr. Erich Lubahn. Verlag Irmgard Herrmann, Vierhöfen (WerSch 1997).

Anfänglich skeptisch gewesene Ärzte nutzten später ihre Begabung zur Diagnosehilfe.

In gekürzter Wiedergabe sei hier mitgeteilt, was *Adelma von Vay* an aufklärender Belehrung zur Frage der Tätigkeit von Todesengeln erhielt:

„Es gibt Todesengel. Sie sind Geburtshelfer des Jenseits. Es sind dies Geister, deren besondere Mission es ist, sterbenden Menschen das Herauslösen aus dem Körper zu erleichtern. Sie kennen die Gesetze, welche die Seele an den Körper binden, genau und entbinden die Seele vom Körper.
Diese guten Todesengel sollten euch nicht als grausige Wesen erscheinen. Sie sind Engel voller Liebe, Güte und Weisheit. Sie sind weise Ärzte, die euch im letzten Stündlein die rechten Stärkungsmittel geben. So hat ein jeder Mensch seinen Todes-Erlösungs-Engel, der ihn von der Erde abholt."

Recht nachdenkenswert sind die Bemerkungen zum Sterbevorgang bei *Selbstmord*, wonach solche an sich schon bedauernswerten Menschen „ohne ihren Todesengel bzw. Geburtshelfer sterben. Der Todesengel erscheint nur zur festgesetzten Zeit. Der Geist eines Selbstmörders aber hat diesen Zeitpunkt nicht abgewartet. Er steht rat- und hilflos da vor dem gewaltsam losgerissenen Leib. Es ist eine schmerzhafte Frühgeburt. Er kennt keinen Weg, niemand ist da zu seinem Empfang. Er hat seinem Lebensgesetz vorgegriffen und muß nun warten, bis sich die Zeit zu seinen Gunsten wendet."

Meinem derzeitigen Kenntnisstand zufolge findet nicht jede Selbstentleibung die gleiche moralische Bewertung. Es kommt sehr wohl auf das Motiv an. Keine freudenvoll beglückende Abholung durch Engel oder liebe Vorangegangene erfolgt auch beim Tode ausgesprochen böser Menschen.

Dr. *Gottfried Hierzenberger* bringt in seinem Buch „Erkundungen des Jenseits"* das Bekenntnis eines hinübergegangenen Geschäftsmannes, der auf skrupellose Weise zu einem beträchtlichen Vermögen gekommen war:

> *„Ich hatte als Mensch nie an ein Jenseits, an ein Weiterleben gedacht. Ich hatte eine fromme, gute Mutter. Mein Vater hingegen hatte die Geschäfte genau so getätigt wie ich, vom geistigen Standpunkt aus (betrachtet) auf unerlaubte Weise. Ich wurde krank und mußte Abschied nehmen von dieser Welt.*
> *Als ich im Jenseits die Augen öffnete, stand meine Mutter vor mir und sprach traurig: ‚Amado, du hast viel gesündigt, und deine Welt, wo du nun zu leben hast, wird nicht schön sein.'*
> *Mutter weinte richtig, nicht nur über mich, sondern auch wegen Vater. Sie sagte, auch er sei irgendwo, doch es sei ihr nur dann und wann erlaubt, zu ihm zu gehen. Sie habe aber besonders mit mir Bedauern, denn sonst sei es üblich, daß die abgeschiedenen Seelen von Engeln begrüßt werden. Bei meiner Ankunft sei jedoch keiner dagewesen... nur durch sie werde man höher geführt..."*

Hier taucht verständlicherweise die Frage auf, warum der persönliche Schutzengel ausgerechnet dann fernbleibt, wenn sein Schützling Kraft und Trost besonders bitter nötig hat? Nun, Trost brachte die Mutter. Sie hatte durch ihr gottvertrauendes und gutes Erdenleben eine hohe jenseitige Stufe erreicht. Zwar litt sie sehr unter dem traurigen Schicksal ihres Sohnes, aber es war ihr gestattet und möglich, ihm jetzt den einzig richtigen Weg aufzuzeigen, um aus der Misere herauszukommen: Reue, Gebet und Wiedergutmachungswille. Überdies muß man wissen, daß die Beschaffenheit der jenseitigen

* Herder-Verlag, Wien 1988, S. 253f.

Umwelt mit dem innerseelischen Zustand ihrer Bewohner in Wechselwirkung steht, d. h. man projiziert unbewußt aus sich heraus seine Umgebung. Geistige Unwissenheit wirkt sich drüben wie Nebel aus oder als Dunkelheit. Da gelingt es einem Schutzgeist oft nicht, durchzukommen. Die katholische Lehre vom Purgatorium, vom Fegefeuerzustand, ist kein Humbug, sondern jenseitige Wirklichkeit. Dennoch können in diesem Stadium befindliche Jenseitige („arme Seelen“) uns eventuell sogar helfend beistehen, wenn wir durch unser Gebetsgedenken sie hierzu energetisch in die Lage versetzen.

Es ist daher dringend zu empfehlen, nach dem Erwachen im Jenseits, seinem Engel oder Schutzgeist vertrauensvoll zu folgen bzw. um sein Erscheinen zu beten. Das ernsthafte Gebet ist und bleibt überhaupt unser Allheilmittel, auch in der anderen Welt. Es besteht sonst die (wenig bekannte) Gefahr, daß sich uns *falsche* „Freunde“ nahen, die es fertigbringen, das Aussehen gestorbener Verwandter anzunehmen. Wie dies möglich ist und bewerkstelligt wird, entzieht sich unserer Kenntnis; aber man unterschätze solche Gefahren nicht, besonders dann, wenn man kein sonderlich gutes Leben geführt hat. *Joseph Hahn* hat recht mit seinen Worten:

„Wer beim Sterben nicht dem Engel,
der ihn führte, folgt sogleich,
der ist schutzlos preisgegeben
jedem Geist im Zwischenreich.“

Zum Aufgabenbereich eines Schutzengels gehört also die weitere Führung und Betreuung seines Schützlings, nachdem dieser das Tor zum Jenseits durchschritten hat. Bei ehrsamen Menschen erfolgt nach ihrem Hinübergang zumeist eine längere Ruhe- und Erholungsphase, besonders dann, wenn die Betreffenden während der letzten Zeit ihres Erdendaseins schwer litten.

4.5 Negative Sterbe-Erfahrungen

Fungiert unser Schutzengel auch als Richter über die Art unseres Erdenlebens? – Durchaus, aber nicht als zornsprühender „Racheengel", sondern als Freund; als liebender Freund, der – ohne zu verletzen oder demütigen zu wollen – uns klarzumachen versucht, wer und wie wir wirklich sind, und was zu tun wäre, um unsere Lage zu verbessern. Nun hilft kein Maskieren mehr, und kein Verstellen oder Heucheln: Schon unser „Lebensfilm", diese Lebensrückschau, zeigte uns in aller Deutlichkeit, wann, wo und in welcher Weise wir uns falsch verhielten. Jetzt ist es eben unser Schutzengel oder ein Schutzgeist, der uns zur rechten Einsicht verhilft.

Schutzgeister als Ankläger waren bereits den Babyloniern bekannt.* In der Bibel deutet Hiob 33, 23 f. auf diese Sachlage hin: „Wenn dann ein Engel für ihn da ist, ein Fürsprecher (oder Mittler), ein einziger aus den tausend, um für den Menschen Zeugnis von seiner Gerechtigkeit abzulegen..." (Übersetzung Menge). Vers 24: „...ich habe eine Sühne (für ihn, den Schützling) gefunden". Vers 29: „...dies alles tut Gott zweimal, ja dreimal an dem Menschen, um seine Seele von der Unterwelt fernzuhalten."

Zahlreiche Sterbe-Erfahrungen von negativ empfundener Art beinhalten grauenhafte Erlebnisse mit teuflischen Gestalten und in entsprechender Umgebung. Solche Menschen, wenn sie reanimiert wurden, ins Leben zurückgeholt werden konnten und ihnen damit die Gnade der Möglichkeit eines Neuanfangs gewährt wurde, pflegen ihre Lebenseinstellung total zu ändern und zwar zum ethisch Positiven hin. Sie sind nunmehr überzeugt, daß Gott wirklich existiert, und daß Himmel und Hölle keine Priestermärchen sind.

---

* Religion in Geschichte u. Gegenwart. 2. Aufl. Bd. V, Sp. 1062. Tübingen 1931.

Prof. Dr. *Werner Schiebeler* bringt in seiner Schrift „Engel als Boten Gottes und Helfer der Menschen“ den Bericht des Kunstprofessors *Howard Storm*: Während seines Erlebens als klinisch „Toter“ wurde er dreimal sehr deutlich aufgefordert: „Bete zu Gott!“ Storm erzählt: „Ich dachte, was soll ich beten? Ich versuchte, mich an meine Gebete aus meiner Kindheit zu erinnern, was sehr, sehr schwer war, denn es war 25 Jahre her, daß ich in der Kirche gewesen war. Ich begann, mich an einzelne Abschnitte und Teile von Gebeten zu erinnern. Die Leute um mich herum traten nach mir. Sie schrien mich an, ich solle aufhören zu beten.“*

In einer sehr ordinären Sprache wollte man Storm weismachen, daß es keinen Gott gebe. Er jedoch merkte, daß sie vor ihm zurückwichen, während er zu beten versuchte! Dies gab ihm spürbar Kraft und Mut, und so gelang ihm die Vertreibung dieser Quälgeister.

Mit der Einschätzung solcher Nahtodes-Erlebnisse als angebliche „Visionen ohne Realitätsbezug“ sollte man sehr vorsichtig sein, denn der Paraforschung sind auch Fälle bekannt, wo sich der jenseitige „Abholer“ schon im Diesseits deutlich manifestierte. Hierzu brachte die Zeitschrift der Deutschen Gesellschaft für Paranormologie (das ist ein anderes Wort für Parapsychologie) in der Nr. 2 vom April 1995 den Bericht der Tochter eines verstorbenen Mitgliedes:

„Mein Vater starb am 3. 9. 1920, meine Mutter zwei Jahre vorher. Nach ihrem Tode lebten Vater und ich allein zusammen. Ich schlief im Bett meiner Mutter auf der Fensterseite. Mein Vater neben mir. Auf seiner Seite stand in der Mitte der Wand ein niedriges Schränkchen, ein Stück weiter kam die Tür zur Küche.

* Prof. Dr. Werner Schiebeler: Engel als Boten Gottes und Helfer der Menschen, S. 38. Jetzt: Verlag Irmgard Herrmann, Vierhöfen.

Ein Jahr vor dem Tode meines Vaters wachte ich morgens gegen sechs Uhr auf. Es war schon hell im Zimmer. Ich sah gerade meinen Vater am Fußende meines Bettes vorbeigehen und das Fenster öffnen. Er war ein Mann von 70 Jahren und hatte gerade wieder einen seiner schweren Asthma-Anfälle. Aus dem Augenwinkel gewahrte ich, daß noch jemand im Zimmer war. Ich drehte schnell den Kopf nach links und sah hinter dem Bett meines Vaters ein Wesen stehen, das, wie ich mit Schrecken erkannte, kein Mensch war! Es war eine kleine, zierliche Jünglingsgestalt, ungefähr 1,40 m groß, in einen schwarzen Umhang gehüllt. Solch eine Schwärze hatte ich noch nie gesehen! Der Kopf hatte die Struktur eines Totenkopfes, das Gesicht aber war lebendig, mit scharfen Gesichtszügen geprägt. Doch hatte es keine Lippen. Die Augen waren nur schwarze Vertiefungen in den Totenkopfhöhlungen. Das Gesicht war graubräunlich. Jeder Zahn erschien wie in einem Totenkopf klar erkennbar, aber dunkel rot-gold leuchtend. Das Gesicht schien alles zu beleuchten. Die Erscheinung wirkte unheimlich starr und majestätisch.

Das Wesen stand zur Hälfte im Schrank, der auf dieser Seite nicht mehr sichtbar war. Sein Gewand berührte den daneben stehenden Wecker. Es schien mir wie eine unvorstellbar verdichtete Gewitterwolke, unten am Boden etwas vorgelagert, wolkenartig.

*Ich war wie gelähmt, konnte nicht sprechen und fühlte, wie alle Kraft aus mir wich, als ob jemand sie mir absaugt.** *Auf dem Kopf trug die Gestalt eine flache, große Kopfbedeckung, die aussah wie eine mit Dreiecken verzierte*

* Beim Erscheinen teuflischer Wesenheiten ist man in der Regel „wie gelähmt“, d. h. total bewegungs- und sprechunfähig, aber bei klarem Verstand. Auch das Empfinden der Kraftabsaugung spricht für die Realität jener Manifestation.

Steppdecke, in bräunlicher Farbe. Diese Kopfbedeckung ragte an beiden Seiten weit hinaus und war nach unten gebogen wie die Mondsichel.
Mein Vater ging noch mehrmals an der Gestalt vorbei (zur Toilette und zurück), und jedesmal, wenn er sie passierte, war er in ein gelbrotes Strahlenbündel getaucht, wie wenn man eine Sprühkerze entzündete. Das Ganze dauerte etwa eine halbe Stunde (!). Ich sah alles ganz genau, auch, daß der Rand der Kopfbedeckung verziert war mit zwei ineinandergeschlungenen Schlangen...
Als ich am nächsten Tag aus der Schule kam, sagte mir mein Vater, der Todesengel sei dagewesen und er müsse bald sterben.
Am Tage zeigte sich haargenau an der Stelle der Erscheinung ein A b d r u c k, wie eine Tätowierung! Der Abdruck war wie dreidimensional, wie ein lebendes Bild, nur die Dreiecke auf der Kopfbedeckung waren nicht zu erkennen. Fremde kamen nicht in das Zimmer, und mein Vater und ich sprachen nicht darüber.
Als beim Tode meines Vaters der Geistliche kam, saß er wie tot auf dem Sofa, abwehrend und entsetzt. Der Schreiner bekam durch den Abdruck an der Wand einen solchen Schreck, daß er nie wieder einen Toten einsargte, wie mir ein Bekannter erzählte.
*Nach einem Gottesdienst sprach mich ein mir völlig fremder Herr an und erkundigte sich nach den letzten Tagen meines Vaters. „Ich habe Deinen Vater besser gekannt als Du, er war Freimaurer.“**

* Unter Freunden der Freimaurerei wird dieser Bericht möglicherweise Unwillen auslösen, weil Freimaurer ihr ethisch besonders hohes Selbstverständnis zu betonen pflegen. Ein solches tut in unserer Zeit bitter not. Jedoch wäre es interessant, die Gründe zu erfahren, warum die katholische Kirche eine gleichzeitige Zugehörigkeit zu ihr und einer Freimaurerloge nach wie vor für unvereinbar hält.

In einer redaktionellen Fußnote zu diesem Bericht heißt es, der „Todesengel" sei gewiß kein „Jüngling" gewesen, sondern ein „Abgesandter der Hölle, die ihre Ansprüche an diese Seele frühzeitig geltend machte".

Dem dänischen Dompropst *H. Martensen-Larsen* erzählte einmal ein Mann:

> *„Zum Unheimlichsten, was ich erlebt habe, gehört folgendes Erlebnis. Ich kam in ein kleines Haus auf dem Lande, wo eben der Mann gestorben war. Die Bewohner waren ältere Leute, die ein weltliches und gottloses Leben geführt hatten. Am letzten Tag, an dem der Mann lebte, hatte er zweimal Punsch getrunken, und seine letzten Worte waren ein Fluch gewesen. Die Frau fragte mich, ob ich ihn sehen wolle, und ich ging mit ihr hinein zu dem Toten. Nie in meinem Leben habe ich etwas so Furchtbares gesehen! Er lag da wie ein Bild des Schreckens. Alle Haare waren gesträubt. Es schien, als ob das Bild des Furchtbaren, das er gesehen hatte, sich auf seinen Zügen abgedrückt hätte."*

Auf die beliebte, weil abwertend-verharmlosende Argumentation, es handle sich bei solchen Berichten ja nur um nichts anderes als um Träume, um Einbildung und Halluzinationen, erwiderte der Domprobst: „Jawohl, nur Halluzinationen. Aber versteht ihr nicht den tiefen, den furchtbaren Ernst, der in den Worten liegt: ‚nur' Halluzinationen? Versteht ihr nicht, was das bedeutet? Wenn die ganze äußere Welt versinkt, wenn von der ganzen irdischen Umgebung nichts mehr für den Menschen existiert außer diesen Visionen? Vergeßt nicht, daß beim Sterben der Augenblick eintritt, wo die Todesvisionen – und diese ganz allein – die einzige, eigentlichste Wirklichkeit für den Menschen bedeuten, daß sie für ihn wirklicher sind als die Stube, in der er sich befindet, als das Bett, auf dem er liegt..."

Die angeführten negativen Sterbeschilderungen sollten eigentlich genügen, um darzutun, daß es von uns selber abhängt, ob wir einst von lichten oder dunklen Abholern ins Jenseits geleitet werden. In bezug auf letztere ließen sich unschwer weitere Beispiele anfügen. Es wäre unfair, solche Fakten zu unterschlagen, nur um liebe Mitmenschen nicht zu ängstigen und in ihrem gewohnten Denkschema zu stören. Eines Tages wird man ja doch mit dem Tode konfrontiert, und da sind diejenigen besser dran, die sich rechtzeitig informierten, statt alle diesbezüglichen Gedanken zu verdrängen bis zum Geht-nicht-mehr.

4.6 Andere Sterbe-Erfahrungen

Ganz anders gestaltet sich das Hinübergehen bei gottverbundenen Menschen.

Eine indische Krankenschwester erlebte das Sterben eines Mannes, mit dessen Familie sie seit Jahren befreundet war. In dem Raum, wo er lag, gab es eine Treppe, die in den zweiten Stock führte. Plötzlich rief er aus: „Schaut, die *Engel* kommen die Treppe herunter! Das Glas ist heruntergefallen und zerbrochen!“ Die Krankenschwester sagt:

„Wir alle schauten zur Treppe hin, wo auf einer der Stufen ein Trinkglas stand. Während wir noch hinsahen, zersprang das Glas plötzlich in tausend Stücke! Es fiel nicht, es explodierte einfach! Die Engel sahen wir natürlich nicht ...

Über das Gesicht des Patienten legte sich ein glücklicher und zufriedener Ausdruck, und im nächsten Moment starb er. Sogar nach seinem Tod blieb dieser heitere, friedfertige Ausdruck auf seinem Gesicht.“*

Engel nach unserer Vorstellung gibt es in der indischen Mythologie nicht. Dort ist *Yama* der Gott des Todes. Seine

* K. Osis und E. Haraldson: Der Tod, ein neuer Anfang. Bauer, Freiburg 1978, S. 55.

Abgesandten, die zu den Sterbenden kommen, nennt man „Yamduts“. Man glaubt, daß ein Yamdut unter vielerlei Gestalten auftreten kann, je nach dem Karma dessen, der da stirbt. Die Yamduts werden daher allgemein gefürchtet. Daß aber auch im Christentum die Angst vor dem Tod überhand genommen, ja sogar die ganze Frohbotschaft Jesu verdunkelt hat, deutet auf eine geradezu schandbare Fehlentwicklung hin. Angst vor dem Sterben ist verständlich, wenn man damit die körperlichen Schmerzen und Leiden einer evtl. langen Krankheits- oder Siechtums-Phase meint; der „Tod“ selbst aber, dieses Herauslösen aus dem physischen Leib, ist bei ehrsamen Menschen mit keinerlei Schmerzen verbunden. Das, was als sogenannter „Todeskampf“ vom Betrachter als negativ empfunden wird, bedeutet lediglich, daß der Ablösungsprozeß im Gange ist. Ein wünschenswert sanftes „Entschlafen“ wird erfahrungsgemäß vor allem bei gottgläubigen Menschen guten Charakters eintreten; Menschen, die sich in Ruhe auf das Sterben vorbereiten konnten, die „reinen Tisch“ mit sich selbst und ihren Mitmenschen machten, die ihren Schuldigern vergaben und keine negativen Empfindungen mit hinübernahmen.

Solche, die sich in gläubigem Gottvertrauen in das Unvermeidliche fügen und ihren Schutzengel um gütigen Beistand bitten, haben nichts Ungutes oder gar Schlimmes zu befürchten; im Gegenteil! Nie wird es ihnen so ergehen wie dem großen Spötter *Voltaire*, der im Alter von 85 Jahren in Paris starb. Sein Sterben soll grauenhaft gewesen sein. Er verlangte von seinen Freunden, daß sie einen Priester holen, was diese ihm verweigerten, weil sie die damit verbundene Blamage fürchteten. Abwechselnd hörte man ihn Gott lästern, und ihn dann wieder anrufen. Seinem Arzt bot er sein halbes Vermögen, wenn er sein Leben noch um ein halbes Jahr verlängere. Sein Arzt Dr. *Tronchien* soll geäußert haben: „Ich wünschte, daß alle, die seine Bücher gelesen haben, auch sein Sterben miterlebt hätten.“ Und an seinen Freund *Bonnet* schrieb dieser Arzt: „Denken Sie an die Raserei des Orestes.* So starb Voltaire. Von den Furien gepeinigt, verschied er!“

Wie anders hingegen pflegt bei Menschen der erstgenannten Charakterstufe das Sterben zu verlaufen. Im Aprilheft 1927 der Zeitschrift des norwegischen Ärzteverbandes berichtet der Arzt Dr. *Bergh*:

Ich wurde eines Tages zu einer Wöchnerin gerufen, die am 8. Tag nach der Entbindung in Krämpfe verfiel, die sich von Dienstag abends bis Sonntag morgens immer häufiger wiederholten.

In der letzten Nacht geschah etwas Merkwürdiges. Es war dunkel im Zimmer, nur eine kleine Nachtlampe brannte. Ein Kollege und ich saßen am Bett der Kranken und hielten einen Zungenspatel bereit, um gegebenenfalls zu verhindern, daß sie sich während eines Anfalls blutig biß. Bei der Dunkelheit konnten wir die Kranke nur undeutlich erkennen. Plötzlich richtete sie mit klarer Stimme einige Worte an uns und wir merkten, daß sie wieder bei Bewußtsein war, zum ersten Mal seit ihrer Erkrankung. Die Umrisse ihres Kopfes traten immer klarer hervor, und mit einem Male erglänzte ihr Gesicht in einem wunderbaren, strahlenden, hellen Lichtschein. Unter dem ebenfalls erleuchteten Bettvorhang lag sie mit nach oben gerichtetem Blick und gefalteten Händen, und sprach laut die Worte: „Herr, hilf mir!“ Sie war eine sehr religiöse Frau. Wir beiden Ärzte standen wie angewurzelt vor Verwunderung und beobachteten diesen Vorfall, der einige Minuten dauerte. Dann erblaßte der Lichtglanz. Die Anfälle wiederholten sich noch ein paarmal, gegen Morgen starb die Frau.

---

* Orestes, nach der griechischen Sage Sohn des Agamemnon.

Ein ähnliches Erlebnis erzählte Frau Dr. *Bergner*. Es ereignete sich in einem Krankenhaus zu Alzey bei Worms. Sie stand mit einem Kollegen und einer Krankenschwester am Bett einer schwerkranken Frau, als sich plötzlich über das Gesicht der Sterbenden ein heller Lichtglanz verbreitete, der kurze Zeit anhielt und dann erlosch. Gleich darauf verschied die Frau mit einem glücklichen Lächeln.

Der seinerzeit berühmte evangelische Theologie-Professor *Franz Delitzsch* berichtet vom Sterben eines fünfjährigen Kindes:

> *„Halb zwei Uhr neigte er sein liebes Haupt, das Auge schien gebrochen. Da mit einem Male faltete es die Hände, richtete das Haupt empor, schlug die Augen weit auf und schaute in stiller Bewunderung etwa zwei Minuten nach Oben. Eine unaussprechliche Hoheit lagert auf seinem Angesicht, die Augen leuchteten und sein Gesicht war von einem lichten Glanz übergossen. Voll Verwunderung und mit dem Rufe des Staunens standen wir ihrer acht um sein Bett. Keiner von uns, an wieviel hundert Sterbebetten unser etliche schon gestanden, hatte solches je gesehen: es war ein Lichtblick der Ewigkeit, für wenige Momente nach Gottes gnädigem Wohlgefallen an unseren Augen leibhaftig vorübergeführt.“**

Ein betagter dänischer Pfarrer erzählt:

> *„Als ich in Christianshavn Pfarrer war, hatte ich eine treue, unermüdliche Gehilfin, die Gemeindepflegerin Frau Petersen. Einst pflegte sie eine junge Witwe und deren Töchterchen, die beide lungenkrank waren. Das Töchterchen Marie starb, und ich beerdigte sie. Die kranke Mutter pflegte ich oft zu besuchen.*

---

* Franz Delitzsch: System der biblischen Psychologie, Leipzig 1861, S. 404. Zitiert nach H. Matensen-Larsen: An der Pforte des Todes. Furche-Verlag, 4. Aufl., Berlin um 1940, S. 153.

Eines Morgens kam Frau Petersen zu mir, um mir mitzuteilen, daß in der Nacht etwas Merkwürdiges geschehen sei. Es wurde ihr sichtlich schwer, darüber zu reden. Sie hatte bei der Kranken gesessen und ein Buch gelesen, als plötzlich die Tür nach dem Flur aufging. Ohne sich umzuwenden, versuchte sie die Tür mit dem Fuß zu schließen. Es fiel jedoch ein Lichtstrahl in ihren Gesichtskreis, und als sie sich erstaunt umwandte, sah sie die kürzlich verstorbene kleine Marie in der Türöffnung stehen. Sie hatte ihr weißes Kleidchen an und sah nach der Mutter hin, die mit fieberheißen Wangen, stöhnend vor Schmerzen, in ihrem Bette lag. Hinter dem Kind stand ein Engel in einem weißen Gewand, der die Kleine an der Hand hielt.
Nach einem Augenblick verschwand die Erscheinung, und die Tür war geschlossen. Da fing die Kranke an sich zu rühren, sie sah sich um und fragte: ‚Haben Sie etwas gesehen? Marie war hier, sie will mich bald holen.' – Nach wenigen Tagen starb die Patientin."

Domprobst *Martensen* kommentiert diesen Bericht mit den Worten: „Höchst merkwürdig ist es doch, wenn – wie in diesem Fall – außer der Sterbenden auch andere Personen die Erscheinung wahrnehmen. Was für ein tröstlicher Gedanke ist es doch, daß jene, die wir geliebt haben, uns entgegengeschickt werden können, um uns an der Schwelle zu dem unbekannten neuen Dasein zu empfangen und uns willkommen zu heißen!"

Der 16jährige Sohn einer Witwe lag seit ungefähr einem Jahr an Lungentuberkulose danieder. Als die Mutter eines Abends das Krankenzimmer betrat, erschrak sie heftig. Der Kranke lag mit strahlendem Angesicht und nach oben gerichteten Augen im Bett. Voller Sorge rief sie: „Hans, was ist dir?“ Der Junge wehrte mit der Hand ab und sagte mit leiser Stimme: „Still, Mutter, hörst du nicht diesen wundervollen Engelsgesang? Ach, sie singen das Tedeum* so herrlich und schön, wie es unser Kirchenchor noch nie gesungen hat!“ Die Mutter hörte jedoch nichts, während ihr Sohn lauschend dalag. Nach einer Weile verschwand der Glanz von seinem Gesicht und er sagte zur Mutter: „Jetzt sind die Engel wieder fort, aber sie sagten zu mir, daß sie nachts um ein Uhr wiederkämen und mich heimholen würden. Meine Leidenszeit sei zu Ende.“ Die Schwester des Kranken ließ besorgt einen Kaplan kommen. Der meinte, es käme öfters vor, daß Sterbende solche Phantasien haben. Es könne sich aber auch um Fieberphantasien handeln. Man müsse die Nacht abwarten, ob sich etwas ereignen werde.

Strahlenden Auges begrüßte der Kranke den Kaplan, als dieser das Zimmer betrat und erzählte ihm von seinem Engelsbesuch und baldigen Heimgang so freudig wie von einer bevorstehenden schönen Ferienreise.

Als der Kaplan gegangen war, mit dem Versprechen, am nächsten Morgen wiederzukommen, forderte der Sohn seine Mutter auf, sich schlafen zu legen. Er würde sie rufen, wenn die Engel ihn abholen.

Der Mutter war es unter diesen Umständen natürlich gar nicht zum Schlafen zumute, obwohl sie von den vielen Nachtwachen sehr übermüdet war. Um Hans jedoch den Willen zu tun, legte sie sich angekleidet hin. Es herrschte eine feierliche Stille im Raum, nur das einschläfernde Ticken einer Uhr war zu hören.

Bald war die Mutter tatsächlich eingeschlafen. Sie wußte nicht, wie lange sie geschlummert hatte, als sie durch den Ruf „Mutter, komm!“ plötzlich wieder hellwach wurde und an

---

* Te Deum laudamus: „Dich, Gott, loben wir...“

das Bett ihres Sohnes eilte. „Mutter, die Engel sind da, wir müssen Abschied nehmen.“ Er faßte die Hände der Mutter und bedankte sich innig für all ihre Mutterliebe seit dem ersten Tag seines Lebens, besonders für die aufopfernde Pflege während seiner Krankheit. Er tröstete die Mutter und bat, nicht um ihn zu trauern und zu weinen, sie wüßte ja, daß er jetzt dorthin dürfe, wo es keine Krankheit, kein Leid, keine Tränen und keinen Tod mehr gäbe. „Mutter, die Jahre vergehen so schnell, und es kommt der Tag, da wir Dich abholen werden, und es wird dann in Ewigkeit keine Trennung mehr geben. Leb wohl, Mutter!“ Ein letzter Händedruck, ein Zurücksinken ins Kissen, Hans war tot! Im selben Augenblick schlug die Uhr ‚eins‘.

Im Zusammenhang mit dem Thema dieses Kapitels sei abermals auch auf die unzähligen Nahtodes-Erfahrungen verwiesen, in denen *das große Licht* erlebt wurde. Eine Frau, die zwanzig Minuten klinisch tot war, erzählt:

> *„Ich begegnete einem wunderschönen Lichtwesen. Es ist die schönste Gestalt, die ich kenne (...), voller Liebe, von Liebe pulsierend. Man ist um und um von Liebe eingehüllt! Es ist (...) ein alles verzehrendes Gefühl.“*

Nicht wenige Menschen, die solches erlebten, empfanden das Lichtwesen als *Jesus Christus*, oder gar als Gott. Auf jeden Fall aber als etwas Hochheiliges, von dem sie sich in nie gekannter Weise geliebt und angenommen fühlten. Ein Zwanzigjähriger, der an Schußverletzungen starb, sah kurz zuvor *Jesus* und sagte: „Wenn es *das* ist, wohin ich gehe, dann habe ich keine Angst vor dem Sterben“. Und er starb mit einem heiteren Lächeln.

Viele werden geneigt sein, einzuwenden, derlei „Visionen“ würden den religiösen Vorstellungen der Betreffenden entstammen. Dies dürfte ein Trugschluß sein, denn auch bei

Leuten, die keinerlei Interesse an Religion haben, kommen bei deren Nahtod-Erlebnissen religiöse Aspekte vor. Ein 62jähriger Amerikaner zum Beispiel, Kriegsveteran, lag mit Prostatakrebs im Sterben. Auf die Frage, ob man einen Geistlichen rufen solle, lehnte er mit der Begründung ab, er sei Atheist. Dennoch hatte dieser Mann kurz vor seinem Tode eine Christus-Vision, die mehrere Minuten andauerte! Wer solches erlebte und meint, es nicht ernst nehmen zu müssen, der muß wahrlich „von allen guten Geistern verlassen" sein!

Eine Frau, die nach einem Selbstmordversuch reanimiert (ins diesseitige Leben zurückgeholt) werden konnte und ein überwältigendes Lichterlebnis hatte, versichert:

> „*Ich bin dankbar für jeden Tag, den Gott mir schenkt, und nie wieder werde ich auch nur einen Augenblick als selbstverständlich betrachten. Ich wünschte, ich könnte deutlich machen, wie sehr dieses Erlebnis mich verändert hat; aber ich finde einfach nicht die richtigen Worte, um es auszudrücken.*
> *Aber eines weiß ich bestimmt: Der innere Frieden, der mir geschenkt wurde, wird mir für immer erhalten bleiben. Er macht mich auf eine merkwürdige Weise ruhig und sicher.*"

Und eine andere Frau bekennt: „Ich weiß, daß *Gott* seit dieser Erfahrung der Mittelpunkt meines Lebens ist!"

5. Familienengel

Der alte Glaube, wonach neben unseren Schutzengeln auch ein „Spiritus familiaris" seines Amtes waltet, der Familien-Engel, ist ebensowenig „aus der Luft gegriffen" wie der Glaube an Engel überhaupt. Demnach kann man notfalls auch den Spiritus familiaris um Beistand bitten, besonders bei Schwierigkeiten in der Ehe bzw. Familie.

Ein armer Mann beispielsweise, der sich mit seiner Familie in drückender wirtschaftlicher Not befand (es gab damals kein soziales Fürsorgenetz wie heutzutage), konzentrierte sich einmal im Gebet auf den Schutzgeist seiner Familie. Daraufhin wurde ihm in der folgenden Nacht eine Begegnung auf der Traumebene zuteil. Er schreibt:

„Ich sah einen Mann, von einem überirdischen Strahlenkranz umgeben, an meinem Bett stehen. Dabei hatte ich das Gefühl, wach im Bett zu sitzen und das Phänomen zu bewundern. * *Die Gestalt redete mit einer seltsam melodischen Stimme, indem sie sprach: ‚Du brauchst mich nicht mit deinen leiblichen Augen zu schauen, denn ich bin auch um dich, wenn du mich nicht siehst.' Und dann folgte der ernste Rat: ‚Strebe auf dem Pfade des Göttlichen und Spirituellen, und ein neues Leben wird sich dir auftun!'"* **

Als der Mann erwachte, war es ihm, als ob sich in ihm eine innere Wandlung vollzogen hätte. Er berichtet weiter:

„Ich sah die ganze Welt in einem nie geahnten neuen Licht, voll hinreißender Schönheit und Wunder! Ein erhebendes Gefühl höchster Freude entströmte meiner Seele. Obwohl mitten im Winter, erschien mir die ganze Natur in ein Übermaß an Schönheit gehüllt, und eine nie gekannte Harmonie verband mich mit den Seelen aller Menschen und sogar der Tiere meiner Umgebung."

Von da an ging es für diese Familie merklich bergauf. Es geschahen seltsame „Zufälle", und die lange bittere Notzeit

* Anscheinend ein teilweiser Körperaustritt.

** Mit anderen Worten: Beginne, durch deine Hinwendung zum Göttlichen, neue Ursachen zu setzen, dann wird sich dir durch deren Folgewirkungen ein neues Leben auftun.

fand schließlich ihr Ende. Jener Mann bekam diesen geistigen Helfer nie mehr zu Gesicht, aber oft spürte er dessen Gegenwart sehr deutlich.*

Die Gründung eines Hausstandes ist verbunden mit einer Verstärkung unseres jenseitigen Schutzes, durch die Schutzengel des Partners, dessen Familie und späterer Kinder sowie durch evtl. neu hinzukommende Naturgeister. Man sollte deshalb im Abendgebet auch der Hausgeisterchen dankbar gedenken. Überhaupt wäre es empfehlenswert, mehr zu danken, als immer nur zu bitten. Das ist nicht bloß vom Empfinden her angebracht, sondern auch aus energetischen Gründen, denn durch Gebet und Dankbarkeit verschaffen wir unserer persönlichen Aura eine Frequenz, welche uns zum Einströmen und Empfangen höherfrequenter Schwingungen (Vibrationen) befähigt (siehe das Kapitel „Bete nie zum Schein“).

Unter unseren Hausgeistern mag besonders der „Hüter zum Schutze des häuslichen Herdes“ zuweilen eine Art „Spiritus familiaris“ zu sein. Schon die alten Chinesen glaubten, er würde am letzten Tag eines Monats über alle Handlungen der Hausbewohner im Himmel Rechenschaft ablegen. Deshalb fastete man an solchen und den darauffolgenden Tagen. Freilich werden sich gute Hausgeister nur da einfinden, wo Frieden, Liebe und Harmonie herrschen.

6. Heilungsengel

Den Beistand von Heilungsengeln kann man ebenso erbitten und erleben wie jenen der Engel des Trostes und der seelischen Stärkung. Freilich hängt eine Krankheitsheilung nicht allein vom Helferwillen unserer Schutzengel und -geister ab;

* Ob es sich bei jener Traum-Erscheinung um den Spiritus familiaris handelte oder „nur“ um einen Schutzgeist, ist ohne Belang.

sie sind dennoch im Einsatz, auch wenn wir nichts davon merken. In besonderem Maße glaubwürdig schildert die erwähnte Krankenpflegerin *Joy Snell* die von ihr hellsehend beobachtete Tätigkeit von Heilengeln. Sie schreibt:

„Es sind nicht nur die Ärzte und das Pflegepersonal, welche den Kranken und Leidenden dienen. Engel dienen ihnen ebenfalls. Das durfte ich erfahren, als ich im Spital tätig war. Eines Nachts schrieb ich bei verdunkelter Lampe am Tisch mitten im Raum, wo ich Nachtwache hatte. Als ich aufsah, sah ich eine Gestalt, die sich an einem Ende des spärlich erleuchteten Raumes bewegte. Ich dachte, ein Patient sei aufgestanden, aber als ich näher kam, bemerkte ich, daß es ein Engel war! Die Erscheinung war groß und schlank, und die Gesichtszüge entsprachen denen einer Frau mittleren Alters. Ich war zu jener Zeit schon zu vertraut mit dem plötzlichen Erscheinen solcher strahlender Besucher aus der anderen Welt, um beunruhigt oder erschrocken zu sein.
So stand ich und beobachtete sie. Sie ging zu drei oder vier Betten, blieb bei jedem einen Augenblick stehen und legte die rechte Hand auf den Kopf des Patienten.
Seither verging während meines Aufenthaltes im Spital selten ein Tag, daß ich nicht diesen Engel gesehen hätte, der den Kranken diente. Meist, wenn ich Nachtwache hatte, und besonders in den Stunden vor der Dämmerung, wenn die Lebenskräfte der Kranken am tiefsten sinken und sie notwendig etwas brauchen, um die Vitalität anzuregen und den Schmerz zu mildern. Offenbar verfügte dieser Engel über besondere Kräfte, mit denen er den Patienten wirksam half. Und da ich das oft feststellte, nannte ich ihn bei mir den Heilengel.“

Häufig stellte Joy Snell nach einem Besuch jenes Engels fest, daß der Puls ihrer Kranken regelmäßiger und die Temperatur ziemlich normal war. Einmal wurde ein Unfallopfer, eine junge Frau eingeliefert, die überfahren worden war und schwere innere Verletzungen aufwies. Ihr Zustand schien hoffnungslos. Joy Snell überlegte, was sie zur Linderung ihrer furchtbaren Schmerzen tun könne. Sie dachte auch an die beiden kleinen Kinder dieser Frau, die sobald schon der mütterlichen Liebe und Fürsorge verlustig gehen würden. Da erschien jener strahlende Heilengel am Kopfende des Bettes und zeigte himmelwärts. Das gab der Schwester Hoffnung, obwohl ihr schien, „daß kein Wunder diesen traurig zugerichteten Körper am Leben erhalten könne".

Eine Stunde später war Joy Snell dabei, der Verunglückten eine kühle Kompresse auf den Kopf zu legen, als sie plötzlich den Heilengel an der anderen Bettseite gewahrte. Sie bekundet:

> *„Er streckte seine Hand aus und legte sie auf meine, die die Kompresse auf der Stirn der Leidenden hielt. Die Berührung war so sanft und so zart, daß ich sagen möchte, ich empfand es mehr als daß ich es fühlte. Als er seine Hand zurückzog, hob er seinen Kopf und schaute mir in die Augen. Das war kein nach den üblichen Begriffen schönes Gesicht, aber von einer Herzlichkeit und Zartheit, die weit anziehender sind als nur Schönheit. ‚Sei guter Zuversicht', sagte er, ‚sie wird gesunden'. Das war das erste Mal, daß der Heilengel zu mir gesprochen hatte, aber später sprach er öfters zu mir solch hoffnungsvolle Worte."*

Bis zum Ende ihres Dienstes, morgens neun Uhr, hatte sich keine merkliche Veränderung im Zustand der Patientin gezeigt. In der nächsten Nacht wurde sie wieder mehrmals vom Heilengel behandelt, worauf sie einen erfrischenden Schlaf hatte. Dennoch gab es keinen Grund, Hoffnung auf Genesung zu schöpfen. Während der Arzt diese Erklärung abgab, erschien der Heilengel und blickte die Schwester mit zuversichtlichem Lächeln an. Hierdurch ermutigt erklärte diese dem Arzt, sie glaube dennoch, daß die Patientin davonkomme. „Unsinn, Schwester", antwortete er, „unmöglich, daß jemand durchkommt, der so schwere Verletzungen erhielt." Während der folgenden Nacht trat eine merkliche Besserung ein und das Fieber sank. Der Arzt hielt dies für vorübergehend. Joy Snell erzählt weiter:

> „*Nacht für Nacht setzte der Engel seinen Dienst bei ihr fort, und einige Wochen später fand man im Spital, sie könne nach Hause entlassen werden. Sie war zwar nicht so kräftig wie vordem, aber sie war imstande, ihren Haushalt zu führen und den Kindern die nötige Liebe und Pflege zukommen zu lassen. Im Spital betrachtete man diesen Fall als eine W u n d e r h e i l u n g.*"

Das Büchlein von Joy Snell enthält mehrere solcher Berichte. Es ist tröstlich zu lesen; man wünschte nur, es wäre umfangreicher!

Gina L. Hirsche, die seinerzeitige Begründerin der Wiener „Liga für parapsychologische Forschung", erlitt infolge eines Sturzes einen doppelten Oberarmbruch. Die Ärzte meinten, in Anbetracht ihres Alters würde es bis zur Heilung an die zwei Jahre dauern.

Seinerzeit lebte Frau Hirsche mit ihrer berufstätigen Tochter zusammen und besorgte ihr den Haushalt. Das vermochte sie nun nicht mehr, und sie flehte täglich zu Gott um Hilfe. Eines Tages vernahm sie die Worte: „Ich bin dir barmherzig!" und „Von nun an werden deine Schritte behütet sein für immer." Es trat jedoch keine Besserung ihres Zustandes ein. Voller Glaubenszuversicht betete sie weiter. Nach ungefähr vier Wochen erwachte sie eines Nachts und fand das ganze Zimmer in ein blaues Licht getaucht. Inmitten des Raumes erblickte sie einen Engel, und von ihm ging dieses Leuchten aus. Alles an ihm, die mächtigen, bis zum Boden reichenden Schwingen, seine ganze Gestalt, leuchtete in einem intensiven und dennoch mild wirkenden Blau.

Plötzlich fand sich Frau Hirsche, während ihr Körper im Bett blieb, an der Seite des Engels! Und indem er ihre Hände faltete, sprach er: „Bete mit mir: Herr, vergib mir alle meine Sünden, die ich eh und je begangen habe!" – Dann nickte er freundlich, und mit den Worten „Du wirst wieder gesund werden", entschwand die Erscheinung.

Drei Monate danach war der gebrochene Arm wieder vollkommen in Ordnung! – Im Kapitel „Träume sind nicht immer Schäume" wird von Gina L. Hirsche noch einmal die Rede sein.

Auch im Bereich höherer Naturwesenheiten gibt es solche mit heilender Mission. Der bekannte Natur-Revitalisierer *Marko Pogacnik* nennt sie „Erdheilungs-Engel". Großenteils dank der Begabung seiner Töchter, aber auch eigener Sensitivität, ist Pogacnik in der Lage, Kontakt mit anderen Bewußtseinsebenen aufzunehmen. So auch mit einem Erdheilungsengel namens Devos. Dessen Mitteilungen haben Niveau, und es bleibt letztlich weniger von Belang, ob Devos der Stufe der Urlicht-Engel oder „nur" den Naturseelenreichen entstammt. Auf letzteres deutet die (meines Erachtens etwas mißverständliche) Bemerkung hin, daß Wesen seiner Art unfähig seien, „unter den Bedingungen der Materie" zu wirken. Dies sei nur durch die Mittlerrolle des Menschen möglich.*

Wie dem auch sein mag: Die Multidimensionalität alles Vorhandenen birgt noch zahllose Rätsel und Geheimnisse für uns, wie auch der Abschnitt über „Landschaftsengel“ erkennen läßt.

7. Engel des Trostes und der seelischen Stärkung

In großer Not und Bedrängnis erfüllen an sich schon unsere Schutzengel und -geister die Aufgabe der Trostspendung und seelischen Aufrichtung. Es scheint aber noch gesonderte Engel zu geben, die hierzu mit den erforderlichen Kräften und Fähigkeiten ausgestattet sind.

Wenn man bei alledem bedenkt, wie groß der Aufwand an Hilfen und Helfern für uns Menschen ist, so läßt sich daraus schließen, daß dem Menschen und seiner Position im Schöpfungsgeschehen eine große Bedeutung beigemessen wird. Anders wäre kaum ein *Sinn* erkennbar in dem Ringen göttlicher Lichtkräfte (denn das sind die Engel und seligen Geister), um die Hin- und Heimführung leidender Geschöpfe zu ihrem spirituellen Entwicklungsziel und der damit verbundenen Erlösung von allem Übel des Leibes und der Seele.

Haben wir überhaupt die rechte Ahnung von den geistigen Hintergründen des Weltgeschehens und der Einzelschicksale sowie der Bedeutung unseres Menschseins? – Jener hohe Geist, der sich *Emanuel* nannte, und der von sich sagte: „Auch ich bin ein gefallener Geist, wenn auch nie so tief gefallen, daß das Erdenkleid mir notwendig wurde“, sagte in bezug auf uns Menschen:

---

* Marko Pogacnik: Erdsysteme und Christuskraft. Knaur-Reihe MensSana, München 1998, S. 280. Man beachte: Selbstverantwortliche Geschöpfe im Diesseits (Menschen) oder im Jenseits (Geister) sind Gotteskinder. Seelen (Naturwesenheiten, Tiere, Pflanzen) sind Kinder der Natur. Unser Seelenkörper entstand erst durch wiederholten „Fall“ (vgl. Geist, Kraft, Stoff, S. 170).

„Ihr könnt euch von der Einzelführung jedes Lebewesens keine Vorstellung machen; könntet ihr es, so würde euer Gottvertrauen zu einem solchen Lichte aufflammen, daß alle Schattengestalten des Zweifels für immer aus eurem Leben verschwinden würden."

Emanuel betont ferner, daß, wenn wir uns ernsthaft und ausdauernd um unsere Charakterveredelung und spirituelle Weiterentwicklung bemühen, wir dadurch eine seelische Schutzatmosphäre für uns schaffen, die für alles undurchdringlich ist, was aus tieferen Ebenen uns zugesandt wird.*

Trost

Menschenkind wisse, daß lichte Gestalten
Dich liebend umschweben, Dich geistig erhalten,
daß aus dem Äther sie Kraft zu Dir tragen –
Du brauchst ja nur bitten und ‚Ja' dazu sagen!

Hast Du nicht schon oftmals in einsamen Stunden
den göttlichen Hauch um die Seele empfunden,
der Dich erhebend von hinnen will tragen? –
Du brauchst ja nur wollen und ‚Ja' dazu sagen!

Löse Dich leichter von irdischen Sorgen!
Glaub' an ein glückliches geistiges Morgen!
Lass' von dem göttlichen Odem Dich tragen –
Du brauchst Dich nur öffnen und ‚Ja' dazu sagen!

Fr. M.

(Aus „Das geistige Reich", 1957, S. 312)

---

* Bernhard Forsboom: Kundgebungen des Geistes Emanuel, Bd. II, S. 92, 1997, Reichl Verlag.

8. Führungsengel

Führungsengel scheinen unseren Schutzengeln übergeordnet zu sein, und die Angabe, daß letztere den ersteren Rechenschaft schuldig sind, klingt durchaus glaubwürdig. Ebenso, daß solche Engel mehrere Menschen zugleich oder ganze Gruppen betreuen. Die Äußerung beispielsweise: „Eure Schutzengel weinen bittere Tränen der Verzweiflung!“ stammt von einem solchen Führungsengel. Den wenigsten Menschen wird klar, welch gewaltige Dienstleistung sie seitens ihrer Schutzengel in Anspruch nehmen, für die sie nicht den geringsten Dank abstatten!

Man wird aber auch hier unterscheiden müssen, nämlich zwischen Führungs*engeln* und Führungs*geistern* bzw. „Geistigen Führern“. Die meisten Medien sind überzeugt, einen geistigen Führer resp. „Kontrollgeist“ zu haben, der die mediale Entwicklung überwacht und während der Jenseitskontakte dafür sorgt, daß unerwünschte Eindringlinge ferngehalten werden. Bei der weiland berühmten „Seherin von Waltendorf“ (Graz), *Maria Silbert* (1866–1936) war es ein Jenseitiger namens *Nell*, der die Kontrolle sehr überzeugend ausübte. Er gab an, im 16. Jahrhundert in Nürnberg gelebt zu haben. Ob dies jedoch stimmen mag oder nicht, fest steht: Ohne solche Schutzwesenheiten könnte ein Mensch, der seine Medialität nicht verkümmern läßt, den Ansturm niederer Wesenheiten und deren Energien nicht ertragen.

Leider kann man nicht in jedem Fall und von vornherein sicher sein, daß der sich manifestierende Geistführer wirklich eine eigenständige jenseitige Intelligenz ist, und nicht bloß ein Phantasieprodukt aus dem Unbewußten des Mediums. Diese komplizierte Problematik wird in der parapsychologischen Fachliteratur seit jeher und bis zum Überdruß erörtert. Nur zu gern ordnet man alles den angeblich unbegrenzten Fähigkeiten des Unterbewußtseins zu, um nicht an eine Geisterwelt glauben zu müssen. Der evangelische Theologe *Egon Wenberg* hielt es jedoch für „gefährlich, diese Dinge auf die Ebene des nur Psychologischen und Biologischen zu bringen und somit zu verharmlosen".*

Eine klare Unterscheidung zwischen Schutz- und Führungsengeln wird oft kaum möglich sein, weil sich beider Aufgaben überschneiden, und weil ja praktisch jeder Schutzengel seinen Schützling auch führt. Im übrigen ist Wenberg zuzustimmen, wenn er sagt:

> *„Eine Verbindung mit einem Schutz- oder einem Führungsengel ist das Ergebnis eines langen Weges des inneren Reifens, Lernens und Wachsens, und gehört schon in die Phase des Beginns der Gotteserfahrung. Sie ist ein kostbares Gnadengeschenk und bringt eine beglückende und wohltuende Bewußtseinserweiterung mit sich."*

Und an anderer Stelle:

> *„So hoffen die Engel mit großer Geduld und wohl nicht ohne Sorge auf unsere Rückkehr ins Vaterhaus. Darum ist es wesentlich, daß sie nicht nur unsere Beschützer sind, sondern unsere geistigen, geistlichen Führer auf unseren Wegen, die oftmals Läuterungswege sind, von den ersten bewußten Anfängen des Glaubens angefangen. Werkzeuge unserer Wünsche sind Engel freilich nicht, sondern unterwegs um unseres Heils willen."***

---

* Egon Wenberg: Ein Plädoyer für Engel. Bauer, Freiburg 1997, S. 340.
** Wenberg, aaO. S. 256 und 198.

9. Zeremonialengel

Jeder Gedanke und jeder gesprochene oder gesungene Ton erzeugt gewisse Energiemuster von bestimmter Form und Frequenz. Innerhalb jeder markierten geometrischen Fläche entstehen Energiefelder und Kraftlinien, die durch Gedanken (z.B. Gebete), Töne, sakrale Handlungen oder Bewegungen (Tanz) modifiziert, d.h. beeinflußt und aktiviert werden können. Auf uralten Erkenntnissen solcher Art beruhen – für heutige Menschen unbewußt – alle Zeremonien und Rituale, einschließlich der Gottesdienstformen. Je nach der ethisch-moralischen Motivation und dem Grad an innerer Teilhabe der Beteiligten an einer zeremoniellen Handlung, einer sonstigen Feierlichkeit oder einer magischen Anrufung, werden die entsprechenden personifizierten Kräfte aktiviert. Vor allem jene grauen bis schwarzen Bruderschaften, die sich gern als weiße ausgeben und uns Menschen unheilbringend zu beeinflussen versuchen, wissen um diese Zusammenhänge bestens Bescheid; sie legen auf regelmäßige Durchführung und Gestaltung ihrer Rituale großen Wert.

Ausgerechnet in der Christenheit ist das Wissen um diese Realitäten weitgehend verlorengegangen. Den Gottesdienstveranstaltungen fehlt es heute fast durchwegs am belebenden *Geist*, d.h. an jener Be-Geisterung, die von einem lebendigen Glauben ausgehen sollte! Dabei hat *Jesus* doch ausdrücklich versprochen, persönlich gegenwärtig zu sein, „wo zwei oder drei“ in seinem Namen beisammen sind (Matth. 18, 28).

Jedoch wer glaubt schon allen Ernstes an eine solche Möglichkeit? Theologie-Professoren wohl am allerwenigsten; sind es doch Leute aus ihren Reihen, welche die Auferstehung Jesu uminterpretieren und sagen, dies alles sei tiefenpsychologisch aufzufassen. Auch der herkömmliche Glaube an Bibelwunder und an Engel sei überholt. Ebenso wird seit langem schon die

Historizität Jesu in Frage gestellt, und ähnliches mehr. Übrig gebliebenen ist eine total verkopfte Theologie, die diese Bezeichnung längst nicht mehr verdient, weil sie von den Realitäten der Mystik und von der Mehrdimensionalität allen Seins so gut wie keine Ahnung hat. Und da wundert man sich über zunehmenden Unglauben unter den Menschen?

In Wahrheit liegen die Dinge anders. Die Kraft Jesu, ja sogar seine – bis zu einem gewissen Grade – persönliche Gegenwart besonders während der Abendmahlsfeier, wurde schon oft erlebt oder zumindest stark empfunden, und überdies von hellsichtig veranlagten Menschen beschrieben. *Marko Pogacnik* ist einer davon. Im Verlauf einer katholischen hl. Messe nahm er aufgrund einer Art „inneren Schauens“ die Manifestation einer pulsierenden Kraftkugel wahr, deren weißes Licht in den Kirchenraum einströmte. Er gewann den Eindruck, dem Wirken eines Zeremonialengels beizuwohnen. Als es zur Eucharistiefeier kam, habe sich senkrecht von oben kommend eine menschenähnliche Lichtgestalt manifestiert, von feinstofflicher Beschaffenheit. Es sei unzweifelhaft die Gestalt Jesu Christi gewesen! Auch noch danach, als die Hostien verteilt wurden, war Jesus präsent. Einige der Gläubigen wurden von ihm liebevoll berührt. Pogacnik empfand Mitleid mit den Betreffenden, weil sie es nicht merkten, doch zugleich freute er sich stellvertretend für sie.

Diese für Pogacnik erstmalige Erfahrung in sein Weltbild einzuordnen fiel ihm nicht leicht, denn er war geistige Selbständigkeit und Unabhängigkeit gewohnt. Mittels eigener Wege und Methoden hatte er die Beziehung zum eigenen Selbst (wie er es nennt) gefunden, um in Resonanz mit der ganzen Schöpfung treten zu können. Nun aber mußte er zur Kenntnis nehmen, daß jene spirituelle Kraft, die er bislang als frei von jeglicher Formgebundenheit aufgefaßt hatte, auch durch eine institutionalisierte Form – wie es die Kirche ist – fließen kann. Das gab ihm zu denken.*

Ähnliches erlebte *Liselotte Phenn* während eines Gottesdienstes in einer Kapelle. Ihr fiel auf, daß sie auf einmal keine Schatten wahrnahm. Sie schreibt:

> *„Wieso mir das auffiel, wußte ich nicht; ich sah nur, wie von allen Menschen ein zartes Strahlen ausging (...). Nur merkwürdig, die einen zeigten schmale Lichthüllen, die anderen breitere. Auch von der Gestalt des Pfarrers her wuchs ein seltsames Lichtwesen. Es wurde größer, löste sich sachte und schwebte von Mensch zu Mensch. Ich war hellwach, ganz Aufmerksamkeit und doch voll staunender Verwunderung. Obwohl ich meine Augen immer wieder rieb, blieb das Erleben nach wie vor."*

Es hat also nichts mit frommer Einbildung zu tun, wenn man an die Gegenwart von Engeln während gottesdienstlicher Feiern glaubt oder an die – zumindest energetische – Präsenz Jesu Christi. Allein schon durch die gläubige Geste des Segnens werden lichtvolle Gedankenformen erzeugt, die das Treiben dunkler Mächte erheblich behindern.

10. Festtagsengel

Angehörige dieser Engelgemeinschaft entfalten ihre segensreiche Tätigkeit besonders zur Zeit hoher religiöser Feste. Im Christentum zu Ostern, zu Pfingsten, und vor allem zu Weihnachten. Daß Ostern und Weihnachten ursprünglich „heidnische" Feste waren, spielt dabei keine Rolle. Ausschlaggebend ist vielmehr, daß an jenen Tagen das Denken zahlloser Menschen auf Höheres gerichtet und herausgehoben wird aus dem

---

* Pogacnik: Erdsysteme und Christuskraft. Droemer Knaur, München 1998, S. 13f. Beobachtungen während einer Messe in der Schloßkapelle zu Türnich schildert der Autor in seinem Buch: Die Landschaft der Göttin. Diederichs, München 1997, S. 74. Auch dort nahm er, neben Engel-Erscheinungen, Christus wahr.

Alltäglichen. Die hierdurch entstehenden mentalen Energiefelder bewirken nicht bloß im Menschen selbst eine Umpolung niederfrequenter Kraftpotentiale, sondern auch im menschlichen Umfeldbereich. Die Wesen der Natur z. B. spüren dies deutlich und setzen es um in Vitalität, was sich nachweislich positiv auf Wachstum und Fruchtbarkeit der Pflanzenwelt auswirkt.

Die genannten mentalen Energiefelder stützen die Theorie der „morphogenetischen Felder“ des bekannten britischen Biologen und Naturphilosophen *Rupert Sheldrake*. Diese Theorie basiert auf der (teils experimentell bestätigten) Annahme, daß Denk- und Verhaltensmuster sich u. a. bei der Entstehung von Organismen prägend auswirken.*

Man geht hier von der Annahme aus, daß das Gedächtnis- und Erfahrungspotential früherer Generationen in einem zeit- und raumübergreifenden Energiefeld gespeichert wird, welches in Form „morphogenetischer Resonanz“ allen Mitgliedern der betreffenden Spezies zugänglich ist.

Studiert wurde dies u. a. am Verhalten von Tieren. Ratten beispielsweise hatten gelernt, den Ausweg aus einem Wasserlabyrinth zu finden. Alle Ratten späterer Generationen, denen man die gleiche Aufgabe stellte, lernten wesentlich rascher als die vorherigen. Selbstverständlich führte man dies auf Vererbung zurück. Als dieser Versuch jedoch auch in Schottland und Australien (also nicht in den USA, wie ursprünglich) vorgenommen wurde, da zeigte sich, daß die dortigen Ratten von Anbeginn schneller lernten, ohne mit den amerikanischen Tieren verwandt zu sein. Gibt es also doch so etwas wie eine „Gruppenseele“?

Es war in den zwanziger Jahren des vergangenen Jahrhunderts

* Morphologie ist die Lehre von den gestaltbildenden Kräften bei der organischen Entwicklung. Morphogenetisch = gestaltbildend.

in Southhampton, als Vögel aus der Familie der Meisen es lernten, die Alufolie der vor Haustüren stehenden Milchflaschen durchzupicken, um an die Milch heranzukommen. Bald taten dies alle anderen ihrer Gattung in ganz England, und plötzlich auch ihre Artgenossen in Holland, Dänemark und Schweden! Von ihren britischen Kollegen konnten sie das nicht erfahren haben, denn diese Vogelart fliegt nicht so weit.

Während der Kriegsjahre nun gab es in den Niederlanden keine Milchflaschen mehr vor den Häusern. Als dies nach Kriegsende wieder der Fall war, wurden die Deckel wie gewohnt durchgepickt. Woher wußten es die Vögel? Die letzte Vorkriegsgeneration war längst gestorben. Sollte hier Vererbung vorliegen? Oder muß auf ein morphogenetisches Feld geschlossen werden, von dessen Informationsgehalt die Vögel profitierten? Denn deren Verhaltensänderung erfolgte schlagartig und allgemein.

Was aber hat das Ganze mit unserem Stichwort „Festtagsengel“ zu tun?

Nun, auch der Mensch mit seinem Denken, Verhalten und seinen Erfahrungen schafft und prägt morphogenetische Felder, die ständig mit weiteren Informationen gespeist werden. Sheldrake lokalisiert solche Felder sowohl innerhalb wie auch außerhalb eines Organismus, sei dies nun ein Baum, ein Tier oder ein Mensch. Die morphische Resonanz wirkt vor allem zwischen artähnlichen Spezies, in der Form eines gemeinsamen Gedächtnisspeichers.

Im menschlichen Bereich entstehen solche Felder auch durch allgemeines Feiern bestimmter Feste zu gewissen Zeiten. Da religiös fundierte Feste über Jahrhunderte hinweg begangen werden, so entstanden hierdurch die entsprechenden Resonanzfelder. Und da die morphische Resonanz, laut Sheldrake, von der Ähnlichkeit früherer Geschehnisse abhängt, so ist die Resonanz dazu um so größer. Auf diese Weise erwirbt jedes Fest seine eigene Qualität, hat gegebenenfalls im Laufe von Jahrhunderten sein eigenes mentales Kraftfeld aufgebaut und stärkt dasselbe beständig durch Wiederholung.*

Sheldrake wurde gefragt, was solche Feste für uns Menschen bewirken, z. B. der kirchliche Feiertag „St. Michael und alle Engel"? Darauf erwiderte er, für ihn sei dies ein Tag, an dem eine besonders gute Verbindung zu den Engeln möglich ist. An diesem Tag haben Menschen über Jahrhunderte um den Segen der Engel gebetet und hierdurch Verbindung mit ihnen geknüpft. Es ist, so Sheldrake, als ob sich an jenem Tag ein Fenster öffnet zur Welt der Engel. An anderen religiösen Festtagen würden sich andere Fenster öffnen. Beispielsweise an Allerheiligen. Es sei wichtig, ihrer verehrend zu gedenken, weil dadurch ihr Geist – infolge der morphischen Resonanz – leichter unter uns präsent sein kann.

Ebenso ist es an Allerseelen, hinsichtlich unserer lieben Heimgegangenen. Auch jahreszeitliche Feste wie Ostern, Pfingsten und Weihnachten bauen enorme Kraftfelder auf und nehmen an segenbringender Wirkung zu, je mehr Menschen sich bewußt darauf einstellen. Somit läßt sich erahnen, welch beträchtliche Energieausfälle durch die Mißachtung religiöser Feste oder gar durch deren Beseitigung (in Ländern des staatlich propagierten Atheismus) verursacht werden.

Sheldrake gelangte aufgrund seiner mutigen, nicht auf der Denklinie der etablierten Wissenschaften liegenden Forschungsergebnisse zu der Überzeugung, daß es „die Gemeinschaft der Heiligen" wirklich gibt. Wenn wir uns in den Geist Christi einstimmen, so erhalten wir Zugang zu seinem speziellen mentalen Energiefeld. Daraus ergibt sich unser Teilhaben an der geistigen Gegenwart Christi, der Heiligen und all jener, die sich bemühen, seiner Lehre zu folgen.

---

* K. Welte: Gespräch mit Rupert Sheldrake. Arun, Vilsbiburg 1991, S. 38f.

Die Tatsache der Teilhabemöglichkeit am Wesen und Werk Christi praktiziert vor allem und zielbewußt die Engelwelt! Festtagsengel sind ausgesprochene Segensbringer für Menschen, die solche religiösen Feste mit starker innerer Anteilnahme zu feiern verstehen. Sie erfüllen unsere Herzen und unsere häusliche Atmosphäre mit spürbar harmonischen Schwingungen, die von entsprechend feinfühligen Menschen überaus heilsam empfunden werden. Treffend heißt es in dem beliebten deutschen Weihnachtslied „Am Weihnachtsbaum die Lichter brennen“:

Zwei Engel sind hereingetreten,
kein Auge hat sie kommen sehn.
Sie gehn zum Weihnachtstisch und beten,
und wenden wieder sich zum Gehn.

Zu beglückwünschen ist, wer es versteht, in sich und für sein Umfeld die erforderlichen Voraussetzungen zu schaffen für einen häufigen Besuch von Engeln, nicht bloß an Festtagen!

Engel sind eben mehr als bloß „geflügelte Jahresend-Figuren“, wie sie offiziell in der DDR genannt wurden. Im übrigen dürfte sich der Aufgabenbereich der Festtagsengel oftmals mit jenem der Zeremonialengel berühren.

11. Schicksalsengel

Von den sehr unterschiedlichen Aussagen über Schicksalsengel möchte ich auszugsweise nur das herausgreifen, was *Gerda Johst* hierüber in ihren Büchern bringt.* Die Autorin, nicht getauft und ohne religiöse Erziehung aufgewachsen, blieb aus Überzeugung auch später konfessionslos. Mit dem jähen Ausbruch ihrer medialen Begabung änderte sich ihre

* G. Johst: Das ungeschliffene Juwel. Reichl Verlag, 2002, S. 37 und 99.

Lebens- und Weltanschauung grundlegend. Was ihr auf dem Wege automatischen Schreibens und inneren Hörens zuteil wurde, verhalf ihr zu einer ungeahnten Bewußtseinserweiterung. In ihrem Buch „Das ungeschliffene Juwel" wird u. a. von Schicksalsengeln gesprochen. Erzengel gelten als ranghöchste Stufe der himmlischen Hierarchie. Ihnen untergeordnet sei das Heer der „Sterngötter" oder Sterngebieter. Auch diese seien Engel, unterteilt in kosmisch wirkende und erdbezogene Mächte. Letztere könne man auch „Schicksalsengel" nennen. Ein jeder dieser kosmischen Sterngebieter „beherrscht eine Galaxie, deren es Milliarden gibt". Die Schicksalsengel hingegen, so wird erklärt, „haben andere Aufgaben. Sie sind für die Erziehung der Menschen eingesetzt und wirken von den Sternen im Umkreis der Erde auf euch ein, nach den Gesetzen einer Gerechtigkeit, die ihr nicht ermessen könnt."

An anderer Stelle wird erklärt, die Sterngötter seien „hohe Söhne Gottes (...) denen die Verwaltung einzelner Planeten, größerer Sterngruppen oder ganzer Galaxien (!) anvertraut sei. Diejenigen dieser Gottessöhne, welche die erdnahen Planeten regieren, werden auch ‚Schicksalsengel' genannt, weil sie auf das Schicksal der Menschen starken Einfluß haben".*

Gerda Johst befremdete die Vorstellung von so vielen „Untergöttern", denn sie war glücklich, „den Einen großen herrlichen Gott wiedergefunden zu haben". Auch der Begriff „Götter" machte sie mißtrauisch. Daraufhin empfing sie von ihrem Führungsengel folgende Aufklärung:

---

* Hier scheinen auch astrologische Einflüsse gemeint zu sein, zumal Gerda Johst an anderer Stelle schreibt (S. 78): „Die tägliche Bitte beim Morgengebet um unseren Schutz stärkt unsere Schutzengel und bewirkt, daß auch die Schicksalsengel, also die Sternmächte, zu unserem Wohle durch göttliche Einstrahlungen gestärkt und beeinflußt werden". Erfahrungsgemäß kann das ernsthafte Gebet sogar ungünstige astrologische Konstellationen abschwächen oder gänzlich aufheben.

„Da sie erhabene, mächtige, die Sterne verwaltende Geistwesen sind, nennen wir sie ‚Götter', denn der Name ‚Geister' wäre zu schwach für sie. Der Name ‚Engel' aber sagt zu wenig aus über ihr besonderes Wesen und universales Wirken, obgleich auch sie ursprünglich Engel sind. Sie sind als kosmische Kräfte den Menschen nicht unbekannt. Man nannte sie Herrschaften, Mächte, Throne, Gewalten, Fürsten, Richter, Gottessöhne oder einfach Götter." (vgl. Eph. 3, 10).

Ob nun diese Schicksalsengel identisch sein mögen mit den „Herren des Karma", von denen in der Esoterik geredet wird, vermag ich nicht zu sagen.* Die mit dem Bereich der Sternengötter angedeuteten Dimensionen lassen sowieso mehr Fragen offen als beantwortet werden. Die Götter der Antike scheinen jedenfalls nicht bloß Hirngespinste oder Erfindungen einer herrschsüchtigen Priesterkaste zu sein; sie sind sehr wahrscheinlich gleichzusetzen mit den biblischen *Elohim*, die am Aufbau materieller Welten ebenso beteiligt waren wie bei der Erschaffung der physischen Menschenkörper (vgl. 1. Mose 1, 25: „Lasset uns Menschen machen, ein Bild, das *uns* gleich sei").

---

* Im theosophischen Lexikon von Beatrice Flemming (Hirthammer, München 1976) werden die „Herren des Karma" als Erzengel eingestuft, „welche, gemeinsam mit menschlichen Adepten (...) mit Hilfe großer Engelscharen alles menschliche Karma auch auf Erden verwalten". Mir persönlich fällt es schwer, an Karma-Verwalter zu glauben, da wir ja Selbstgestalter unseres Schicksals sind über das Grab hinaus. Nach dem körperlichen Tode wird unser weiterer Weg nicht nur vom moralischen Ergebnis unseres Erdenlebens (und vorgeburtlichen Seins) bestimmt, sondern auch geleitet und begleitet von unseren Schutz- und Führungsengeln. Meiner Auffassung nach „verwalten" diese Helfer nicht unser Karmapotential, sondern sind liebevoll bestrebt, uns auf unserem „Heimweg ins Vaterhaus", von dem wir einst ausgegangen sind, behilflich zu sein.

Von der althergebrachten geozentrischen Weltsicht, wonach unsere kleine Erde der Mittelpunkt des gesamten Weltalls sei, sollten wir uns endlich auch in unserem religiösen Denken freimachen. Die moderne Astronomie gewährt uns überwältigende Einblicke in unvorstellbar gewaltige Raumdimensionen und Materiemassen. Allein schon die Vorstellung vom Vorhandensein unzählbar vieler Galaxien, die noch dazu räumlich enorm weit auseinander liegen, könnte unseren herkömmlichen Gottesbegriff vom liebenden Vater, der sich um jedes einzelne seiner Kinder kümmert, ins Wanken bringen. Dies wäre jedoch ein Trugschluß, und es ist belangreich, was hierüber zu Gerda Johst gesagt wurde (S. 38):

„Ihr habt durch die Teleskope der Gegenwart ungeheure Einblicke gewonnen in die Tiefen des Universums. Dadurch verliert sich das Gefühl der Geborgenheit in der Liebe eines ‚Vaters überm Sternenzelt', und die Menschen überkommt ein Grauen vor der Größe des Weltalls. Darum ist es geschichtlich jetzt notwendig, daß ihr die hohen Zusammenhänge kennenlernt, um zu begreifen, daß der Kosmos, so unermeßlich groß er auch ist, dennoch von einem Geist beherrscht wird, vom Geist Gottes, der hinströmt zu allen Galaxien, von den dort lebenden Gottessöhnen empfangen und weitergeleitet wird und, sich solchermaßen verteilend, zu jedem Stern des gesamten Universums gelangt."

Vor mehr als einhundert Jahren war schon von anderer hoher Warte gesagt worden:

„Ihr sagt, Gott sei zu groß, um individuell zu führen und zu leiten. Bedingt es nicht vollkommenere Größe im ganzen und im einzelnen, Welten und die einzelne nach Licht ringende Seele zu führen, als nur Gesetze zu schaffen und

dann diese allein wirken zu lassen? Bedenket, daß die Gesetze hervorgegangen (sind) aus Gottes Geist. Dieser Geist ist es, der dem Gesetz Leben, Kraft, Unwandelbarkeit gibt, und dieser Geist ist es, der das Gesetz nicht nur der Führung, der Ausbildung der Welten, sondern auch der Führung des einzelnen Geistes anpaßt. Und wie das Gesetz durch die ihm innewohnende Kraft Gottes ein All erhält, so schmiegt es sich durch den ihm innewohnenden Geist Gottes den Bedürfnissen des einzelnen Kindergeistes an.“*

Wie dem auch sein mag, die mit dem Begriff der „Sterngötter“ angedeuteten Dimensionen sollten uns nicht zum Fatalismus verleiten, in der irrigen Annahme, Gott sei viel zu erhaben, zu groß und viel zu weit weg, als daß er sich um die Menschheit eines kleinen, bedeutungslosen Planeten oder gar um einen einzelnen Menschen zu kümmern vermöchte. Wie erwähnt, umriß *Emanuel* das zentrale göttliche Sein und Wirken mit den Worten: „Gottes Weisheit verdichtet sich zu Gesetzen.“ Unter voller Anpassung an diese Gesetze vollzieht sich das Wirken der Engelwelt. Mit dem Begriff der „Jakobsleiter“ ist in der Bibel angedeutet, daß dem Urlicht alles entströmt, was das All erhält. Der jeweils Nächsthöhere gibt das Empfangene an den Nächstniederen weiter, so daß allein schon hierdurch der göttliche Wille bis in die tiefsten Ebenen getragen bzw. zur Geltung gebracht wird. Der dem Urlicht nächste Kreis empfindet die göttlichen Willensausströmungen, macht sie sich zu eigen und gibt sie der nächsten Stufe weiter. Auf jeder Stufe erfolgt Empfang, Assimilation (Angleichung) und Weitergabe, bis an die äußersten Kreise. Wenn sich dies vibrations- und wellenförmig über sämtliche Dimensionen des Alls ausbreitet, wie sollte da jemand ausgeschlossen bleiben?

---

* E. v. Bergbach: Geisterkundgebungen. Siegismund, Berlin 1891, S. 52.

Außerdem beweist das Vorhandensein und Walten unserer Schutzengel und Schutzgeister doch wohl zur Genüge, daß sich niemand von uns verlassen zu fühlen braucht...

12. Völkerengel

Da jedes Volk eine seelische Einheit darstellt und man zu Recht von einer „Volksseele" (Kollektivpsyche) spricht, so hat auch der alte Glaube an einen führenden und schützenden *Genius* des Volkes eine durchaus realistische Grundlage. Aus spiritueller Sicht sind Völkerschaften und Nationen naturgewachsene Gemeinschaften, deren biologisches Energiezentrum im übersinnlichen Bereich liegt (vgl. das Buch des jüdischen Eingeweihten *Oskar Goldberg*, „Die Wirklichkeit der Hebräer. Einleitung in das System des Pentateuch"). Ein solcher Genius ist entweder von vornherein für seine Funktion von der göttlichen Vorsehung bestimmt, oder das Amt des Schutzpatrons wurde durch religiöse Weihehandlungen erfleht und befestigt. Dies kann sowohl für eine Person gelten, als auch für eine bestimmte Örtlichkeit oder ein Vorhaben. Bei Personen muß es sich allerdings um wirklich heiligmäßige Persönlichkeiten handeln und nicht bloß um Astralweltbewohner, die sich als sonst was ausgeben, und deren Machteinfluß von der Glaubenskraft ihrer irdischen Verehrer abhängt. Dennoch können auch durchaus minder hoch entwickelte Wesenheiten als Beschützer ethnischer Gruppen fungieren, je nach den spirituellen Gegebenheiten.*

Der besonders in Deutschland nachhaltig verteufelte Vaterlandsbegriff erscheint aus geistiger Sicht in einer anderen Beleuchtung. *Alexander Solschenizyn* kommt hier der

---

* Die derzeit inszenierte Völkerwanderung darf ohne weiteres als ein Werk des Diabolos betrachtet werden, des boshaften „Durcheinanderwerfers". „An ihren Früchten sollt ihr sie erkennen" (Matth. 7,16).

Wahrheit näher, wenn er (1990) sagte: „In der letzten Zeit ist es Mode geworden, über die Nivellierung der Nationen zu reden, über das Verschwinden der Völker im Kochtopf der modernen Zivilisation. Ich bin ganz und gar nicht dieser Meinung. Selbst die geringste Nation trägt ihre besondere Farbe, birgt eine eigene Facette des göttlichen Entwurfs in sich." Dieser göttliche Entwurf sieht offensichtlich etwas anderes vor als einen buntvermischten Völkereinheitsbrei, bestehend aus leicht manipulierbaren Massenmenschen, die – geistig fast auf Primatenstufe herabgesunken – nur noch in der Lage sind, an Genußbeschaffung zu denken.

Mit Nationalismus oder Rassismus hat dies alles nichts zu tun. National eingestellt zu sein heißt nach *Peter Rosegger* lediglich, die ererbten *guten* Volkseigenschaften zu pflegen und keinem anderen Volk die gebührende Achtung zu versagen. Dies gebietet ja auch die christliche Religion. Geistig erwachte Menschen werden ohnehin keinem Nationalstolz mehr huldigen können, denn jede Art von Überheblichkeit liegt mit Unrechttun auf einer Linie; aber so, wie man natürliche Verpflichtungen hat gegenüber der eigenen Familie, so hat man sie auch gegenüber seinem Volk. Nach dem körperlichen Tode gibt es dann keine Nationalitätenprobleme mehr, da spielen fortan ganz andere Fakten eine Rolle, und zwar unterschiedslos für alle!

Unter dem „Geist eines Volkes" pflegt man markante, volkstypische Wesensmerkmale einer Nation oder ethnischen Gemeinschaft zu verstehen. Solche Merkmale sind nicht allein eine Sache der Vererbung, sondern auch des übersinnlichen Einflusses der ein Volk betreuenden Heroen. Dabei sind deren Einwirkungen und Beeinflussungsmöglichkeiten nicht immer gleich stark. Auch die Beziehungen der Völkerengel der verschiedenen Nationen zueinander können sich ändern. Natürlich wirkt bei alledem der Mensch mit, aber nicht in dem

Maße, wie es den Anschein hat. Unter besonders starker Beeinflussung (unterschiedlichster Herkunft) stehen die politischen Führer einer Nation. Den Urchristen war dies alles bekannt. Im Buch Daniel, im 10. Kapitel, werden die Völkerengel von Persien und Griechenland erwähnt. Das leitende Prinzip der Hebräer manifestierte sich in *Jahwe*.*

Besonders engagiert sind Völkerengel und nationalitätsverbundene Schutzgeister im Kriegsfalle. Die Befreiung Frankreichs von den Engländern durch die Jungfrau von Orléans wäre in diesem Zusammenhang zu nennen. Ebenso Columbus, der auf dem Krankenlager eine Stimme vernahm, daß er dazu bestimmt sei, den Ozean zu entgrenzen. Er erzählt davon in einem Brief an die katholischen Monarchen vom 7. 7. 1503. Im russisch-japanischen Krieg (1904/05), nach der Schlacht von Tsushima, telegrafierte der japanische Admiral *Togo* an den Mikado: „Wenn der Erfolg unsere Hoffnungen bei weitem überstieg, so verdanken wir dies dem Schutze unserer Geister, und nicht dem Zutun irgendeines menschlichen Wesens."

Grundsätzlich muß daher angenommen werden, daß bei kriegerischen Auseinandersetzungen der Kampf nicht bloß auf der Erde ausgefochten wird, sondern zeitgleich auch auf der Astralebene und höherenorts, d.h. sowohl zwischen den Schutzheroen der beteiligten Völkerschaften, als auch den „im Geiste" weiterkämpfenden Gefallenen beider Seiten. Wobei allerdings zu fragen wäre: Was geschieht mit dem Engelgenius

* *Origines* bestätigt dies und bemerkt, daß die Bezeichnung „Gott" für den Jahwe des Alten Testaments falsch sei; er sei lediglich die Schutzgottheit der Juden. Somit wäre der glühende Haß gegen alles Nichtjüdische erklärbar, wie er uns aus zahlreichen Stellen des AT entgegenlodert. Die grauenhaften Ausrottungsbefehle gegen andere Völkerschaften, wobei auch Frauen und Kinder nicht verschont werden durften, können unmöglich von einem Gott der Liebe ausgegangen sein, denn es sind ja ebenfalls seine Geschöpfe, die da ausgerottet werden sollten (vgl. Rudolf Passian: Neues Licht auf alte Wunder. Reichl Verlag, S. 267f.)

der Unterlegenen, der Besiegten? Und was wurde aus den führenden Ahnengeistern der ausgerotteten Indianervölker? Leben und wirken diese dann samt und sonders in jenseitigen Gefilden weiter? Und bleibt all das Unrecht und namenlose Leid ungesühnt, das ihren Völkern angetan wurde? – Doch hierüber Betrachtungen anzustellen ist nicht Aufgabe dieses Buches.

Den Völkerengeln übergeordnet, soll es noch „für jede Menschenrasse mächtige Engel“ geben, „Persönlichkeiten höchsten Ranges, die in ihrer Erscheinung alle Merkmale dieser Rasse in vollendeter Schönheit darstellen“.*

13. St. Michaelsengel

Willy Schrödter, Autor einer Reihe von grenzwissenschaftlichen Büchern, schrieb: „...daß wir heute ganz und gar nicht mehr glauben und begreifen wollen, daß ein Erzengel Michael *eine wirklich reale Wesenheit* ist, die im Geiste des aus dem Kosmos herabgestiegenen Christus wirkt, das ist eben das direkte Werk der grauen und schwarzen Brüderschaften. Sie haben uns den Zusammenhang des Lebens mit den geistigen Hierarchien entzogen, damit die Menschheit keine Brücke zur geistigen Welt der (wahren) Brüder Christi finde, obschon gerade von diesen dunklen Eingeweihten und ihren Helfershelfern so viel von christlicher Liebe, Duldung und Aufopferung in die Welt geblasen wird.“**

Erzengel Michael, als kämpferischer Himmelsfürst, war als solcher schon in vorchristlicher Zeit bekannt. Michaelsengel gelten als furchtlose Kämpfernaturen in der ständigen

* Gerda Johst. aaO. S. 61. Vgl. zu „Völkerengel“ auch AT, B. Daniel, 10, 13 u. 12, 1, Sirach 17, 14 (apokr. Text) sowie den Beitrag „Engel“ von Franz Delitzsch, Handwörterbuch des biblischen Altertums, Bielefeld 1884, S. 318.

** Zeitschrift „Das neue Licht“, Fach-Monatsschrift für Parapsychologie, 31. Jahrgang, Purkersdorf b. Wien, Nr. 5/1957

Auseinandersetzung mit den dämonischen Hierarchien der Unterwelt auf vielen Ebenen. Es dürfte ohne weiteres zutreffen, wenn christgläubige Menschen überzeugt sind, daß es ohne das mutige Wirken der Legionen St. Michaels auf unserer Welt noch weit schlimmer zugehen würde. Gegen deren geistige Lichtschwerter kann die dunkle Macht nichts ausrichten.

14. Landschaftsengel

Es gibt gewiß noch vielerlei Kategorien von Engeln und engelhaften Geistwesen in der Schöpfung, aber nur ein Teil dient unmittelbar uns Menschen.

Da haben wir beispielsweise jene zahllosen Wesenheiten, die im Naturgeschehen wichtige Aufgaben wahrnehmen. Hier meine ich die märchenhaft anmutende geheimnisvolle Welt der Naturgeister und Elementarseelen. Sie gehören einer feinstofflichen Existenzebene an. Sowohl im elementaren Walten der Naturkräfte, als auch im Jahreszyklus des Wachsens, Blühens, Gedeihens und Vergehens scheint es so gut wie nichts zu geben, das nicht in irgendeiner Weise vom Wirken solcher Wesen geprägt ist. Wir „Aufgeklärten" kennen solche Naturwesenheiten nur noch aus Märchen und Sagen. Sie gehören jedoch ebenso zur erfahrbaren Wirklichkeit wie Engel, Geister und Dämonen, und stellen eine gesonderte Entwicklungslinie in der Schöpfung dar.

Element- oder Elementarseelen wirken, wie der Name sagt, im Walten der Elemente und entbehren noch der Individualität. Sie arbeiten rein instinktiv, ihrem Naturgesetz angepaßt, und werden von höherentwickelten Wesen beaufsichtigt, den Naturgeistern. Diese weisen bereits eine menschenähnliche Gestalt auf. Da sie jedoch einer ätherischen (astralen?) Seinsebene angehören, unterliegen sie anderen Naturgesetzen als wir. So können sie z. B. ihre Größe und ihr Aussehen willentlich verändern. Engel, wie auch Dämonen, ebenfalls.

Paracelsus, der zu den wahrhaft Wissenden zählte, war von der Existenz der Naturgeister und Elementarwesen fest überzeugt. Er schrieb ein Buch darüber mit dem Titel: „Liber de Nymphis, Sylphis, Pigmaeis, Salamandris et deceteris Spiritibus". Der Untertitel lautet: „Wisset, daß dieses Buches Inhalt ist, zu beschreiben die vier Geschlechter der Geistmenschen, nämlich von den Bergleuten, von den Feuerleuten und Windleuten (...) und was denen gleich ist, alle, die wie Menschen erscheinen und doch nicht aus Adam sind, sondern andere Geschöpfe und Kreaturen, unterschiedlich von Menschen und allen Tieren."

Im Schöpfungsbericht des Buches „Geist, Kraft, Stoff" wird dargelegt, daß sich aus dem *Lebensprinzip das Seelenprinzip* herausentwickelte. Im Verlauf ungeheurer Zeitspannen (Jahrmillionen!) brachte dieses Seelenprinzip eine Vielfalt unterschiedlichster Formen hervor, indem es das Mineralreich, das Pflanzen- und das Tierreich durchwanderte. Dabei entwickelte es und entwickelt fortwährend höhere Formen, bis im Urlicht (Gott) eine Individualisierung erfolgt; eine uns unerklärbare Umwandlung zu ichbewußten, selbstverantwortlichen Geistwesen. Mit anderen Worten, und das wurde bereits an anderer Stelle betont: Naturgeister, wie auch Tiere, sind *Seelenwesen*, also nicht geistbegabt wie der Mensch. Auch das intelligenteste Haustier ist und bleibt ein Kind der Natur, d. h. ein Seelenwesen. Es hat noch nicht, wie der Mensch, den sogenannten „Gottesfunken", und damit das Attribut der Willens- und Entscheidungsfreiheit.*

---

* Zu Adelma von Vay war gesagt worden: „Das Lebensprinzip entströmt strahlenförmig dem Urlicht und belebt das All in einer bestimmten Reihenfolge und Ordnung. Es ergießt sich aus diesem unendlichen Mittelpunkt durch die Kraft der Vibration, in rotierender Bewegung über das All, und belebt dabei den Äther, das Licht und die Fluide." Ein jedes Atom werde auf diese Weise belebt und gestaltet.

Die Menschen früherer Zeiten besaßen zwar keine auf unserem heutigen Schulwissen beruhende „Bildung", aber sie waren naturverbundener als wir. Außerdem verfügten damals weit mehr Leute über psychische und sonstige außergewöhnliche Fähigkeiten, die wir heute „Medialität" oder „charismatische Begabung" nennen. In Skandinavien und auf Island ist dies noch immer der Fall. Beweisend für die Wirklichkeit der Naturwesen ist u. a. die Tatsache, daß sie überall auf der Welt bekannt waren.

Das Wissen beispielsweise um die Art der Heilwirkungen von Kräutern oder anorganischen Substanzen verdankt man gewiß nicht allein der Intuition begnadeter Menschen oder gelegentlichen Eingebungen im Traum oder den Mitteilungen von seiten seliger Geister, sondern auch dem Wohlwollen von Naturgeistern, denen vielerlei Manifestationsmöglichkeiten offenstehen, sofern auch wir ihnen Liebe und Respekt entgegenbringen.

Über Naturgeister gibt es zwar etliches an Literatur, aber leider keine Einheitlichkeit der Aussagen. Die klarsten und für mich glaubwürdigsten fand ich wiederum bei *Adelma von Vay*.

Die *Schedim* im Alten Testament sind Naturgeister. *Luther* übersetzte diesen Begriff fälschlich zumeist mit dem Wort „Teufel". In der vedisch-brahmanischen Religion werden Naturgeister „Devas" genannt und als Gottheiten verehrt. Ebenso in der westlichen Gegenwarts-Esoterik. Unter dem Stichwort „Deva" wird in einem theosophischen Lexikon erklärt, dies sei eine „Namensbezeichnung für sämtliche Engel und Naturgeister im Universum, vom Erzengel bis zum Gnom". Es soll 330 Millionen von ihnen geben. Hierzu müßte allerdings die Frage erlaubt sein: Was mögen manche Esoteriker für eine Vorstellung haben von Erzengeln und von der Größe des Universums?! Übrigens weist die Bibelstelle

Hiob 12, 8 auf eine Verständigungsmöglichkeit mit der Mutter Natur hin: „Rede mit der Erde, sie wird dich lehren."

Ein ernstzunehmender Forscher wie *Marko Pogacnik*, dem bei der Revitalisierung gestörter Energiestrukturen in der Landschaft bemerkenswerte Erfolge gelingen, nennt die höherstufigen Naturwesen „Götter". Er spricht von der „Jungfrau-Göttin", der „Mutter-Göttin", der „Schwarzen Göttin", vom bocksfüßigen „Naturgott Pan" und so weiter. Es wäre jedoch daran zu erinnern, daß auch die erhabensten Wesen – seien es Geister, Naturwesenheiten oder Engel – bloß *Geschöpfe* sind, und somit genauso wie wir Menschen, abhängig von einer höheren Liebe und Weisheit. Pogacnik nennt Naturgeister und Elementarwesen „Teilchen des Gesamtbewußtseins der Erde". Eine Fee z. B. ist für ihn ein individualisierter Aspekt jenes Gesamtbewußtseins. Darunter kann man sich viel oder nichts vorstellen. Sollten da keine tieferen Ursachen vorliegen?

Pogacnik hatte einmal eine Begegnung mit einer Nymphenkönigin, einer, wie er schreibt, hohen Gestalt von unbeschreiblicher Schönheit, die in allen Abstufungen von Weiß erstrahlte. Sie trug eine diademartige Krone, deren Mitte ein silbergrauer Edelstein zierte. Einen Moment lang zeigte sie sich ihm wie eine Schutzmantel-Madonna, doch anstelle von Menschen befanden sich unter ihrem Mantel „alle Arten von Elementarwesen". Dann sprach sie: „Ich und meine Leute, wir bemühen uns, diesen Naturtempel aufrechtzuerhalten. Ihr Menschen verderbt vieles, wir bleiben unserer Aufgabe treu." Betroffen erwiderte Pogacnik: „Die Menschen hören nicht auf, ihr Unwesen zu treiben." Worauf ihre Antwort lautete: „Sie werden die Kraft der Elemente zu spüren bekommen."*

---

* M. Pogacnik: Elementarwesen. Die Gefühlsebene der Erde. 1995, S. 164. Weitere Titel: Wege der Erdheilung, Erdsysteme und Christuskraft, Schule der Geomantie. Alle im Knaur-Verlag, Reihe MensSana, München.

Die sich erschreckend häufenden Naturkatastrophen unterstreichen die Worte der Nymphenkönigin. Erwähnenswert dürfte noch sein, daß bei Naturgeistern von einer gewissen Entwicklungsstufe an das Gruppenseelen-Prinzip in Erscheinung tritt, wie dies im Tierreich der Fall ist. Hier gelangte man nämlich zu der Feststellung, daß eine gewisse Anzahl von Einzeltieren einer Gattung einem gemeinsamen psychischen Kraftfeld angehören.*

---

* Näheres in: Rudolf Passian: Licht und Schatten der Esoterik. Reichl Verlag, St. Goar, 2007, S. 228f.

Zur Praxis der Kontaktaufnahme mit unseren Schutzwesenheiten

Zur gedanklichen Verbindung mit unseren jenseitigen Freunden ist eine gewisse innere Ruhe, eine seelisch-geistige Entspannung sozusagen, von großem Vorteil. Genau wie beim Gebet und bei der (gott- oder christusbezogenen) Meditation, schafft dies einen Zustand der Empfänglichkeit für höhere als die üblichen Alltags-Schwingungen. Wenn man sodann in Dankbarkeit und Liebe intensiv an seinen Schutzengel denkt, so spürt er dies mit absoluter Gewißheit, wie jeder Jenseitige, wann man ihn gedanklich „anpeilt". *Hans Sterneder* schrieb:

> *„Jeder Mensch kann sie (die Stimme des Schutzgeistes) vernehmen, der aus dem Lärm des Tages und seines Tuns in die Stille geht und der – am besten morgens und abends – wenigstens eine halbe Stunde täglich für seine Seele und auf dieses Brückenschlagen ins Jenseits verwendet, indem er alles Irdische von sich wirft und sich mit seinem Denken, seiner Hingabe, seiner Sehnsucht, ganz nur auf eines konzentriert, auf seinen Schutzengel."**

Das wirksamste Mittel, mit seinem Schutzengel oder einem anderen Lichtboten in Kontakt zu kommen, ist also wiederum das „Allheilmittel" Gebet oder die (in diesem Fall schutzengelbezogene) Meditation. Falls es zu letzterer an Zeit und Gelegenheit mangelt, so erreicht man denselben Zweck, wenn man tagsüber möglichst oft an seinen Schutzengel denkt und im Geiste mit ihm spricht.

Mit unserem Schutzengel laut zu sprechen, wenn man allein ist, bewährt sich ebenso wie das Gespräch mit lieben

* Hans Sterneder: Frühling im Dorf. Staackmann, Leipzig 1929, S. 16.

Abgeschiedenen, von denen wir wünschen, daß sie uns weiterhin nahe sein mögen. Beiden dürfen wir unser Herz ausschütten und sie an Freud und Leid teilnehmen lassen, wie wenn sie gestaltlich sichtbar zugegen wären. Wenn wir jedoch Bitten äußern, so sollten wir deren Erfüllung stets dem uns leitenden Gesetz anheimstellen. Außerdem sollte man das eigene liebe Ego öfters mal ein bißchen zurückstellen und erst einmal etwas für *andere* tun, denn „wer gibt, dem wird gegeben". Man wage es doch, diese Gesetzmäßigkeit auszuprobieren, die in dem Sprichwort zum Ausdruck kommt: „Tue du das deine, dann tut Gott das seine!"

Schon frühmorgens nach dem Aufwachen sollte man nie versäumen, zu danken für den Schutz während des kommenden Tages. Katholiken sollten Mutter *Maria* bitten, sie in ihren schützenden Mantel einzuhüllen, und fest davon überzeugt sein, daß dies wirklich geschieht. In einer von der Wiener „Liga für parapsychologische Forschung" empfangenen Kundgabe heißt es: „Je anschaulicher wir mit der Geisteskraft der Vorstellung diesen Schutz in unserem Bewußtsein tragen, desto besser kann er sich verwirklichen."

Der evangelische Pfarrer *Egon Wenberg* (1912–1999), der weit mehr wußte als die Masse seiner Amtsbrüder, bemerkte ganz richtig, daß der begleitende Schutz von Engeln nicht selbstverständlich sei (zumindest nicht bei Erwachsenen); er könne auch nicht gefordert, sondern müsse erbeten werden.*

Das Dankbar-sein-Können gehört also zu unserem täglichen geistigen Rüstzeug. Es genügt schon ein tiefempfundenes „Gott vergelts'." Vor allem aber danke man seinem Schutzengel mit *Taten*. Eine Danktat sei es auch, so schreibt *Willy Schrödter* in einer Abhandlung über Engel, sich alle Fügungen, Schickungen, das Zufallen von fördernden Umständen,

* Egon Wenberg: Ein Plädoyer für Engel. H. Bauer, Freiburg i. Br. 1997, S. 197.

Büchern, Menschen zu vermerken. Unser Helfer von drüben freut sich darüber. Er wird sich dann unser erst recht annehmen „und uns des Erlebens Fülle bescheren. Probatum est!“*

„Probieren geht über Studieren!“ sagt der Volksmund. Was würden auch die schönsten Theorien nützen, wenn sie keine praktische Bestätigung fänden? Frau *Resi Passmoser*, eine tiefgläubige Österreicherin, erlebte zahlreiche Gebetserhörungen, besonders, wenn sie sich für andere einsetzte. Selbst bei aussichtslos scheinenden Ehe- oder sonstigen Problemen erreichte sie oft wunderbare Erfolge, sofern der oder die Hilfesuchende ein redlicher, gottgläubiger Mensch war. Sie pflegte dem Betreffenden zu raten, sich neun Tage lang, jeweils zu einer festgesetzten Zeit, mit dem eigenen Schutzengel und auch mit denen der anderen Beteiligten ins Benehmen zu setzen und sie zu bitten, doch gemeinsam eine Bereinigung der jeweils akuten Angelegenheit zu beraten und vorzunehmen. Dann solle man diejenigen Personen, um die es geht, mit dem Kreuzeszeichen segnen, und danach andächtig und konzentriert einige Vaterunser beten. Hinfort jedoch an die Sache möglichst nicht mehr denken und nunmehr die geistigen Kräfte wirken lassen. Für den Fall jedoch, daß Zweifel oder Unruhe aufkommen wollen, empfahl Frau Passmoser, stets die Worte „Christus in mir“ auszusprechen. Ansonsten solle man sein ganzes Vertrauen beruhigt auf Gott und die Schutzgeister abstellen und geduldig abwarten.

Einmal kam eine Frau zu Resi Passmoser und erzählte, sie habe eine Freundin, eine Kellnerin, die vor vier Monaten gebeten habe, für ein paar Tage aufgenommen zu werden, bis sie eine neue Stellung, um die sie sich beworben habe, antreten kann. Jene Frau wurde selbstverständlich aufgenommen. Sie bekam aber die erhoffte Stellung nicht, und so blieb sie weiterhin bei ihren Gastgebern wohnen.

* In: Zeitschrift „Das neue Licht“, Nr. 7–8/1957, S. 121.

Woche um Woche verging, und schließlich merkte die Ehefrau, daß es zu intimen Beziehungen zwischen ihrem Mann und jener Freundin gekommen war. Außerdem nahm letztere der Gastgeberin nach und nach den ganzen Haushalt aus den Händen, und schlußendlich gab der Mann das Haushaltsgeld nicht mehr seiner Frau, sondern dieser Freundin.

Von da an konnte die Ehefrau nichts mehr recht machen, und eines Tages wurde ihr ziemlich unverblümt nahegelegt, sich eine eigene Wohnung zu suchen.

Die Betroffene, die nun zu Frau Passmoser kam, um Rat und Hilfe zu erbitten, sagte: „Ich halte diese Zustände nicht mehr aus! Was soll ich tun? Soll ich bleiben oder gehen? Ich weiß mir keinen Rat mehr.“ Einen solchen bekam sie nun von Frau Passmoser, und der lautete:

„Ich weiß, daß Sie ein großes Gottvertrauen haben, und nun tun Sie folgendes: Sie bitten ab heute, und zwar neun Tage hindurch täglich, die Schutzengel von Ihnen, Ihrem Manne und der Freundin, sie möchten doch zusammen beraten, was sich in Ihrem Falle machen läßt. Denn die Schutzengel wissen genau, was vor sich geht und was zu tun ist. Sprechen Sie mit ihnen, und bitten Sie vertrauensvoll, im Namen der höchsten göttlichen Führung, daß Ihnen geholfen und im Hause die natürliche Ordnung wiederhergestellt wird. Dann segnen Sie Ihren Mann, Ihre Freundin und Ihr Heim mit dem Kreuzeszeichen, was sehr wichtig ist, denn das Kreuzeszeichen hat eine große Wirkung. Es hält alles Ungute ab und strömt eine besonders starke Kraft aus. Hernach beten Sie andächtig einige Vaterunser. Wenn Sie das getan haben, so dürfen Sie aber an die ganze Sache nicht mehr denken; dürfen auch nichts*

* Über bestätigende Erlebnisse ließe sich ein Buch schreiben.

weiter unternehmen, sondern – ohne alle Sorge und Angst – fest daran glauben, daß Ihnen geholfen wird!"

Zusätzlich versprach Frau Passmoser, sich ebenfalls im Gebet mit einsetzen zu wollen. Beruhigt und getröstet verabschiedete sich jene Frau, nachdem sie versichert hatte, alles genau so zu tun, wie es ihr geraten worden war.

Nach elf Tagen kam sie freudestrahlend wieder und rief, kaum daß ihr die Tür geöffnet worden war: „Sie ist fort!" Und nun erzählte die Frau, daß jene Freundin – am neunten Tag abends – in Gegenwart des Mannes plötzlich erklärt habe: „Morgen reise ich ab. Ich will nicht mehr dableiben. Ich halte es hier einfach nicht länger aus!" Den Mann hob es fast vom Stuhl, und er fragte bestürzt, warum es ihr denn auf einmal nicht mehr gefalle, ob sie vielleicht von seiner Frau beleidigt worden sei? Die Ehefrau verhielt sich bei dem nun folgenden Gespräch sehr klug, nämlich absolut passiv. Die Freundin jedoch erklärte resolut, daß ihr niemand etwas zuleide getan habe, aber sie wolle einfach nicht mehr dableiben, weil es ihr langweilig geworden sei. Morgen früh reise sie ab! Und so geschah es denn auch!

Die Ehefrau erzählte dann weiter, daß sie gleich darauf Gott und den Schutzengeln im stillen gedankt habe für diese große Hilfe. Und als die Freundin das Haus verlassen hatte, entschuldigte sich der Mann bei seiner Frau wegen seines unschönen Benehmens und bat, es ihm nicht übelzunehmen. Seine (kluge) Frau versprach, an das Vergangene nicht mehr zu rühren, und bat ihn, doch künftig mehr Gottvertrauen aufzubringen; dann könne das Verhältnis zwischen ihnen wieder so gut werden wie es früher war. Und so ist es dann auch geworden.

In einem anderen Fall handelte es sich um eine Familie mit zwei Kindern. Der Vater war dem Alkohol verfallen, und nun drohte der Verlust seiner Beamtenstellung. Seine Frau war verzweifelt und wollte sich scheiden lassen. Auch diese Frau war der Frau Passmoser seit Jahren als brave und fleißige Hausfrau bekannt, und sie riet ihr von einer Scheidung ab. Sie empfahl ihr vielmehr dasselbe wie in dem vorherigen Fall.

Nach zwölf Tagen kam jene Frau, voller Freude, und erzählte, daß sie an dem Abend ihres Gespräches mit Frau Passmoser, im Bett nochmals über die ganze Sache nachgedacht habe. Ihr Mann hatte Nachtdienst. Während des Betens seien ihr Tränen gekommen, und sie habe (als Katholikin) auch die Mutter Christi um Hilfe angefleht. Und auf einmal sei ihr kalt geworden, und sie habe deutlich eine Stimme gehört, die ihr sagte: „Sei lieb und gut zu ihm!“ „Ich kann aber nicht mehr!“, habe sie darauf erwidert. Worauf sie die Worte vernahm: „Es geht schon, ich werde dir helfen.“ Dieses Erleben gab der Frau die Kraft, nun doch vertrauensvoll das zu tun, was Frau Passmoser ihr geraten hatte. Und am zehnten Tag danach kam ihr Mann seit langer Zeit wieder einmal nüchtern nach Hause!

Es gab dann noch etliche schwere Rückfälle, aber nachdem der Mann jedesmal, wenn dies geschah, sehr eindrückliche „Fingerzeige von oben“ bekam, gab er das Trinken endgültig auf und das Familienleben normalisierte sich.

Im dritten Fall, den ich nur kurz streifen möchte, verfuhr Resi Passmoser in genau derselben Weise: Eine junge Mutter mit einem schulpflichtigen Kind bewohnte eine Zweizimmerwohnung. Der Hausbesitzer hatte ihr gekündigt, weil er selbst, mit drei Kindern, über nur ein Zimmer verfügte (es war in der Zeit der Wohnungsknappheit nach dem Zweiten Weltkrieg, im Jahre 1956). Eine günstige Altbauwohnung war nirgends frei, und eine Neubauwohnung konnte sie sich finanziell nicht leisten. Was tun?

Auch diese Frau war Resi Passmoser als eine gute, gottgläubige „Seele" bekannt. Sie gab ihr den gleichen Rat, wie in den beiden vorgenannten Fällen, und schon am zehnten Tage nach diesem Gespräch geschah folgendes: Die Frau hatte sich in die Stadt begeben und traf dort einen alten Herrn, den sie zwar kannte, aber seit etwa zwei Jahren nicht mehr gesehen hatte. Sie plauderten eine Weile, und es ergab sich, daß sie von ihrer Wohnungsmisere erzählte. Da lächelte der Mann und sagte, sie solle sich nicht aufregen. Er betrachte dieses Zusammentreffen als eine Fügung „von oben", denn seit dem Tode seiner Frau habe er in seiner Dreizimmerwohnung einen Mieter, der aber jetzt ausziehe. Sie möge doch zu ihm kommen, er gebe ihr noch das zweite Zimmer dazu, und wenn sie ein wenig nach ihm schauen wolle, so würde das ihr Schaden nicht sein. Der Frau kamen die Tränen... Sie hat diesem alten Herrn noch viele Jahre die Wirtschaft geführt.

Anrufung in höchster Not

Zur täglichen Erfahrbarkeit menschlichen Daseins gehört auch das Anrufen Gottes, Jesu Christi, der Mutter Maria, von Heiligen oder dem Schutzengel in höchster Not. In Augenblicken akuter Lebensgefahr oder sonstigen gefahrvollen Situationen wirkt ein „Stoßgebet" oft Wunder! Worte wie „O Gott, hilf mir!" oder „Jesus Christus, steh mir bei!" sind dann situationsbedingt besonders emotions- und damit energiegeladen, so daß hierdurch verhältnismäßig häufig Eingriffe aus der geistigen Welt ermöglicht werden. Freilich bleiben sie Ausnahmefälle, aber sie passieren, und bei manchen Menschen sogar mehrmals im Leben.

Der damalige Gymnasiast *Ernst von Jamine*t gehörte dazu. Mit seinem Bruder und einem Freund unternahm er einmal einen Fahrradausflug. Auf abschüssiger Straße verlor er die Herrschaft über sein Rad und drohte an einem Haus am Ende der Straße zu zerschellen. Er schreibt:

> *„Unwillkürlich rief ich angsterfüllt aus: ‚Gott hilf mir!' Im nächsten Augenblick erlebte ich Einzigartiges: Von einer unsichtbaren Kraft wurde ich langsam aus dem Sattel gehoben und behutsam neben dem Rade, das unbeschädigt zur Seite fiel, niedergesetzt, getragen wie von unsichtbaren Händen, ohne den geringsten Schaden zu erleiden! – Diese Bewahrung war so offensichtlich, daß ich mir schon während des Schwebens bewußt war: Hier geschieht ein Wunder!"*

Bald darauf kehrten die drei in einem kleinen Wirtshaus ein, um sich von dem Schrecken zu erholen und das Ereignis zu besprechen. Während der Wirt die gewünschten Getränke servierte, „wurde in der Gaststube, in der sich außer uns und dem Wirt niemand befand, dauernd an den verschiedensten Stellen der Wände und des Tisches gleichzeitig laut geklopft, so daß der Wirt (...) ganz ängstlich wurde und uns mißtrauisch betrachtete. Es hörte sich dieses Klopfen wie ein Trommeln an, gewissermaßen der Ausdruck der Freude über die gelungene Hilfeleistung."*

Ernst von Jaminet, der noch mehr Dinge erlebte, die für unsere Schulweisheit unerklärbar sind, wurde evangelischer Pfarrer und konvertierte später zur katholischen Kirche.

Eine wunderbare Gebetserhörung berichtet auch *Hans Eiselt* aus Bodenbach an der Elbe in Böhmen, dem späteren Sudetenland. In der deutschen Bevölkerung herrschte damals eine schlimme Arbeitslosigkeit und Not allenthalben (mir selbst ist jene Zeit noch in deutlicher Erinnerung). Hans Eiselt, überzeugter Christ, fand immer wieder Kraft im Geschwisterkreis des Laienpredigers *Georg Riehle*.** Er schreibt:

„Die Jahre 1936 und 1937 waren die schicksalsschwersten meines ganzen Lebens. Ich war schon über drei Jahre arbeitslos, meine Schwester sollte in eine Nervenheilanstalt eingeliefert werden, und bei meiner Mutter nahm infolge der vielen Sorgen und Aufregungen der Blutdruck in beängstigender Weise zu. Die behandelnde Ärztin, Frau

---

* Ernst v. Jaminet: Die jenseitige Welt. Turm-Verlag, Bietigheim 1964, S. 104. Das Phänomen der Klopflaute deutet darauf hin, daß einer von den dreien stark medial gewesen sein muß und somit unbewußt als Energielieferant diente. Ein geeignetes Kraftfeld muß da sein; ohne solche Vorbedingungen können keine wie immer gearteten Phänomene auftreten.

** Von Georg Riehle gibt es das Büchlein „Fünfzig Jahre Bahnbrecher der göttlichen Liebe". Lorber-Verlag, Bietigheim-Bissingen 1991.

Dr. Suchy, riet mir dringend, meine Mutter in eine andere Umgebung zu bringen, da sonst das Schlimmste zu befürchten sei.
Ich schlief damals mit meiner Mutter zusammen in einem Zimmer, meine Schwester im Raum nebenan. Eines Nachts wachte ich plötzlich auf. Es war, als ob jemand mich geweckt hätte. Ich schaute auf die Uhr. Es war die fünfte Morgenstunde. Da fiel mein Blick auf das Bett meiner Mutter, und ich war starr vor Entsetzen! Sie schien vollkommen gelähmt zu sein. Die Lippen stark aufgequollen und blauschwarz verfärbt. Die Augäpfel waren aus den Höhlen herausgetreten und fast noch einmal so groß als sonst. Die eine Halsschlagader war wie ein Bleistift stark herausgetreten. Nur der kleine Finger bewegte sich ganz schwach.
Ich stürzte an das Bett meiner Schwester, weckte sie und rief: ‚Lauf schnell und hole Frau Dr. Suchy! Die Mutter hat einen Schlaganfall bekommen!' Apathisch antwortete meine Schwester: ‚Was liegt daran, da gehn wir halt betteln.' Eindringlicher redete ich auf sie ein: ‚Beeil' dich doch, Annl!' Da zog sie sich rasch an und lief los.
In Kürze war die Frau Doktor zur Stelle. Während sie mich begrüßte, sah ich, wie ihr Blick auf ein Jesusbild fiel und wie ein leichtes ironisches Lächeln um ihre Mundwinkel huschte. Dann drehte sie sich um und wandte sich meiner Mutter zu. Sie stand eine Weile still, gab mir dann die Hand und sagte: ‚Herr Eiselt, es tut mit sehr leid, daß ich nicht mehr helfen kann, denn hier ist ärztliche Hilfe nicht mehr möglich.' Sie verabschiedete sich und ging. Ich war allein mit der sterbenden Mutter.
In meiner Verzweiflung kniete ich vor dem Jesusbild nieder, den Blick nach innen gerichtet, und sprach: ‚Mein liebster Jesus, was soll ich denn tun? Meine Mutter gelähmt,

*meine Schwester nervenkrank, und ich arbeitslos! Wenn es Dein Wille ist, hilf mir doch!' Ich war völlig versunken in dieses Gebet, das mehr ein verzweifelter Notruf war. Plötzlich fühlte ich den Drang in mir, mich nach meiner Mutter umzuschauen. Wer beschreibt mein Erstaunen, als ich sie aufrecht im Bett sitzen sah?! Von dem Schlaganfall war keine Spur mehr zu sehen! Sie strich sich mit der rechten Hand über die Augen und sagte, wie langsam aus einem Schlaf erwachend, die letzten Worte meines Gebetes: ‚...Absterbens, Amen! – Ja, was ist denn mit mir geschehen?'**
Inzwischen war es acht Uhr geworden. Voller Freude zog ich mich an und eilte in das Wartezimmer von Frau Dr. Suchy. Es war schon voller wartender Patienten. Aber ich achtete nicht darauf, sondern ging direkt zu ihr ins Sprechzimmer und erzählte ihr, was sich ereignet hatte. Mit Tränen in den Augen sagte sie: ‚Hier konnte ein Mensch nichts mehr tun, hier ist ein Wunder geschehen!' Noch siebzehn Jahre lebte meine gute Mutter (d. h. sie überlebte auch die entsetzliche Heimatvertreibung), bis sie in die ewige Heimat abberufen wurde."

Nicht jedesmal müssen so dramatische Umstände vorliegen, auch in Alltagssituationen kann die momentane Bedrängnis groß sein und zu einem Stoßgebet Veranlassung geben. Frau M. B. aus Bregenz erlebte während einer Bahnfahrt:

„In Dresden mußte ich umsteigen, da ich in München einige Tage bei einer Freundin bleiben wollte. Als der Zug in Dresden einfuhr, war er schon so überfüllt, daß es mir

* Damals lautete der Schluß des Ave-Maria-Gebetes noch: „...bitte für uns Sünder, jetzt und in der Stunde unseres Absterbens, Amen". Heute: „... unseres Todes" oder „...unseres Heimganges".

mit meinem vielen Gepäck unmöglich war einzusteigen. Doch ich mußte mit diesem Zug mitkommen, weil ich meine Mutter nach München bestellt hatte, wo sie eine Stunde nach mir ankommen sollte. Ratlos stand ich am Bahnsteig und schickte aus innerstem Herzen ein Stoßgebet zum Himmel: „Lieber Gott, hilf mir. Ich muß doch dort sein, wenn meine Mutter ankommt!"
Mit meinen verzweifelten Gedanken beschäftigt, sah ich plötzlich einen Herrn aussteigen. Er kam auf mich zu und sagte leise: ‚Da drinnen ist noch ein Platz.' Freudigst bedankte ich mich, sah ihm nach, doch er war verschwunden! Ohne weiteres Überlegen drängte ich mich ins erste Abteil hinein, und wirklich, dort war noch ein freier Sitzplatz, indes überall die Leute standen!
Dann habe ich erst darüber nachgedacht: Wie konnte dieser Herr wissen, daß ich mit diesem Zug fahren mußte, und warum ist er gerade zu mir gekommen, da doch im Gang die Reisenden dicht gedrängt standen? – Auf meine Nachfrage bei den Mitreisenden im Abteil wußte niemand von einem Herrn, der fortgegangen war."

War jener Herr ein Schutzengel gewesen, erschienen auf ihr „Stoßgebet aus innerstem Herzen"?

Während eines Bombenangriffes im Februar 1945 hatte Frau *Emma Z.* mit ihrer Freundin in einem Unterstand Schutz gesucht. Sie erzählt:

„Der Angriff war besonders arg und schien kein Ende zu nehmen. Immer wieder kamen neue Fliegerschwärme. Draußen war die Hölle los! Ich war mit meinen Nerven völlig fertig und flehte zu Gott, er möge mich doch gleich sterben lassen, denn diese dauernde Todesangst ertrüge ich nicht mehr...

Als ich so am Tiefpunkt der Verzweiflung angelangt war, sah ich plötzlich meine verstorbenen Lieben, Vater, Mutter und Schwester, bei mir stehen! Vater legte seinen Arm um meine Schultern und sagte beruhigend: ‚Kind, hab keine Angst. Es geschieht dir nichts. Wir alle sind bei dir und beschützen dich!' Greifbar deutlich standen sie neben mir, und eine wunderbare Ruhe zog in mein Herz, während ich die weiteren Worte meines Vaters hörte: ‚Sei ruhig, jetzt ist es vorbei, gleich wird entwarnt.' Dann verschwand die Erscheinung und die Sirenen gaben Entwarnung.

Meine Freundin war sehr verwundert, als ich ihr das Geschaute erzählte; sie hatte nichts davon gemerkt. Für mich aber war dieses unvergeßliche Erlebnis eine trostvolle Bestätigung, daß es ein Weiterleben in der anderen Welt gibt, und daß unsere vorausgegangenen Lieben uns dort erwarten."

In der Hölle sibirischer Zwangsarbeitslager erzählte eines Abends *Aljoscha*, der wegen seiner Hilfsbereitschaft bei allen beliebt war, wie er zum gottgläubigen Mann wurde. Er schuftete damals in der Nähe von Rudnik, westlich von Workuta. Hier sein Bericht:

„Wir bauten einen neuen Schacht. Zu unserer Brigade kamen eines Tages zwei Neue, ein älterer und ein jüngerer Mann. Sie waren gläubige Christen. Obwohl sie ganz einfache Menschen waren, ging von ihnen ein so starker Einfluß aus, daß kein Lagerkommandant sie lange behalten wollte. So wechselten sie oft das Lager. Am Sonntag gingen sie nie zur Arbeit. Sie ließen sich schlagen und einsperren, aber zur Arbeit gingen sie nicht.

Unseren Lagerkommandanten ärgerte das. Als die beiden

sonntags wieder einmal die Arbeit verweigerten, wollte er am nächsten Tag ein Exempel statuieren. Wir merkten schon beim Ausrücken zur Arbeit, daß etwas in der Luft lag. Statt zweier Bluthunde begleiteten uns sechs. Sie jaulten viel schlimmer als sonst.

Da erschien der Kommandant auf dem Bauplatz und befahl den beiden, in die Tundra zu gehen. Praktisch war das ein Befehl zur Flucht, um nachher sagen zu können, sie seien beim Fluchtversuch getötet worden.

Die beiden gingen ganz ruhig in Richtung Tundra. Der Ältere ging vor, und der Jüngere folgte. Sie hatten die Mützen abgenommen und trugen sie in den gefalteten Händen. Nachdem sie etwa 60 Meter gegangen waren, hetzte man die sechs Bluthunde hinter ihnen her. Als die beiden Männer das Schnaufen und Japsen der Hunde hörten, drehten sie sich um. Der Ältere kreuzte dem Jüngeren die Hände über die Brust und tat es dann selbst. Beide blickten zum Himmel empor und bewegten den Mund. Anscheinend sangen sie, aber wegen des Gejaules der Hunde konnten wir es nicht hören.

Jeder von uns wußte, was jetzt kommen mußte. Die meisten hielten sich die Augen zu. Aber als die wütenden Tiere die Männer erreicht hatten, hielten sie ein und liefen verwirrt um die Männer herum! Das böse Jaulen ging allmählich in ein freundliches Wimmern über. Die Hunde krochen zu den Füßen der Männer hin und leckten ihnen schweifwedelnd die Schuhe! Jetzt konnten wir deutlich hören, daß die Männer sangen...

Wir alle bekreuzigten uns. Auch einige der Wachsoldaten. Viele von uns schluchzten vor Ergriffenheit. Der Kommandant verließ unverzüglich die Baustelle. Schließlich wurden die Hunde zurückgepfiffen.

In diesem Moment begriff ich, daß es etwas gibt, was stärker ist als alle Gewalt, Ich begriff, daß Gott lebt, und noch immer seine Wunder tut."*

Hand aufs Herz: Würde jemand von uns eine solche Glaubensstärke aufbringen? – Und was mögen jene Bluthunde gesehen haben?

---

* In: Zeitschrift „Das geistige Reich". Verlag Carl Rennhofer, Grödig bei Salzburg, 1960, S. 327. Erschien 1952–1966.

Rätselhaftes Auftauchen und Verschwinden unbekannter Helfer

Theodor Brabender war, wie ehedem üblich, als Handwerksgeselle etliche Jahre auf Wanderschaft gewesen. Er durchquerte Deutschland von Nord bis Süd, und als er sich in Lothringen befand, erlebte er folgendes:

Viele Stunden schon war er unterwegs und der Abend nahte heran. Er marschierte, mutterseelenallein, auf einer schier nicht enden wollenden Landstraße, die von einer Pappelallee umsäumt war. Stundenweit war kein Haus zu sehen, und er war recht froh, als die Allee endlich aufhörte. Aber jetzt war nur freies Feld zu sehen, weder Haus, noch Baum, noch Strauch.

Die Sonne verschwand, allmählich trat Dunkelheit ein. Schließlich beleuchtete der Mond den Weg des einsamen Wanderers, der nun schneller voranschritt. Bald gelangte er an eine Kreuzung, die jedoch weder einen Wegweiser noch einen Meilenstein aufwies. Weit und breit keine Menschenseele, die er hätte fragen können. Nun bekam er es mit der Angst zu tun. Er blieb auf der Kreuzung stehen, schaute zum Mond empor und rief: „Wer zeigt mir jetzt den rechten Weg? Wer sagt mir, wohin ich mich wenden soll?“

„Ich“, vernahm er eine helle Stimme hinter sich. „Ich bin hier gut bekannt. Wohin wollen Sie denn?“ Vor Schreck wäre der Wandersmann bald umgefallen, als er so unverhofft eine Stimme hinter sich hörte, denn er war doch ganz allein in der weiten, übersichtlichen Gegend gewesen. Von seinem Schrekken erholte er sich aber rasch, als er ein schönes Fräulein erblickte, schwarz gekleidet, das ihn traurig ansah. Er antwortete und nannte seinen Zielort. „Da kommen Sie heute nicht mehr hin", sagte das Mädchen, „und wenn doch, so würden Sie keine Unterkunft mehr finden. Gehen Sie für heute abend, weil es schon so spät ist, hier rechts der Straße nach, so kommen Sie in ein kleines Dorf. An der Landstraße liegt eine Wirtschaft, dort können Sie schlafen. Morgen früh gehen Sie dann einen Fußweg, den man Ihnen zeigen wird, da kommen Sie wieder auf diese Straße und können schon vor dem Mittag am Ziel sein. Ein Stück gehe ich mit Ihnen. Wenn es taghell wäre, könnten Sie den Kirchturm des Dorfes schon sehen. Kommen Sie!"

An seiner linken Seite gehend, schritt die Unbekannte rasch voran. Brabender hatte Mühe, mit ihr Schritt zu halten. Er versuchte, ein Gespräch anzuknüpfen, aber ihre Antworten blieben kurz und gemessen. Schließlich begann er, die schöne Gegend zu loben und die Schönheit der hiesigen Jungfrauen, wovon sie selber ja den besten Beweis liefere. Daraufhin schaute sie ihn mit einem überaus traurigen Blick an, so daß es ihm kalt über den Rücken rieselte, gab aber keine Antwort.

Nun glaubte er sie gekränkt zu haben und wollte das wieder einrenken, indem er sagte: „Verzeihen Sie mir, wenn ich Ihnen wehtat. Wahrscheinlich sind Sie in Trauer. Ist Ihnen ein teures Wesen gestorben, weswegen Sie so traurig sind und schwarz gekleidet gehen?" Wieder keine Antwort. Darauf fragte er: „Sind Ihnen die Wirtsleute bekannt, mein Fräulein?" - „Ja", antwortete sie leise, „es sind meine Eltern." Und lauter fuhr sie fort: „Da unten sehen Sie schon das Dorf. In zehn Minuten sind Sie da."

Wirklich erblickte er im Tal einige Häuser und Bäume, und ganz hinten die Kirche. Er wollte nun fragen, wo das Gasthaus sei und drehte sich deshalb zu seiner Begleiterin um. Aber diese war nicht mehr zu sehen, wie vom Erdboden verschluckt, war sie lautlos verschwunden! Vergeblich suchten seine Augen das freie Feld ab, sie war und blieb verschwunden!

Wieder überlief es ihn eiskalt, und fröstelnd rannte er in Richtung Dorf. Nach wenigen Minuten war er dort und stand alsbald vor der Gastwirtschaft. Der Wirt war gerade im Begriff, sein Haus zu schließen, als der junge Mann grüßend zu ihm trat und um Herberge bat.

Der Wirt war freundlich, und nachdem sein später Gast noch etwas gegessen hatte, zeigte ihm der Wirt das Nachtlager und wünschte ihm eine gute Nacht. Da fiel Brabender jenes Mädchen ein. Er rief den Wirt zurück und sagte, er solle noch nicht abschließen, denn seine Tochter müsse ja noch ins Haus. Sonderbar erstaunt erklärte der Wirt, keine Tochter zu haben, das heißt, seine einzige Tochter sei vor acht Monaten gestorben.

Am anderen Morgen, beim Frühstück, wurde Brabender vom Wirtsehepaar gebeten, das Erlebnis vom Abend zuvor ausführlich zu erzählen. Er mußte wiedergeben, was sie gesagt hatte, ihre Kleidung genau beschreiben und so weiter. Wortlos hörten die Eltern zu, und die Mutter begann zu weinen. „Hol einmal die Fotografie“, sagte endlich der Wirt, und die Frau ging schluchzend fort, um das Verlangte zu holen. Brabender brauchte nur einen kurzen Blick auf das Bild zu werfen: Es zeigte jenes Mädchen, welches ihn hierher geführt hatte! Sie sei ihm allerdings etwas älter vorgekommen, bemerkte er, was die Eltern damit erklärten, daß das Foto einige Jahre vor ihrem Tode aufgenommen worden war. Ihr Tod erfolgte an jener Kreuzung, wo sie überfahren worden war!

Brabender, der später noch mehrere Begegnungen mit dem Übersinnlichen hatte, schließt seinen Bericht mit den Worten: „Dieses Erlebnis habe ich bis auf den heutigen Tag nicht vergessen und werde stets daran denken, daß mich einst ein Geist aus dem Jenseits sichtbar begleitete, mich führte, mit mir sprach, und mir Herberge bei seinen leiblichen Eltern anwies!"

Aus parapsychologischer Sicht betrachtet, ereignete sich hier die Vollmaterialisation einer Jenseitsbewohnerin auf unserer physischen Ebene. Materialisation heißt „Verdichtung", in diesem Fall die Verdichtung eines Astralkörpers. Merkwürdigerweise, wie immer, samt Kleidung. Letzteres wird „Ideoplastie" genannt.*

Anders gelagert, jedoch typisch in seiner Art war der nachfolgend geschilderte Fall. Er betraf den Vater des späteren Parapsychologen und Schriftleiters *E. W. Dobberkau.* Sein Vater hatte sich an einem sehr kalten Wintertage, als der Schnee knietief lag, im Bereich der Norddeutschen Tiefebene verirrt. Es dämmerte bereits. Da sah er plötzlich, wenige Schritte vor sich, einen Bauern gehen, mit Pelzmütze und dickem Pelzmantel. Dobberkau erzählt, sein Vater habe den Bauern sogleich angerufen und nach dem richtigen Weg gefragt. Doch es erfolgte keine Antwort, der Bauer ging ruhig seines Weges weiter.

„Nun glaubte mein Vater, der Mann sei vielleicht schwerhörig, und begann schneller zu laufen, um ihn zu erreichen. Aber so rasch er auch laufen mochte, er erreichte den seltsamen Wanderer nicht! Auf einmal stieß mein Vater auf den

* Unter dem Begriff „Ideoplastie" wird in der Paraforschung eine psychische Fähigkeit verstanden, die sowohl innerhalb, als auch außerhalb des Körpers in form- und substanzgebender Weise auftreten kann, u. a. durch hypnotische oder Autosuggestion. Da die subtile Astralmaterie auf Gedanken und Vorstellungen formbildend reagiert, trägt man auch als Jenseitiger die gewohnte Kleidung. Ideoplastisch gestaltet sich diese unbewußt, zumeist infolge gewohnheitsmäßiger Vorstellungen. Dies dürfte anfangs vor allem für das sogenannte Zwischenreich gelten. Später, wenn wir in diejenige Sphäre gravitieren, in die wir gemäß unserer spirituellen Entwicklungsstufe gehören, bringt unser feinstofflicher Organismus quasi automatisch, in seinem Aussehen, die betreffende Stufe äußerlich zum Ausdruck.

Elbdeich und stürzte. Schnell raffte er sich wieder auf, erklomm den Deich und hielt Umschau. Doch soviel er auch schauen mochte, der Bauer war und blieb verschwunden! Nun aber kannte sich mein Vater aus, denn der Elbdeich wies ihm den Weg. Voller Schrecken gewahrte er jedoch, daß er ganz bestimmt in einen mit nur dünnem Eis bedeckten See gefallen wäre, wenn jenes Phantom ihn nicht zum Deich geführt hätte."

Die parapsychologischen Begriffe „Phantom" oder „Phantomgestalt" vermeide ich gerne da, wo es sich ganz offenkundig um eine jenseitige Person handelt. Man mag auch in diesem Fall das „Phantom" deuten wie immer man will: Es erfüllte einen sinnvollen, lebensrettenden Zweck. Dies allein ist ausschlaggebend und läßt uns ein weiteres Mal erkennen, wie jämmerlich wenig wir über unser eigenes Wesen und über das Wesen der Dinge um uns her wissen.

Nun ein anderer Tatsachenbericht:

Diphtherie war noch in den dreißiger Jahren des vergangenen Jahrhunderts eine gefürchtete ansteckende Krankheit der Nasen-, Rachen- und Kehlkopfschleimhäute. Sie betraf vor allem Kinder und verlief rasch tödlich, sofern man nicht rechtzeitig eingriff. In Deutschland gilt sie als so gut wie ausgerottet, bis auf wenige Fälle pro Jahr.

Eine Frau namens *Marie Schwickert* erlebte folgendes: Ihre Kinder hatten der Reihe nach Diphtherie gehabt. Bei ihrem Jüngsten, den es besonders schlimm erwischt hatte, war die Ansteckungsgefahr noch nicht vorüber, als sich ihr Bruder, mit Frau und Kindern, überraschend zu einem mehrtägigen Besuch ansagte. Während jener Besuchstage hatte der sechsjährige Bub dieses Bruders Spielsachen vom Jüngsten der Frau Schwickert in die Hände und in den Mund genommen, und am nächsten Nachmittag lag der Kleine apathisch im Bett.

Seine Mutter meinte, er habe sich bloß den Magen verdorben, aber Frau Schwickert befürchtete Schlimmeres.

Als sie ihren diesbezüglichen Gedanken nachhing und dabei Näharbeiten erledigte, wurde plötzlich Besuch gemeldet: Es war der Hausarzt. „Nanu, Sie, Herr Doktor?", rief Frau Schwickert erstaunt aus, „was führt denn Sie zu uns?" Verblüfft fragte der Arzt: „Ja haben Sie denn nicht nach mir geschickt?" – „Ich?", erwiderte sie, „Nein. Aber mir scheint, Sie kommen gerade recht, denn wenn mich nicht alles täuscht, hat mein Neffe Diphtheritis." Der Arzt untersuchte daraufhin den Kleinen und bestätigte: „Ja, er hat sie. Aber es ist noch Zeit. Morgen freilich wäre es zu spät gewesen!"

Die leichtsinnigen Eltern waren blaß geworden. Doch nun wollte Frau Schwickert von dem Arzt wissen, wer ihn gerufen habe? – Indem dieser umständlich seine Brille zu putzen begann, erzählte er: „Ja, das ist eine sonderbare Sache. Gestern kam ein junges Mädchen in meine Praxis und sagte, ich solle Sie besuchen; sie betonte aber ausdrücklich, ich dürfe erst heute kommen."

Der Arzt erzählte weiter, daß ein Arbeiter, der das Gespräch gehört hatte, ihm gesagt habe, daß jenes Mädchen nicht aus dem Ort sei, in dem die Familie Schwickert wohnte. Er kenne alle Mädchen der Pfarrei, aber dieses habe er noch nie gesehen. Der Arzt dachte sich nun, es wäre vielleicht doch gut, hinzufahren, und – in der Tat – es war ja auch gerade höchste Zeit! Weder die beteiligten beiden Familien, noch der Arzt, konnten jemals herausbekommen, wer es gewesen war, der auf diese Weise dem Knaben das Leben gerettet hatte!

Hier eine Begebenheit aus dem Jahre 1957:

Im Winter, bei dichtem Schneegestöber, befand sich ein Mann mit seinem schwerbepackten Kleinmotorrad auf der Heimfahrt. Vor einer geschlossenen Bahnschranke mußte er warten und stellte den Motor ab. Der wollte jedoch nicht mehr anspringen, als die Weiterfahrt frei war.

Der durchfrorene und müde Fahrer verzweifelte schier bei dem Gedanken, das Fahrzeug mit dem schweren Gepäck viele Kilometer nach Hause schieben zu müssen. Sein zum Himmel gesandtes Stoßgebet bestand nun nicht aus wohlgesetzten Worten, sondern es war eher ein Notschrei. Doch plötzlich stand ein großer kräftiger Mann neben ihm, in einen langen Mantel gehüllt, und sprach ihn mit den Worten an: „Schalten Sie doch mal das Licht aus. Dann bekommt bei diesen kleinen Dingern die Zündung mehr Strom und sie springen eher an.“ Gesagt, getan, es klappte! Froh und erleichtert wollte sich der Fahrer bei dem Fremden bedanken, aber der war ebenso plötzlich verschwunden, wie er aufgetaucht war! Weit und breit niemand zu sehen!

Ein Neffe des Ehepaares *Emil* und *Maria Wicky* aus Bern arbeitet zeitweilig als Amtsdiener im Zuger Kantonsparlament. Sie berichten:

> *„Beim schrecklichen Blutbad vom 27. September 2001 im Kantonsratsaal war er eben unterwegs, um im Keller Akten zu holen. Auf dem Rückweg in den Saal hielt ihn ein ihm völlig unbekannter Mann davon ab, die Treppe hochzusteigen. So entging er einer großen Gefahr, wenn nicht gar dem Tod. Unser Neffe hat diesen Mann weder vorher noch nachher jemals gesehen und glaubt fest, daß es sein Schutzengel war.*

Im Zweiten Weltkrieg hatte eine Offizierswitwe mit ihrem Hausmädchen in einem Luftschutzbunker Zuflucht gesucht, als die ersten Bomben fielen. Da näherte sich ihnen ein vielleicht 40jähriger Unbekannter und sagte mit ruhiger Bestimmtheit: „Hier sind Sie nicht mehr sicher. Kommen Sie, ich bringe Sie fort.“

„Die drei beginnen eine seltsame Wanderung. Es ist den Frauen, als schwebten sie mehr als daß sie gingen. Die Wanderung scheint kein Ende zu finden und die Frauen wundern sich halb unbewußt, durch welches unterirdische Labyrinth sie der fremde Mann wohl führt. Es scheint ihnen weniger eine gewöhnliche Flucht von Kellergewölben zu sein, die sie durchschreiten, als vielmehr eine kaum noch wirklich zu nennende Folge dämmernder, fast körperloser, schattenhafter Räume, bald eng zusammenlaufend, bald endlos sich weitend und ins Ungewisse sich verlierend. Zuweilen scheint es ihnen, als schritten sie mitten durch Mauern, die sich vor ihnen plötzlich auftun."

Der Bunker hatte nur einen Ausgang. Den benutzte der Unbekannte jedoch nicht, sondern führte die Frauen offenbar von der dritten Dimension in die vierte (daher deren eigenartige Raumempfindungen!) und wieder zurück in die dritte, ins Freie. „Sie gehen am besten sofort nach Hause", sagte der Fremde und – war nicht mehr da! Die Frauen folgten seinem Rat und erfuhren nächstentags, daß jener Luftschutzkeller einen Bombenvolltreffer erhalten hatte und alle dorthin Geflüchteten getötet worden waren.

Ähnliches erlebte Herr *Hein von der Vegte* aus Appeldoorn, Holland. Er war 1944 an einem Bein verwundet worden. Ende Januar 1945 war er soweit genesen, daß er ambulant behandelt werden konnte und bei der ihm bekannten Familie Helmet in Rheinbach wohnen durfte. Von der Vegte erzählt:

> *„An einem jener Tage ging ich zur Behandlung ins Lazarett, begleitet von Klara, der Tochter der Familie, die inzwischen Besorgungen machte. Nach der Behandlung wollten wir uns dann wieder bei ihrer Tante Maria treffen.*

Als ich vom Verbinden zurückkam, war die Wohnung der Tante Maria voller Frauen. Nur am Türpfosten stand ein mir völlig unbekannter Mann, der mich begrüßte und dann sagte: ‚Achten Sie darauf: um 12.45 Uhr wird Rheinbach bombardiert.‘
Als ich die Damen begrüßt hatte und mich zum Tisch setzte, war der Mann verschwunden. Meine Frage nach ihm quittierte man mit Erstaunen, da ihn niemand gesehen hatte...
Um halb eins stand ich auf und sagte zu Klara: ‚Komm, wir müssen gehen, denn in einer Viertelstunde wird Rheinbach bombardiert.‘ Es entstand ein wirres Durcheinander, weil mir niemand glauben wollte. Klara kam nach einigem Zögern mit.
Als wir aus der Stadtmitte herauskamen, war es nahe 12.45 Uhr und es wurde bereits Alarm gegeben. Wir liefen, so gut es ging. Beim Postamt standen sechs Soldaten, die ich warnte: ‚Jungs, geht in den Keller unterm Postamt.‘ Aber sie lachten...
Wir gelangten in die Münstereifelstraße, als die erste Bombenladung herunterkam. Klara und ich suchten gleich Deckung. Nach einer Weile eilte sie nach Hause, während ich in einem Keller Unterschlupf fand. Es gab viele Tote und Verletzte, darunter auch die sechs Soldaten vor dem Postamt. Noch bis heute glaubt man in Rheinbach, mein Wissen hätte ich durch Abhören eines verbotenen Radiosenders erworben.“

Die beiden Panzersoldaten

Der nachfolgende Bericht stammt von einer Dame namens *Johanne Frauenholz*. Erlebt hat es ihre Freundin, Frau W., 1945 während der Flucht aus Pommern. Im Verlaufe des Fluchtgeschehens war Frau W. mit ihren beiden Töchtern ins Böhmerwaldgebiet gelangt und befand sich kurz vor der Grenze nach Bayern. Kriegslärm war zu hören, die Russen näherten sich. Die Frau erzählt: „Ein Fuhrmann hatte uns mitgenommen. Da stießen wir auf eine Gruppe von etwa zwanzig anderen Leidensgenossen, die mit ihrem Gepäck erschöpft am Straßenrand saßen. Da uns der Fuhrmann nicht weiter mitnehmen wollte, schlossen wir uns dieser Gruppe an."

Während die Flüchtlinge so dasaßen und unschlüssig vor sich hinstarrten, standen plötzlich zwei junge deutsche Panzersoldaten vor ihnen! Niemand hatte gesehen, wo sie herkamen. Der eine sprach die Flüchtlinge mit den Worten an: „Hier dürft ihr nicht weitergehen, sonst lauft ihr den Russen direkt in die Arme, und dann seid ihr verloren. Ihr müßt dort die Anhöhe hinauf. Dort führt ein schmaler Pfad direkt zur bayerischen Grenze."

Die Angesprochenen erschraken und blickten resigniert den steilen Hang empor. Wie sollten sie da mit ihrem schweren Gepäck hinaufkommen? Doch schon packten die beiden Soldaten die Koffer von Frau Ws. Töchtern und stiegen voran, den Hang empor. Dabei mahnten sie immer wieder zur Eile. „So", sagten die beiden Soldaten schließlich und deuteten auf einen Fußweg, der in den Wald hineinführte, „in einer guten Stunde seid ihr in Sicherheit. Heute steht an der Grenze kein Wachposten. Ihr könnt ungehindert durch und seid gerettet. Aber haltet euch unterwegs nicht auf!"

„Wir schauten alle in die vertrauenerweckenden Gesichter der jungen Soldaten", erzählt Frau W. weiter, „und Dr. P. suchte in seiner Jackentasche nach Zigaretten; doch als er sie ihnen reichen will, sind beide verschwunden! Eben hatten wir sie zwischen den Koffern noch stehen sehen!" Ungefähr die Hälfte der Leute stieß verblüfft die Frage hervor: „Wo sind die denn hin?" Dr. P. hielt noch die Schachtel Zigaretten in der ausgestreckten Hand...

Die Flüchtlinge starrten einander an, verblüfft, kopfschüttelnd, ratlos. Dr. P. murmelte etwas von „Engelsführung", atmete tief durch und mahnte zum Aufbruch. Niemand sprach während des weiteren Marsches ein Wort, so erschüttert waren alle...

Nach dem Überschreiten der Grenze, in einer Talmulde, machte man die erste Rast. Erstaunt stellte man fest, daß niemand – trotz des schweren Gepäcks – Müdigkeit oder Erschöpfung verspürt hatte!

Bei diesem Bericht bleiben wiederum nur zwei Deutungsmöglichkeiten: Entweder waren es Schutzengel, die eine der Situation angepaßte Gestalt angenommen hatten, oder es handelte sich um gefallene deutsche Soldaten, deren Helferwille so stark war, daß er zu ihrer zweckbedingten Materialisation führte. Hierdurch gelang es ihnen, eine Gruppe in Not befindlicher Menschen vor einem grauenvollen Schicksal zu bewahren. Warum nur diesen etwa zwanzig Menschen ein solches Glück zuteil wurde und Millionen anderen nicht, mag der Himmel wissen . . .

Vom Aussehen der Engel. Haben sie Vogelschwingen?

Über das Aussehen der Engel liegen unübersehbar viele Berichte vor, sowohl von solchen Menschen, denen Engel sichtbar wurden, als auch von solchen, die sie nur erspürten. *Hildegard von Bingen* beispielsweise empfand ihren Führerengel als „gestaltloses Licht". Demnach vermochte sie keine Gestalt zu erkennen, aber manchmal, so gab sie an, gewahrte sie in diesem Lichte ein anderes Licht. Dies wurde ihr als „das lebendige Licht" bezeichnet, während das erstgenannte „ein Schatten des lebendigen Lichtes" genannt wurde. Man erkenne aus diesen unzulänglich-kurzen Angaben, wie schwierig es für Seher/innen sein mag, Erlebtes und Empfundenes einigermaßen zutreffend zu beschreiben.

Gerda Johst wiederum bemerkt die Gegenwart von Engeln zumeist durch einen kühlen Lufthauch. Es kam vor, daß sie sich zum Nachschauen bewogen fühlte, ob die Fenster richtig geschlossen seien. Doch zum Unterschied des Luftzugs, der vom offenen Fenster nur aus *einer* Richtung kommt, umfächelt sie dieser „Flügelschlag" der Engel von allen Seiten. Er sei besonders spürbar auf der Stirn und über den Augen. Gerda Johst fragte einmal ihren Engel, ob er es sei, der diesen Lufthauch mit seinen Flügeln verursache. Die bemerkenswerte Antwort lautete, daß Engel keine irgendwie gearteten Flügel besäßen, sondern von einer Lichtausstrahlung umgeben seien, die von seherisch begabten Menschen zu allen Zeiten als Flügelpaar gedeutet wurde. Im Jenseits seien Engel, wie auch ehemalige Menschen, flügellos.

Wenn Künstler die Engel mit Vogelschwingen (und gegensätzliche Wesen mit Fledermausflügeln) darstellen, so dürfte dies mehr sinnbildlich aufzufassen sein, um damit ihre zeit- und raumunabhängige Schnelligkeit zu symbolisieren. Zu *Adelma von Vay* war gesagt worden, daß Engel sich mittels ihrer „eigenen Fluide" fortbewegen, d.h. mit der Energie ihres eigenen Kraftfeldes. Während der Diskussion im österreichischen Fernsehen zur Frage, ob es Schutzengel gibt, schilderten einige der Teilnehmer ihre diesbezüglichen Erlebnisse, betonten jedoch, daß die von ihnen wahrgenommenen Engel keine Flügel gehabt hätten. Ein Kommentator jener TV-Sendung bemerkte ganz richtig, daß die sogenannten Engelsflügel aus einem die Engel umgebenden Strahlungsfeld bestehen, welches als „Flügelpaar" mißdeutet worden sei. Diese Vorstellung, so wurde von drüben erklärt, habe sich im menschlichen Unterbewußtsein so stark verankert, daß manche der hohen Geistwesen sich dem anpassen und sich mit solchen Flügeln manifestieren.*

Frau *Susan Wattenhofer*, Zürich, erblickte einen Engel während einer Hochzeitsfeier. Er sei zwei bis drei Meter groß gewesen und „von unwahrscheinlicher Strahlkraft. Ein vibrierendes Licht umgab ihn." Die Strahlkraft eines solchen Engels sei dermaßen stark, daß die Erinnerung daran nie verblaßt und man stets aufs Neue gestärkt werde. Auf die Frage des Reporters, ob der Engel wirklich einem geflügelten Menschen geglichen habe, erklärte Frau Wattenhofer: „Menschliche Züge trug er wohl, aber Flügel hatte er keine. Ich verstehe aber, daß man ihm welche zuschreibt, weil dieses Strahlen ihn umgibt. Engel sind eine eigene, ältere Schöpfung als der Mensch."**

---

* Ein Freund des Engelforschers H. C. Moolenburgh gibt an, einen Engel gesehen zu haben, „wie von leuchtenden Wolken umgeben". Er sagt: „Jetzt verstehe ich, daß Engel mit Flügeln dargestellt werden; das ist ihr Strahlenfeld" (Moolenburgh: Engel als Beschützer und Helfer des Menschen. H. Bauer, Freiburg i. Br. 1989, S. 27).

Wenn zuweilen von Engeln in übermenschlicher Größe berichtet wird, so erscheint dies ohne weiteres glaubwürdig, weil sie den Gesetzen unserer dreidimensionalen Raum-Zeit-Welt nicht unterliegen. *H. C. Moolenburgh* berichtet das Erlebnis einer Frau, die am Pfingstsonntag früh, am Fußende ihres Bettes, einen prächtigen großen Engel erblickte. Seine Gestalt wirkte wie aus durchsichtigem Gold und habe über die Begrenzungen des Zimmers hinausgereicht. – Am Abend zuvor hatte diese (damals junge) Frau innig um Verständnis des Pfingstfestes gebetet.

Die neunjährige Jennifer war gerade eingeschlafen, als ein Kurzschluß ihr Zimmer in Brand setzte. Als sie erwachte, war sie von Rauch und Flammen umgeben. Plötzlich seien, so erzählte sie später, zwei große Gestalten in weißen Kleidern erschienen, „viel zu groß für das Haus“. Sie beugten sich weit vor, packten die Kleine an den Schultern und warfen sie in hohem Bogen – quer durch Rauch und Flammen – einem herbeigeeilten Nachbarn direkt in die Arme! Es waren zweieinhalb Meter! Als Jennifer sich umdrehte, waren die weißen Helfer nicht mehr da.

In dem im Kapitel über Heilengel geschilderten Erlebnis von *Gina L. Hirsche* war von einem Engel die Rede „mit mächtigen Schwingen“. Bei vielen anderen Engel-Erscheinungen wurden jedoch keine Flügel wahrgenommen. Es scheint demnach zu stimmen, daß die Engelwesen ihr Aussehen zumeist unserer gewohnten Vorstellung anpassen. Sehr oft aber manifestieren sie sich als gewöhnliche Mitmenschen, in unauffälliger Alltagskleidung.

Bei Erscheinungen von Engeln oder anderen Geistwesen werden diese immer *farbig* wahrgenommen. Farben besitzen nicht nur physikalische Schwingungseigenschaften, sondern

** In: Zeitschrift „Brückenbauer“, vom 17. 12. 1997.

haben auch spirituell eine große Bedeutung. In der nichtmateriellen Welt bringen sie zugleich die geistig-seelische Wesensstufe ihrer Träger untrüglich zum Ausdruck. So wurden dämonische Wesen seit jeher in Schwarz und grellem Rot gesehen, „arme Seelen" in allen Abstufungen von Grau, selige Geister sowie Engel in Gewändern von wunderbar strahlender Farbenkraft. Der Wahrnehmungsgrad spiritueller Farben kann aber auch von der persönlichen Wesensstufe des Betrachters abhängen und somit variieren.

Im Jenseits können Farben darüber hinaus die Zugehörigkeit zu einer bestimmten Engel- oder Geistergruppierung erkennen lassen; ebenso ihren Aufgabenbereich, dem sie hauptsächlich obliegen. So erstrahlen z. B. Engel des Herrn in Rubinrot oder Golden oder beides kombiniert. Engel Mariens in Hellblau und Silberweiß, Michaelsengel in Stahlblau und Silber, Raphaelsengel in Türkisblau und Gold, Gabrielsengel in Goldgelb und Rosa, Engel der Weisheit in hellem Grün, Gelb und Orange, Engel der Liebe und Anbetung in einem goldglänzenden Orangegelb, Engel des Trostes in Violett und Weiß, Heilungsengel in Blau, und Engel der Harmonie in Hellgelb-Weißlich. Rosa ist im allgemeinen die Liebesstrahlung aller Engel.

Da Farben aktive Schwingungsfelder erzeugen, die auch auf unsere Psyche wirken, sollten wir auf dunkle Farbtöne bezüglich unserer Kleidung klugerweise verzichten, d. h. sie nicht zu unserem ständigen Erscheinungsbild werden lassen. Unter jungen Frauen gilt es heutzutage als „schick und sexy", möglichst nur noch Schwarz zu tragen, aber dies drückt auf die Dauer nicht nur aufs Gemüt, sondern zieht negative geistige Kräfte (sprich Geistwesen) an. Für Kranke ist Schwarz schädlich. Schwarz als Trauerfarbe gab es bei den Urchristen nicht. Eine christliche Beerdigung damals war ein direkter Gegensatz zu der Trauer und trüben Stimmung, die in unseren Tagen alle Begräbnisse kennzeichnen. Man trug frohstimmende helle und weiße Gewänder. Erst viel später kam die römische Sitte auf, schwarze Trauerkleidung anzulegen.

Auch wenn die erwähnten Sterbe- und Todesengel als dunkelumflorte Gestalten wahrgenommen werden, so wäre daraus nicht unbedingt auf ihr Aussehen in den himmlischen Gefilden zu schließen.

Träume sind nicht immer Schäume

„Träume sind Schäume“, lautet ein Sprichwort. Richtig wäre, zu sagen, „Träume sind *nicht* immer Schäume“, denn das stimmt mit unseren Erfahrungswerten überein. Infolge der Ausschaltung unseres Wachbewußtseins herrscht während des Schlafes eine gesteigerte Empfänglichkeit für telepathische und andere Einflüsse. Deshalb vermag unser Traumleben Brücke zu sein zu anderen Dimensionen. Zu hohen sowohl wie zu niederen Ebenen. Lebhafter Verkehr und Gegenverkehr herrscht auf dieser Brücke, denn wir begeben uns nicht nur selber „auf die andere Seite“, sondern sie wird zu uns herüber auch von Jenseitigen fleißig benutzt. An sich ist unser Traumleben ein Hinweis auf die Doppelnatur des Menschen, denn im Wachzustand handeln wir bewußt, während im Schlaf unser Körper wie tot daliegt, und wir dennoch eine Art „Leben“ führen, aber unbewußt, im Traum.

In bezug auf eine wissenschaftliche Definition des Träumens (eine Fähigkeit, die auch höhere Tiere haben), sprechen manche Forscher von einer „psychologischen Spaltung des Ichbewußtseins“, andere von einer an den Schlaf gebundenen Erfahrung. Plato, und eigentlich das gesamte Altertum, wertete die Träume als von den Göttern gesandte Zeichen für die Träumenden. In den Tempeln des griechischen Traumgottes Asklepios (Äskulap), die sich an speziellen Kraftorten befanden, erfuhren Kranke anscheinend oft Angaben über erforderliche Heilmittel und Behandlungsratschläge.*

---

* Melanchton litt eine Zeitlang sehr an den Augen. Da träumte ihm, er solle „Euphrasium“ (das ist die Pflanze „Augentrost“) anwenden. Er tat es und wurde geheilt. In seiner Schrift „De anima“ teilt Melanchton die Träume in vier Gruppen: 1) gewöhnliche Träume, 2) prophetische Träume, die nicht

Heutzutage unterscheiden wir im wesentlichen zwischen drei Arten von Träumen:

1. die gewöhnliche allgemeine Träumerei, die lediglich unsere Tageseindrücke widerspiegelt;
2. physiologisch bedingte Träume, welche mit dem Verdauungstrakt oder mit Krankheit in Wechselwirkung stehen.
3. Die dritte Gruppe umfaßt die wichtigsten Träume, und das sind die ins Mystische gehenden. Hierher gehören Begegnungen mit Jenseitsbewohnern sowie die Vielfalt der Wahr-, Warn-, Heilungs- und prophetischen Träume.

Da diese Kategorien am häufigsten vorkommen, nannte Dr. *Carl du Prel* den Traum „die Eingangspforte zur Mystik und Metaphysik". Das Mystisch-Metaphysische zeigt uns allein schon die beim Träumen erfahrbare Relativität des Zeitempfindens: Man meint, einen langen Traum gehabt zu haben, dessen Niederschrift einen ganzen Roman ergeben würde. In Wirklichkeit betrug seine Dauer nur wenige Minuten!

Von diesem Zeitraffer-Effekt berichten oft auch Menschen mit Erlebnissen in Todesnähe: sie sahen ihr ganzes bisheriges Leben vorüberziehen, bestürzend klar und mit allen Einzelheiten. Wissenschaftlich wird dies ein „Verdichtungsprozeß unserer Vorstellungen" genannt; aber eben: „da, wo die Begriffe fehlen, da stellt ein Wort zur rechten Zeit sich ein" (Goethe, „Faust"). Vielleicht sollten wir weniger nach wissenschaftlichen Erklärungen fragen, als vielmehr nach dem Sinn

---

göttlichen Ursprungs, sondern „in der Begabung mancher Menschen begründet sind, 3) göttliche Träume, die Gott selber oder durch Engel den Menschen eingibt, und 4) dämonische Träume." Zugehörig wäre noch die Kategorie der Heilträume, die Melanchton aber vermutlich zur Gruppe drei (göttliche Träume) einordnete.

unseres Träumens. Dieser liegt augenscheinlich darin, daß uns anhand der „Qualität“ unserer Träumerei ein Spiegelbild unserer Entwicklungsstufe als Mensch vorgehalten wird, das uns zu entsprechenden Verhaltenskorrekturen veranlassen soll. Allein schon die Tatsache, daß manche unserer Träume für unseren ferneren Lebens- und Schicksalsverlauf bedeutungsvoll sind, Träume, deren Aussagen manchmal in einer verblüffend sinnvollen Symbolik zum Ausdruck kommen, gibt genug zu denken und zugleich Veranlassung, der wissenschaftlichen Behauptung vom „Zufallsprodukt Mensch“ zu mißtrauen.

Als Beispiel eines Symboltraumes diene hier folgende Begebenheit: Frau M. aus Wernigerode berichtet von einem Traum „der so lebensvoll war und dessen symbolische Darstellung sich anschließend so erkennbar verwirklichte, daß er mir noch heute unvergessen und unverwischt in der Seele lebt.“ Die Erzählerin war damals in anderen Umständen. Ihr träumte, sie sei als Kind wieder im Elternhaus. Es war eine Woche vor Heiligabend. Da betrat ein Mann das Zimmer, der ihr zwar gut bekannt war, jedoch ohne jemals mit ihm gesprochen zu haben. Er hielt ein weißes Leinensäckchen in der Hand, das er vor ihr auf den Fußboden leerte, ohne dabei ein Wort zu sagen. Siebzehn Perlen rollten vor sie hin, und sie kniete nieder, um sie aufzusammeln. Sie erglänzten in verschiedenen Farben: rot, weiß, blau, violett und schwarz. „Besonders die schwarzen Perlen fielen mir sehr auf und ich konnte den Blick nicht von ihnen wenden. Als letztes schüttete er ein Sterbekreuz hin. Ich ergriff es auch sofort und küßte es andächtig. Daraufhin verließ der Mann den Raum und ich erwachte.“

Noch lange grübelte Frau M. über diesen Traum nach, aber es wollte ihr keine Deutung in den Sinn kommen; doch die ergab sich dann bald danach:

Am 17. Februar des folgenden Jahres (17 Perlen!) kam es zur Niederkunft. Es wurde eine sehr schwere Entbindung, bei welcher das Leben der Mutter nur noch „an einem Faden" hing, während dasjenige ihres Kindchens schon nach drei Minuten erlosch! Sechs Wochen ging es danach bei Frau M. um Leben oder Tod, so daß man ihr die Letzte Ölung reichte. Jener Traum aber hatte sie wohl auf all das Schwere, das ihr bevorstand, vorbereiten sollen. Die Farben der Perlen deutete sie folgendermaßen:

„*Die weißen Perlen sollten sicherlich auf die innere Freude hindeuten, die ich in dem Gedanken, bald ein Kind mein eigen nennen zu dürfen, hatte. Die roten deuteten auf die innige Liebe, die ich schon für das noch Ungeborene empfand. Die blauen indessen – es waren himmelblaue – sollten mich wohl darauf verweisen, daß ich mein Geschick in Demut und Bescheidenheit hinnehmen müsse. Die schwarzen dagegen zeigten mir den Verlauf der Geburt an, während die violetten mich auf die Gnade hinverwiesen, auf das Unvergängliche, Friedensvolle in Ewigkeit. – Das Sterbekreuz aber? Ja, es zeigte an, daß die Nähe des Todes um mich und mein ungeborenes Kindchen war.*"

Im nachfolgend geschilderten Traumgeschehen tritt eine klar verständliche, einfache Symbolik auf, aber das Erstaunliche ist das Phänomen der *Wiederholungsträume* immer gleichen Inhalts, und deren stets eintreffende prophetische Aussage:

In einem seiner Bücher berichtet der Münchener Parapsychologe Prof. Dr. *Karl Gruber* einen Fall, der den Vater des seinerzeit bekannten Kunstprofessors von B. betraf. Dessen Vater war der jüngste von elf Brüdern. Einmal sah er im Traum eine schöne Landschaft vor sich, deren eine Hälfte von einem Vorhang verdeckt war, während ein Genius (Engel?) den Rand des Vorhanges gefaßt hielt. Auf einmal zog der Engel den Vorhang zurück, und der Träumende erblickte einen Tisch, auf dem elf Kerzen standen. Zehn davon brannten, eine war ausgelöscht. Wenige Tage später erhielt jener Mann die Nachricht, daß in der Nacht seines Traumes einer seiner Brüder gestorben war.

Merkwürdigerweise erfolgte später stets das gleiche Traumgesicht: jedesmal, wenn einer seiner Brüder starb, enthüllte jener Genius den Tisch mit den brennenden Kerzen, von denen wieder eine erloschen war! Prof. von B. bemerkt hierzu:

> *„Mein Vater überlebte alle seine Brüder. Er war dann als alter Mann ernstlich erkrankt und ich war bei ihm, um für ihn zu sorgen. Wir hatten eigentlich eine gemeinsame Reise vorgehabt. Nun saß ich an seinem Bett und wir sprachen mit Bedauern davon, daß nun aus der Reise nichts wurde.*
> *Es wurde Abend und mir kam die Idee, eine gute Flasche Wein zu holen, in der Hoffnung, daß sich die Stimmung und damit auch das Befinden des alten Herrn bessern werde. Der Wein tat seine Wirkung, mein Vater fühlte sich frischer und sprach sogar davon, daß wir unsere Reise doch noch machen können.*
> *Als ich ihn am nächsten Morgen aufsuchte, (...) sagte er, er habe gut geschlafen und fühle sich recht wohl, aber aus der Reise werde nun doch nichts. In der Nacht sei der Genius erschienen und habe die letzte der Kerzen ausgelöscht; er werde nachmittags drei Uhr sterben. Ich wußte nicht, sollte ich besorgt sein oder lächeln. Jedenfalls beschloß ich, den alten Mann über die kritische Stunde hinwegzubringen. Ich saß bei ihm, wir plauderten von allem möglichen und hatten das scheinbar Drohende ganz*

vergessen. Plötzlich, um halb drei Uhr, sagte mein Vater zu mir, ich möge nun gehen, er wolle, was nun komme, allein abmachen. Ich sträubte mich lange, konnte aber (...) nichts anderes machen, als ihn schweren Herzens – immer mit der Hoffnung, es handle sich um Einbildung – allein zu lassen. Als ich kurz nach drei Uhr wieder ins Zimmer trat, war mein Vater verschieden."

Wie fast alle Traumproduktionen, so wirft auch der eben geschilderte vielerlei Fragen auf. Die Traumvoraussage erstreckte sich stets auf einen sehr kurzen Zeitraum, denn der Tod trat in derselben Nacht oder nächstentags ein. War demnach die jeweilige Todesstunde zeitlich im voraus festgelegt? Aber das erklärt noch nicht, warum immer rechtzeitig der gleiche Traum eintrat. Wer hat diese Träume veranlaßt? Das Unterbewußtsein jenes Mannes? Dann muß es eigene Intelligenz besitzen und geradezu allwissend sein! Träfe letzteres zu, so ergäbe sich die Frage, wer für unser Tun und Verhalten verantwortlich wäre: Wir selbst oder unser Unterbewußtsein? Abgesehen davon, daß prophetische Aussagen eintreffen können, aber keineswegs müssen.

Ein anderer Fall von Traumsymbolik, im Zusammenhang mit unserem Buchthema:

Infolge eines schweren Herzleidens konnte Frau Dora S. ihren Beruf als Krankenschwester nicht mehr ausüben. Ihre geringe Rente reichte gerade für die Wohnungsmiete. Es herrschte strenger Winter, und sie war außerstande, Heizmaterial zu kaufen. Praktisch stand sie vor einem hoffnungslosen Nichts. Bereits den Freitod als letzten Ausweg erwägend, kniete sie in ihrer Verzweiflung eines Abends zum Gebet nieder und flehte aus tiefster Seele zu Gott um Hilfe. Danach fühlte sie sich merklich getröstet und begab sich zu Bett. Dann träumte sie:

„Ich befand mich mitten auf einem Holzsteg, hoch über einem schäumenden Wasser. Ich wagte mich weder vorwärts noch rückwärts, da die Bretter des Steges bei jeder Bewegung bedenklich schwankten und ich fürchtete, in die Fluten unter mir zu stürzen...
Da erblickte ich am jenseitigen Ufer eine hohe, jugendlich-schöne Gestalt in weißem Kleid. Wie gebannt starrte ich auf dieses erhabene Wesen, das mir die Hand hilfreich entgegenstreckte. Ich ergriff sie, ein Ruck, und schon befand ich mich auf sicherem Ufer.
Als ich erwachte, war mir sofort klar, daß die schwankende Brücke ein Traumsymbol für meine verzweifelte Lage war. Aber die Gestalt des Retters am jenseitigen Ufer? Damals hatte ich noch keine Erklärung dafür."

Am folgenden Nachmittag bekam Frau S. unverhofft Besuch eines Verwandten, seines Zeichens pensionierter Staatsbeamter. Ihm schilderte sie ihre Lage, und daß es wohl aussichtslos sei, in absehbarer Zeit eine Rentenerhöhung zu bekommen. Ihr Besucher sah dies jedoch anders. Er veranlaßte sie zur Abfassung eines Erhöhungsantrages und versprach dessen sofortige Weiterleitung an die richtige Amtsstelle.

Tags darauf erhielt Frau S. den Brief eines Onkels, von dem sie schon seit längerem nichts gehört hatte. Er schrieb: „Was ist denn mit Dir los? Ich sah Dich im Traum auf einer schwankenden Brücke stehen, schwarz gekleidet und weinend. Bist Du in Not? Anbei Geld für die Fahrt. Komm sofort zu mir!" Natürlich fuhr sie gleich hin und konnte dort zu Gast bleiben, bis ihre Rentenangelegenheit geklärt war. Ihr Bericht endet mit den Worten:

„Ich vermute, daß jener rettende Engel am anderen Ufer, der auch meinem Onkel die Traumwarnung sandte, mein Schutzgeist gewesen ist. Dies war mir ein Beweis, daß wir

schon im irdischen Leben mitten im Jenseits stehen, und daß die Hilfe und Führung durch unsere jenseitigen Freunde uns zuteil wird, wenn wir den himmlischen Vater darum bitten."

Reinhold Fellner war 1941 am Beginn des Rußlandfeldzuges dabei. Vor der Grenzüberschreitung wurde halt gemacht. Fellner überblickte mit gemischten Gefühlen das weite Land. Er schreibt: „In diese unendliche Weite sollten wir hinein? Ich ahnte nichts Gutes und mir graute davor im Vorgefühl für das Kommende."

In einer Nacht während des Vormarsches hatte Fellner das erste Traumgesicht seines Lebens. Später sollten noch weitere folgen. Er sah vor sich einen in die Erde getriebenen abgesägten Baumstamm. Er selbst lag dahinter und schoß. Plötzlich trat aus der gegenüberliegenden Seite eine Frau in hellem Weiß heraus und trat mit zum Himmel weisender Hand vor Fellner hin. Eine Weile so stehenbleibend, sprach sie zu ihm die Worte: „Eile zwanzig Meter nach links!", worauf der Träumer erwachte. Er schreibt:

„*Schon am nächsten Tag befand ich mich genau in der vorhergesehenen Lage. Der Pfosten, den ich im Traum gesehen hatte, stand vor mir, und plötzlich ging mir das Traumgesicht durch den Kopf. Ohne weiter nachzudenken, eilte ich schleunigst ungefähr zwanzig Meter nach links, obwohl sich dort überhaupt keine Deckung befand, und gleich darauf traf ein Volltreffer die Stelle, wo sich der Holzstamm befunden hatte. Ich kam mir bei diesem Positionswechsel wie ‚innerlich angetrieben' vor und glaube, daß man gerade in solchen Fällen ganz unbewußt von Unsichtbaren geführt wird.*"

Fellner fragte sich natürlich – wie alle, die Ähnliches erlebten – wie es möglich sei, daß im Traum Vorausgeschautes tatsächlich eintreffen kann? Ist alles Zukünftige bereits vor programmiert, so daß wir ihm nicht zu entgehen vermögen? Diese überaus wichtige Frage ist mit unserem gewohnten Zeitbegriff eng verknüpft. Hierzu sei, bevor ich weitere Berichte bringe, folgendes bemerkt:

Unser Zeitempfinden ist geprägt von seiner Subjektivität: Eine Stunde körperlicher Schmerzen dünkt uns weit länger zu dauern als eine Stunde des Glücklichseins, die wie im Fluge vergeht. Aber was ist „Zeit"?

Wissenschaftlicherseits wird die Zeit als 4. Dimension betrachtet. *Albert Einstein* und andere sehen im Weltall „ein Ganzes von vier Abmessungen", nämlich die drei räumlichen Richtungen und die Zeitrichtung, in der wir uns bewegen. Zeit wäre somit eine Anschauungsform unserer Sinne. Zeit und Raum sind für uns quasi Hilfsmittel zur Bewältigung unserer dreidimensionalen Welt, sind also keine *absoluten* Größen. Unser Zeitmaß könnte auch ein anderes sein. Dies geht allein schon aus der Tatsache hervor, daß wir im Traum in wenigen Minuten Dinge erleben können, deren Abwicklung im wachbewußten Leben eine ungleich längere Zeit beanspruchen würde.

Da unsere Zeiteinteilung von der Erdrotation abhängt, gilt demnach unser Zeitverständnis nicht für das gesamte Weltall. Und erst recht nicht im sogenannten Jenseits, dem Bereich außerhalb der Wahrnehmungsfähigkeit unserer Sinne. Dies zeigt sich bereits in unseren Träumen: Wo ist denn der „Raum", in welchem sie sich abspielen? Er ist weder hier noch dort.

Der Traum ist vielmehr ein innerseelisches Erleben, im Gegensatz zu außerkörperlichen Erfahrungen. Jenseitigen bereitet es Mühe, uns *ihre* Zeitauffassung verständlich zu machen.

Hinzu kommt, daß deren Zeitempfinden anscheinend vom persönlichen Entwicklungsgrad abhängt. Für einen hochstehenden Jenseitigen könnte daher die Vergangenheit (bis zu einem gewissen Grade oder voll) überschaubar sein, und damit auch die daraus resultierenden *möglichen* Zukunftsereignisse. Insofern wäre ihnen zumindest die nächste Zukunft gegenwärtig. „Zeit" ist für uns ein Nacheinander der Ereignisse. „Raum" wäre als ein Nebeneinander zu definieren, und das „Jenseits" als ein Ineinander; es wäre jene Gleichzeitigkeit bzw. „zeitlose Gegenwart", die uns klarzumachen den höherstufigen Jenseitigen so schwer fällt.

Inwieweit eine prophetische Vorausschau, egal von welcher Art, überhaupt im Bereich erfahrbarer Möglichkeiten gedacht werden kann, veranschaulicht folgender Vergleich:

Man blickt im fahrenden Zug aus dem Fenster und betrachtet von hier aus die rasch vorbeiziehende Landschaft. Das jeweils zu Sehende ist gleichsam die *Gegenwart.* Was vorüberhuschte, ist *Vergangenheit,* was herankommt, ist die *Zukunft.* Ein anderer Beobachter jedoch steht auf einem hohen Berg, er überblickt all dies gleichzeitig und noch weit mehr. Was für uns in Gegenwart, Vergangenheit und Zukunft aufgegliedert ist, das ist für den, der auf höherer Warte steht, *gleichzeitig* wahrnehmbar.*

Wenn also der größte Teil unseres Traumlebens ein innerseelisches Geschehen darstellt, so ergibt sich daraus, daß wir nicht bloß Bürger zweier Welten sind, sondern *dreier* Welten

---

* So wäre wohl auch die Problematik der Prophetie zu verstehen und damit die Frage beantwortet, warum die meisten Prophezeiungen nicht eintreffen. Gott sei Dank, möchte man sagen, denn im persönlichen Bereich, wie auch im allgemeinen, gibt es selten nur eine nächstliegende Folgemöglichkeit, sondern meist mehrere. Dies schon deshalb, weil – trotz des Kausalitätsprinzips von Ursache und Wirkung – unsere Zukunft nicht immer nur von der eigenen Entscheidung oder Situation abhängt.

zugleich: des physischen Diesseits, des überphysischen Jenseits, sowie jener innerphysischen Welt, in der sich allgemein unser Traumleben abspielt. Letztere bleibt eine Erlebniswelt für sich, deren Qualität – wieder einmal! – weitgehend vom Menschen selber abhängt. Aus alledem wäre zu schlußfolgern, daß ein gewisser Grad an Zukunftswissen auch in einem selber ruht, nur gelangt es nicht in unser Tages- bzw. Wachbewußtsein. Während des Schlafes nun kann sich diese Bewußtseinsschwelle lockern, wodurch der Zugang zu sonst nicht erhältlichen Informationen frei wird.

Weitere Betrachtungen zur Komplexität unseres Traumlebens würden zu weit von unserem Buchthema wegführen. Man orientiere sich anhand der (allerdings verwirrend) reichhaltigen Fachliteratur. Erwähnt sei nur noch, daß bedeutungsvolle Träume, ob klartextlich oder symbolverpackt, vornehmlich in den frühen Morgenstunden auftreten. Gegen Ende des Schlafes ist die Gehirntätigkeit unseres Wachbewußtseins auf ein Minimum reduziert, so daß unterbewußte Faktoren am ungestörtesten wirksam werden können.

Zurück zu Traumerlebnissen mit Schutzengelcharakter. Solche Berichte liegen in Menge vor, aber der Prozentsatz jener Träume, bei denen ein Schutz*engel* wahrgenommen wird, ist verhältnismäßig gering gegenüber solchen, wo ein Schutz*geist* erkannt wurde. Dieses Amt wird ja, wie schon mehrmals betont, gern von lieben vorangegangenen Angehörigen oder Freunden wahrgenommen, sofern sie dazu in der Lage sind und es höheren Orts gestattet wird.

Prof. *Alois N.* aus Wien war mit einer Dame bekannt, die mit ihrem Mann nach dem Ende des Ersten Weltkrieges ihre Heimat, die Bukowina, verlassen mußte. Die Erbgüter ihres Gatten waren von Rumänien entschädigungslos enteignet worden, aber er hatte in Geschäftsdingen eine glückliche Hand, so daß es ihnen bald wieder gutging.

Der Mann starb jedoch, und seine Frau verstand nichts von Geschäften. Infolge fehlender Einnahmen verkaufte sie ein Schmuckstück nach dem anderen, und das Nichts rückte unerbittlich heran. Da hatte sie einen Traum. Ihr Mann stand vor ihr und sagte: „Nimm aus der rechten oberen Schublade des Schreibtisches die darin befindlichen Schriftstücke und übergib sie morgen unserem Notar." Der Traum war so lebhaft gewesen, daß sie erwachte. Sie knipste das Licht an, ging zum Schreibtisch und steckte alles, was sich in der bezeichneten Schublade befand, unbesehen in ihre Handtasche. Dann begab sie sich wieder zu Bett und schlief weiter.

Nächstentags legte sie dem Notar die Schriftstücke vor. Dieser prüfte sie und sagte schließlich: „Sie kommen gerade noch vor Torschluß! Heute kann ich das noch machen, es ist der letzte Tag. Morgen wäre es zu spät. Es ist die Konzession für ein Reisebüro." Das Reisebüro wurde gegründet, es florierte gut, und damit war der Lebensunterhalt jener Witwe gesichert.

In der nachfolgend gekürzt wiedergegebenen überaus eindrücklichen Traumführung ist wohl mit ziemlicher Sicherheit das Walten von Schutzengeln anzunehmen, zumal es sich um eine Gebetserhörung handelt.

Es war in der Zeit des Zweiten Weltkrieges. Frau *Kitti P.* aus Itzehoe erzählt:

„Meine Mutter war mit dem Sohn eines Gutsbesitzers verlobt. Kurz vor der Hochzeit wurde ihr gewiß, daß ich zur Welt kommen würde. Sofort löste sie die Verlobung, mit der Begründung, daß mein Vater rücksichtslos sei. Alles Zureden meines Vaters half nichts, auch nicht das Argument, sie nähme ihrem Kinde den Vater.
So wuchs ich dann, von der Mutter verlassen, bei Verwandten auf. Immer wieder fragte ich nach dem Namen meines

Vaters, bis man ihn mir endlich sagte, mir aber seinen Wohnsitz verschwieg. Von meinem siebenten Jahr an schrieb ich ihm dann unzählige Briefe, feucht von Tränen, die, ohne vollständige Adresse, nie ihr Ziel erreichten. Da ich auch nicht die Liebe meiner Mutter besaß – ich durfte sie nicht einmal ‚Mutter' nennen! – sehnte ich mich immer mehr nach meinem unbekannten Vater. Ich mußte ihn finden, denn mein Kinderherz lechzte nach Liebe! Und als dann später eines Tages mein eigener Mann, in einem Wutanfall, mich als Bastard bezeichnete, da wußte ich, daß etwas geschehen mußte, ich ging sonst zugrunde! – Ich betete zu Gott um Hilfe."

Frau P. träumte daraufhin folgendes:

„Ich befand mich auf einem Bahnhof, als ein Zug einlief. An einem Fenster stand ein Soldat mit blutigem Kopf, schmalem, weißem Gesicht und starrem Blick. Er reichte mir eine Zeitung, wies auf eine Seite mit Gefallenen-Anzeigen, die sollte ich lesen. Ich aber gedachte ihn erst zu verbinden, doch plötzlich setzte sich der Zug in Bewegung. Ein eiskalter Luftzug traf mein Gesicht und ich erwachte."

In den darauf folgenden Tagen las Frau P. aufmerksam die Tageszeitungen.

„Plötzlich fand ich den Namen meines Vaters unter einer Gefallenen-Anzeige. Mir wollte das Herz stehenbleiben! War es nur eine Namensgleichheit? Ich mußte Gewißheit haben und schrieb ihm...
Nach unruhevollen Tagen kam endlich Antwort, und wirklich mit dem Namen meines Vaters! ‚Mein liebes Kind', schrieb er – und dann tanzten die Buchstaben vor meinen tränenerfüllten Augen..."

„Weitere Briefe gingen hin und her, und diese Liebe wog all die lieblosen Jahre von vorher auf. Wie gütig und zart er immer schrieb! – Der Gefallene war sein einziger Sohn, der von meiner Existenz nichts wußte (!), der mir aber doch den Weg zu meinem so lange gesuchten Vater wies."

Traumbegegnungen mit dem Schutzgeist

Von einem Mann aus einem kleinen oberbayrischen Marktflecken erfuhr der seinerzeit bekannte Forscher auf dem Gebiet übersinnlicher Erscheinungen, Dr. *Max Kemmerich*, sehr seltsame Vorkommnisse. Jener Mann, Besitzer eines Dorfladens, hatte – trotz bescheidener Mittel – die damals mehrstündige Reise nach München nicht gescheut, um Aufschluß über Begebenheiten zu bekommen, die seine bis dahin rein materialistische Weltanschauung arg ins Wanken gebracht hatten:

Seine Ehefrau behauptete, häufig Wahrträume zu haben, die auch zumeist in Erfüllung gingen. Der Mann aber hielt alles für Zufall. Den Angaben seiner Frau zufolge erschien ihr in den Träumen stets ein würdiger älterer Mann, der sie ermahnte, ihren religiösen Unglauben und ihr materialistisches Denken aufzugeben. Als sie wieder einmal von diesem Mann träumte, sagte er ihr, er würde nie mehr kommen, wenn sie abermals in den Fehler des Unglaubens zurückfallen würde. Sie erwiderte darauf (im Traum): „Du bist ja nur ein Traum." Der alte Mann antwortete: „Zum Beweis, daß ich wirklich bin, sollst du nach deinem Erwachen einen kleinen Dienst von mir erbitten, den ich dir leisten werde, um dich endgültig zu überzeugen."

Am folgenden Vormittag erzählte sie ihrem Mann diesen Traum. Dieser lächelte darüber und ging schließlich – jedoch mehr spaßeshalber – auf die Sache ein:

In den Abendstunden arbeitete die Frau an einer Buntstickerei, die sie, als sie etwa zur Hälfte fertig war, ihrem Manne gezeigt hatte. Diesem mißfiel eine rote Blume mit einem rosa Kelch; auch die Form des Kelches sagte ihm nicht zu. Als sie nun diesen Traum besprachen, schlug der Mann vor, es möge – wenn der Traum nicht bloß ein solcher gewesen sei – die Form des Kelches geändert werden, schöner und harmonischer, und die Farben sollten blau mit grün sein, nicht dunkelrot und rosa. Als sie sich geeinigt hatten, nahm der Mann die Stickerei an sich, brachte sie ins Schlafzimmer, legte sie auf ein Nachttischchen und verschloß den Raum. Den Schlüssel behielt er bei sich. Die Stickerei war in Zeitungspapier eingewickelt und mit Stecknadeln an den Enden zugesteckt.

Mittlerweile war seine Frau mit Kochen beschäftigt. Nach dem Mittagessen hielt sie sich im Laden auf und bediente Kundschaft. Der Mann achtete die ganze Zeit über darauf, daß seine Frau die untere Etage nicht verließ (das Schlafzimmer befand sich im ersten Stock).

Gegen 15 Uhr begab sich der Mann, während seine Frau im Laden bediente, ins Schlafzimmer. Die Stickerei lag, verpackt und offenbar unberührt, auf dem Nachttisch. Auf Wunsch von Dr. Kemmerich verfaßte jener Mann später einen schriftlichen Bericht über das Erlebte. Er schreibt:

> *„Ich fand alles wie verlassen vor. Die Stickerei stand zugesteckt, wie ich sie hingestellt hatte. Ich entfernte zwei Nadeln und sah zu meinem Erstaunen den Kelch in gewünschter Weise geändert. Nicht nur die Farben, wie verabredet blau und grün, auch die Stickart anders, schöner und passender als von meiner Frau ausgeführt, und insbesondere die Form in harmonischer Weise der äußeren Kontur der Blume angepaßt. – Ich war sprachlos!"*

Der Mann steckte die Arbeit wieder zu, verschloß das Zimmer und begab sich in den Laden zu seiner Frau. Die fragte ihn: „Nun, was ist mit der Stickerei?" Obwohl der Mann wußte, daß seine Frau nichts an der Handarbeit geändert haben konnte, wollte er sehen, welche Wirkung seine Antwort auf sie haben würde und sagte: „Nichts ist mit der Stickerei.“ Darauf sie: „Das hab ich mir gleich gedacht.“ Wenig später holte er die Stickerei herunter, gab sie in verpacktem Zustand seiner Frau, – und die war schließlich genauso perplex wie er!*

* In: Zeitschrift „Revalo-Bund“, Bergedorf bei Hamburg, 1925, S. 151.

Mit dem Schutzgeist verheiratet?

Hermann Medinger (1893–1990) war ein in Kreisen der Wiener parapsychologischen Szene weitum bekannter Forscher, Heiler und Lebensberater. Während seines ausgefüllten Lebens widerfuhren ihm öfters Dinge, die mit dem üblichen Weltbild kollidieren.* 1974 stellte er mir großzügig einiges an noch unveröffentlichtem Material zur Verfügung. 97jährig verließ er die Erdenbühne am 6. Dezember 1990.

Hermann Medinger, Offizier im Ersten Weltkrieg, widmete sich nach Kriegsende mit Begeisterung dem Motorsport. Als erfolgreicher Motorradrennfahrer nahm er am großen Rennen um die Österreichische Tourist-Trophy teil und verunglückte dabei lebensgefährlich: Zahlreiche Knochenbrüche plus einer schweren Lungenverletzung. Bei diesem Unfall machte Medinger die typische Erfahrung des körperlichen „Außer-sich-Seins", d.h. er sah seinen blutenden Leib daliegen und war nun überzeugt, „tot" zu sein. Er schreibt:

> *„Ich hörte den Arzt sagen, daß mein Herz wohl noch schlage, jedoch ganz schwach. Mein Körper war über und über mit Blut bespritzt, und unaufhörlich quoll dasselbe aus meinem Munde.*
> *Als ich so, in Gedanken verloren, dastand, fühlte ich mich plötzlich von einer warmen sanften Hand berührt, und als ich meinen Blick aufrichtete, erschien mir ein schemenhaftes Wesen, ganz in einen blauen Schein gehüllt. Ich konnte zwar nicht beurteilen, ob es ein Mann oder eine*

---

* Siehe Medingers Berichte: „Der heilige Diamant" und „Der Schatz des alten Juden" in R. Passian: Abschied ohne Wiederkehr?, Reichl Verlag, St. Goar 2005.

Frau war, jedenfalls war das Antlitz von außerordentlicher Schönheit und Güte.
Dann betrachtete ich den Abtransport meines Körpers und seine Einlieferung ins Krankenhaus. Ich selbst schwebte, getragen von dem engelsgleichen Wesen, ihm nach. Ich sah mich auf den Operationstisch und schließlich ins Spitalbett gelegt. Dann fühlte ich plötzlich einen Stoß und empfand wieder alle Schmerzen, wie im Augenblicke des Sturzes. – So war ich also doch nicht tot?"

Langsam genas Medinger. Jene ihm so liebgewordene Lichtgestalt sah er in der Folge leider nicht mehr, aber er empfand sie immer um sich, und dieser Umstand gab ihm Trost und neuen Lebensmut.

Nach seinem langen Krankenhausaufenthalt weilte Medinger zur Genesung im „Kurhaus vom weißen Kreuz" in Breitenstein am Semmering. Es war Winter. Doch lassen wir ihn wieder selbst erzählen:

„Es war am Neujahrstag 1925 beim Mittagsmahle. Da öffnete sich die Tür des Speisesaales und – mein Auge blieb starr auf die eintretende junge, sehr hübsche Dame gebannt. Fast fürchtete ich, ohnmächtig zu werden, denn es war ein und dieselbe ‚magische Person', die mir nach meinem Unfall als Geist erschienen war und die ich seither nicht mehr vergessen konnte: Mein Schutzgeist!"

Auch die junge Dame, die „zufällig" neben Medinger ihren Platz angewiesen bekam, war einigermaßen verwirrt und zerbrach sich während des folgenden Gesprächs den Kopf darüber, woher sie ihn kenne. Er selbst verschwieg ihr wohlweislich sein übersinnliches Erlebnis mit ihr, damit sie nicht meinen möge, er sei ein Narr. Jedenfalls war es bei beiden „Liebe auf den ersten Blick". Sie heirateten bald darauf und (Originalton Medinger): „wurden unendlich glücklich."

Es stellte sich heraus, daß die nunmehrige Frau Medinger sehr stark medial veranlagt war: Hellsichtigkeit, Zukunftsschau und psychisches Erkennen des Charakters von Menschen. Eines Nachts erwachte Medinger und sah seine Gattin im Nachtgewand mitten im Zimmer stehen, „umflossen von demselben blauen Licht, wie damals, als sie mir beim Unfall als Geist erschienen war." Sie wies mit ausgestrecktem Arm in die Ferne. Medinger schreibt:

„Da sah ich zu meinem Entsetzen brennende Städte, Teile Wiens in Schutt und Asche, kämpfende Soldaten und riesige Leichenfelder! Dann sprach meine Frau: ‚Dies ist unsere Zukunft in allernächster Zeit... Es stehen uns grauenvolle Zeiten bevor. Wir beide werden wohl viel Leid zu ertragen haben, viel Materielles verlieren, dennoch aber einer besseren Zukunft entgegengehen. Das Morden wird fast ein halbes Dutzend Jahre währen. Vertraue mir in allen Lebenslagen, ich bin dein Schutzgeist!'
Ein Zittern erfaßte ihren Körper, das magische Licht verschwand, und sie erwachte aus ihrem Zustande, nicht wissend, was sie eben verkündet hatte."

Hermann Medinger ist ohne weiteres zu glauben, wenn er versichert, daß diese Vorausschau ihnen während der furchtbaren Kriegsjahre geholfen habe, alles Leid leichter zu erdulden und vor unmittelbaren Gefahren rechtzeitig Schutzmaßnahmen zu treffen. „Wir waren fest überzeugt, daß wir unser Lebensschifflein durch alle Stürme des Weltbrandes glücklich hindurchsteuern würden, was schließlich auch geschah!"

Hermann Medinger beschließt seinen Tatsachenbericht mit den Worten:

„Viel habe ich über all diese Erlebnisse nachgegrübelt, niemals aber konnte ich dieselben restlos entwirren. Wenn ich

einem Materialisten sage, ich sei mit meinem Schutzgeiste verheiratet, wird er mich für wahnsinnig halten. Dennoch bin ich fest überzeugt davon, daß die wahren Ehen im Himmel geschlossen werden!“

Letzterem ist unbedingt zuzustimmen. Im übrigen ist es bei Paaren von innigster geistig-seelischer Verbundenheit durchaus denkbar, daß der eine dem anderen ins Erdenleben folgt, um mit ihm beisammen zu sein. Warum auch nicht? Umgekehrt gibt es das ja ebenfalls: Wenn zwei eine sehr glückliche Ehe geführt haben, und der eine Partner stirbt, so pflegt der andere ihm bald nachzufolgen...

Zwei Geschlechter auch im Engelreich?

Eine Frage, die Theologen in Verlegenheit bringen kann, sofern sie an Engel überhaupt glauben. Hier in diesem Buch nun soll auch diese Frage erlaubt sein und der Versuch einer möglichst nicht langatmigen Antwort unternommen werden.

Sokrates definierte wahre Freundschaft als „eine Seele in zwei Körpern". Das ist ohne weiteres erfahrbar. Wenn solch inniges Verbundensein aber schon im Rahmen einer beglückenden Freundschaft erlebt werden kann, um wieviel mehr muß das erst der Fall sein zwischen zwei Liebenden, die in guten wie in schlimmen Zeiten treu zusammenstehen, die bedingungslos für einander da und sich gegenseitig Stütze sind. Die Seelen solcher Menschen verschmelzen ebenfalls zu einer.

Als *Jesus* von Pharisäern wegen der Ehescheidung befragt worden war, antwortete er mit der Gegenfrage: „Wie hat Moses euch denn geboten?" Sie erwiderten, Moses habe erlaubt, einen Scheidebrief auszustellen. Worauf Jesus sagte: „Ja, wegen der Härte eures Herzens hat er euch das geboten; aber von Anbeginn hat Gott sie geschaffen als einen Mann und ein Weib." Matth. 19, 8 betont: „Von Anbeginn ist es nicht so gewesen."

Abgesehen von der hohen Wahrscheinlichkeit, daß diese wichtigen Aussagen lückenhaft und damit unzulänglich überliefert wurden, wäre hier zu fragen: *Was* ist von Anbeginn nicht so gewesen? Gab es Mann und Frau als geschlechtsspezifische Einzelwesen schon seit Urbeginn?

Anscheinend nicht, denn es deutet einiges darauf hin, daß die Ur- oder Erstengel androgyne Wesen waren, also Hermaphroditen (nicht im Sinne von Zwittern). In für uns nur schwer vorstellbarer Weise vereinigten sie in sich sowohl das männliche als auch das weibliche Schöpfungsprinzip in vollkommenster Art. Sie bildeten eine intellektuell-spirituelle und fluidisch-energetische Einheit. Ihr Denken, Wollen und Tun war vollkommen übereinstimmend, d. h. sie stellten eine (metaphysische) Entität mit zwei individuellen Verdichtungszentren dar, die einander restlos ergänzten. Mißverständnisse waren da einfach unmöglich. Meiner Auffassung nach kann Jesus nur diesen Urzustand gemeint haben. *Das* waren und sind offenbar jene „Ehen, die im Himmel geschlossen" wurden, und die der Mensch nicht trennen soll! Derartige Paare sind zu einer so vollkommen übereinstimmenden Einheit verbunden, daß sie hierin in jeder Hinsicht ihr höchstes gemeinsames Glück finden. Solche zu einem beseligenden Einigsein verbundenen und seit Urzeiten zusammengehörenden Geisterpaare nennt man *Dualseelen*. Das Dualseelenprinzip ist spirituell höher einzustufen als die Polarität, denn Polarität ist einander abstoßende Gegensätzlichkeit, während Dualität hier als einsmachende Anziehung des Ähnlichen oder Gleichen zu verstehen wäre („gleiche Brüder, gleiche Kappen").

Anknüpfend an das im Abschnitt über die Herkunft von Engeln und Menschen Gesagte und dem Zwang des Kurzfassenmüssens gehorchend, sei hier nur soviel gesagt, daß die Trennung zur individuellen Zweigeschlechtlichkeit bereits beim legendären „Engelsturz" begonnen und sich bei der „Paradiesvertreibung" wiederholt haben muß. *Adam* und *Eva* stehen sinnbildlich für die Gesamtheit des gefallenen Teiles der zweiten Geisterschöpfung bzw. der Paradiesesgeister. Die Trennung der Dualseelen wäre somit eine überaus tragische Folge ursächlichen Fehlverhaltens.

Als Hinweis auf die hohe Wahrscheinlichkeit dessen, was ich hier gedrängt skizziere, mag die Tatsache gelten, die wir wohl alle aus eigenem Empfinden kennen, nämlich unser tiefinneres Sehnen nach einer heilen Welt, nach einer Welt wahren Friedens, der Liebe und der Gerechtigkeit, und nicht zuletzt unser meist ungestillt bleibendes Verlangen nach einer partnerschaftlich idealen Ergänzung im Du. Auf Erden ist dies wohl nur wenigen vergönnt und muß anscheinend verdient werden...

Auch der griechische Philosoph *Plato* (427–347 v. Chr.) spricht in seinem berühmten Werk „Symposion“ vom hermaphroditischen Urmenschen, der aus einem weiblichen und einem männlichen Teil bestand. Dieser Urmensch sei dann von den Göttern, zur Strafe für sein Rebellieren gegen den Olymp, in zwei Teile getrennt worden: In Mann und Frau, die nun einander mit unwiderstehlicher Macht suchen müssen. Und auch Plato meinte, daß ein Wiederfinden zweier Dualpartner hier auf Erden sehr selten sei. Außerdem würde der körperlich-sexuelle Faktor gegebenenfalls gar keine so wichtige Rolle spielen. Er unterschied bekanntlich streng zwischen Sexus und Eros. Auf Plato geht die Vorstellung einer „platonischen Ehe“ zurück, wonach ein Paar, das auf geistig-seelischer Ebene prächtig harmoniert, auch ohne das ständige Bedürfnis nach Triebbefriedigung überaus glücklich sein kann. Die meisten Leute freilich sind mit der anfangs häufigen und später gelegentlichen Vereinigung der Leiber zufrieden; sie kümmern sich wenig oder gar nicht um die Pflege auch der seelisch-geistigen Faktoren. Die vielen Tändeleien heutzutage, der immer wieder neu gesuchte Sinnenrausch mit einem anderen Partner, und die gerade von feinsinnigen Menschen erhoffte Begegnung mit einem Idealpartner, das alles hat seinen tiefsten Grund zweifellos im Suchen nach unserem verlorenen Du, unserem „zweiten Ich“.

Was nun die Engel anbelangt, so darf vermutet werden, daß es „Mann und Frau“ auch im Engelreich gibt, und zwar so lange, bis beide ihre ursprüngliche Reinheitsstufe wieder erreicht haben und damit Zutritt zu göttlichen Welten erlangen, von deren Herrlichkeit wir uns keine Vorstellungen zu machen vermögen...

Das Wissen um unsere Dualseele sollte jedoch niemanden zu einer Minderbewertung der irdisch geschlossenen Ehe verleiten. Jede Ehe, jede Partnerschaft, stellt uns vor Aufgaben und Verpflichtungen, die gemeistert werden wollen und die ein Glied darstellen in unserer Charakter- und Persönlichkeitsentwicklung. Diese wiederum ist ausschlaggebend, ob wir uns der Wiedervereinigung mit unserer Dualseele nähern oder ob wir uns von ihr noch mehr entfernen. Und so, wie wir bei einer Eheschließung Ursachen setzen für unser künftiges persönliches Schicksal, so sollte man dies bei einer Scheidung gleichermaßen bedenken. Auch da sollte man bemüht sein, dieses ohnehin unerquickliche Verfahren in Würde und ohne gegenseitiges Verletzen zu regeln, ohne Gehässigkeiten und böse Worte. Denn im höheren Sein gilt nur die Liebe, und nur sie garantiert eine lebenswerte Zukunft.

Was nun das Heiraten selbst anbelangt, so empfiehlt sich auch hier ein altbewährtes Mittel: Das Gebet. Zwar gibt es Bücher mit Anleitungen, wie man seinen Dualpartner „herbeizieht", aber solche Machwerke sollte man nicht ernst nehmen. Unser „zweites Ich" läßt sich ebensowenig herbeizitieren, wie man selige Geister oder gar Engel (z.B. mit irgendwelchen esoterischen Symbolkarten oder magischen Manipulationen) unter Druck setzen kann. Zwang gibt es nur im Einflußbereich des dunklen, des gegensätzlichen Prinzips, wozu die Erde gehört; eine Grundausdrucksform göttlicher Liebe aber ist Freiheit, sowohl innerlich als auch äußerlich. Und es ist die spirituelle Qualität des Geistes selbst, die das Maß seiner Freiheit bestimmt. Freiheit und Brüderlichkeit sind gut und erstrebenswert, aber die Gleichheit paßt nicht dazu, denn jede Gleichmacherei gebiert Unrecht und widerspricht der Brüderlichkeit.

Doch zurück zu dem Punkt Partnersuche und Gebet: Wie das Beten funktioniert, und welche Kräfte man da in Bewegung setzen kann, wird im Kapitel „Bete nie zum Schein“ einleuchtend dargelegt. Schon junge Menschen, in der dritten Siebenjahresperiode ihres Lebens, sollten täglich folgendes Gebet aussenden:

„Ich danke Dir, o Gott,
daß der/die richtige Partner/in,
der/die geistig, seelisch und körperlich zu mir paßt,
zur rechten Zeit und in rechter Weise
in mein Leben treten wird.

Segne ihn/sie, o Gott,
daß er/sie meine Liebe schon jetzt spürt
und den Weg zu mir findet.
Ich danke Dir, o Gott!
Amen“

Auch „arme Seelen“ können helfen

Der Begriff „arme Seelen“ war im Katholizismus seit jeher bekannt und ist auch heute noch geläufig. Man verstand und versteht darunter gestorbene Menschen, die während ihres Erdendaseins in krasser Weise gegen „das moralische Gesetz in uns“ verstoßen haben.*

Den Beschlüssen der Kirchen-Konzilien von Lyon und Florenz zufolge kommen „die Seelen“ (eigentlich: die Geister) sogleich nach ihrem Abscheiden entweder ins Paradies, ins Fegfeuer oder in die Hölle. Heutige Theologen und Seelsorger nehmen hierzu meist nur ungern Stellung und kaschieren ihr Nichtwissen mit vielen Worten, anstatt ehrlich zuzugeben, daß sie nichts darüber auszusagen vermögen. Daher können sie ja auch im Ernstfall, d. h. an Gräbern, so gut wie keinen Trost vermitteln. Pater *Gabriele Amorth*, obwohl noch den Mut zum Befreiungsdienst (Exorzismus) aufbringend, betont, er teile nicht die Meinung, daß es „herumvagabundierende Seelen“ gebe, die ihrerseits noch lebende Menschen belästigen etc., doch sollte dies alles von Theologen vertieft untersucht werden. Auch von seiten anderer Gelehrter, schreibt Pater Amorth, „wäre eine Untersuchung willkommen, um mehr über den realen Bestand der sogenannten psychischen Reste sowie über den vorgeblichen Perispiritus, den Doppelgänger oder den Astralkörper zu erfahren.“**

---

* Immanuel Kant (1724–1804): „Zwei Dinge erfüllen das Gemüt mit immer neuer und zunehmender Bewunderung und Ehrfurcht: Der gestirnte Himmel über mir und das moralische Gesetz in mir.“ Die Wahrheit dieses berühmten Ausspruchs des Königsberger Philosophen bezeugen u. a. die zahllosen Erfahrungsberichte klinisch tot oder sonstwie dem Tod nahe gewesener Menschen, die in ihrer hierbei erlebten Lebensrückschau eine unerwartete

„O heilige Einfalt!“, möchte man da ausrufen, als ob es nie eine parapsychologische Forschung gegeben hätte! Waren es doch in bedeutendem Maße katholische Forscher, die da wertvolle Arbeit leisteten. Allein schon die akribische Untersuchung zahlloser Spukphänomene erbrachte aufschlußreiches Wissen über die Zustände und Lebensbedingungen erdverhaftet gebliebener „Seelen“. Warum tut man so, als wäre dieses umfangreiche Forschungsmaterial nicht vorhanden? Selbst die Existenz eines Lehrstuhls für Paranormologie an der Lateran-Universität in Rom scheint in Klerikerkreisen weitgehend unbekannt zu sein.***

Die Gründe für solches nicht-wahr-haben-wollendes Verhalten wurden in ihrer vielfältigen Natur oft genug dargelegt. Hier abermals näher darauf einzugehen wäre Zeit- und Platzverschwendung. Wichtiger ist zu erfahren, wie es nach dem Körpertode weitergeht, und ob „die Seele“ nur zustandsmäßig, irgendwo im Raum schwebend, weiterlebt oder auch örtlich?

Beides ist zutreffend, genauso, wie es bereits auf Erden der Fall ist; denn wenn man einen Zustand empfindet, so muß man sich ja räumlich irgendwo aufhalten. Und genau dies lehren fast alle großen Religionen. Da wird neben Himmel und Hölle auch ein Mittel- oder Zwischenreich erwähnt,

---

wie unbestechliche ethische Wertung ihres Denkens und Verhaltens im Erdenleben zur Kenntnis nehmen mußten. Infolgedessen bleiben solche Leute, nachdem sie gestorben sind, „erdverhaftet“, d. h. sie bleiben in den erdnächsten und somit niederen Jenseitsregionen hängen und kommen aus eigener Kraft nicht weiter. Solche Hadesbewohner bedürfen dringend unserer Hilfe, in Form von Gebeten und aufklärender Belehrung.

** Gabriele Amorth: Exorzisten und Psychiater. Christiana-Verlag, Stein am Rhein 2002, S. 173.

*** An der Accademia Alfonseana. Lehrstuhlinhaber ist seit mehr als 30 Jahren der verdiente Redemptoristen-Pater Prof. Dr. Dr. Andreas Resch, Innsbruck. – „Paranormologie“ ist eine zutreffendere Bezeichnung für das vielschichtige Forschungsgebiet der Parapsychologie.

unter Bezeichnungen wie Scheol, Hades, Kamaloka oder Purgatorium (Reinigungsort). Im christlichen Bereich decken sich hier so gut wie alle Aussagen von begnadeten Seherinnen und Sehern. Sie zitieren zu wollen, hieße Holz in den Wald zu tragen.

Stellvertretend für all die vielen anderen, die gewürdigt wurden, Blicke in die Jenseitswelten zu tun, sei hier lediglich die unbekannt gebliebene, damals elfjährige „Seherin vom Schwarzwald", *Marie*, zitiert:

> *„Alle Seelen kommen nach ihrem Abscheiden an einen Reinigungsort; allein ich sage nicht, daß sie an ein- und denselben kommen. Die Abstufungen, in welche die Geister nach ihrem Abscheiden und nach ihrer späteren Vollendung gelangen, sind zahllose (...) Solche Seelen, welche auf dieser Erde noch zu ihrer vollen Erkenntnis kommen, ihre Sünden herzlich bereuen, ihren Lebensweg ändern und sich eines gottseligen Lebens befleißigen, kommen – je nach dem Grad der von ihnen erlangten Herzensreinheit – der ewigen Herrlichkeit ziemlich nahe. Sie haben in jenem Leben nur noch wenige Läuterungsgrade, welche überdies leicht sind, durchzumachen, um in das Reich der Herrlichkeit einzugehen.*
> *Solche Seelen dagegen, welche in ihrer Unbußfertigkeit beharren, kommen auf die niederste, der Hölle am nächsten stehenden Stufe; auf welcher der Zustand der Seele an sich schon ein höchst unglückseliger ist und sich dadurch noch verschlimmert, daß hier die sündlichen Neigungen des Geistes noch weit mächtiger wirken, weil keinerlei Zwang stattfindet, niemals eine Schranke gesetzt ist wie auf Erden, wo die bürgerlichen Gesetze jedem Frevler Schranken setzen."*

Ein evangelischer Pfarrer stellte daraufhin der Elfjährigen die Frage, ob für diese armen Seelen nicht doch noch eine Erlösung möglich sei? Die Seherin antwortete:

„O gewiß! Nicht allein auf dieser, sondern (auch) auf allen anderen Stufen der Reinigungsorte sind erleuchtete, eifrige Lehrer und selige Geister ausgesandt, um die Verirrten wieder zurückzuführen (...) Nun sind aber schon auf dieser Erde böse Menschen für die Friedensbotschaft des Himmels unempfänglich; sie spotten darüber, sie wollen nichts davon wissen und suchen nur ihre Leidenschaften zu befriedigen. Um so mehr ist dies im Jenseits der Fall.“

Es mag unglaubwürdig klingen, aber: Oft wissen Verstorbene noch nicht einmal, daß sie „gestorben“ sind, d. h. die Daseinsebene gewechselt haben. Um die wichtigsten Lebensfragen haben sie sich nie gekümmert. Nun sind sie verwirrt und meinen zu träumen. Sie haben noch vollen Einblick in unsere Welt, wundern sich, daß man keine Notiz von ihnen nimmt, und so weiter. Bei vielen dauert es sehr lange, nach unserer Zeitrechnung eventuell jahrzehntelang oder noch länger, bis sie zum Erkennen ihres Zustandes und ihrer Situation gelangen und dadurch ihr Denken neu ordnen können.

Bestätigungen des Erdverhaftetbleibens Hinübergegangener liegen massenhaft vor. *Maria Michely*, die Seherin von Altenkessel im Saarland, kam öfters an einem Soldatengrab aus dem deutsch-französischen Krieg von 1870/71 vorüber. Dort erschien ihr stets ein Soldat, der am 6. 8. 1870 bei Spichern gefallen war. Sie sah ihn stets sehr deutlich in seiner Uniform, und er begleitete sie jeweils ein Stück des Weges. Über seinen Zustand war er sich nach 40 Jahren immer noch nicht klargeworden, so daß er sich in der Nähe seines Grabes aufhielt. Er war jedoch guten Willens und bereit, sich von Frau Michely aufklären zu lassen. Als dies am 1. August 1913 wiederum geschehen war, sagte der Soldat beim Abschied zu ihr: „Heute bin ich zum letzten Male mit dir gegangen. Ich bin jetzt von diesem Orte befreit. Du hast mich durch deine Belehrungen davon frei gemacht. Zum Danke dafür höre, was ich dir jetzt sage: In einem Jahr werden eure Männer und Söhne abermals in den Krieg ziehen müssen. Auch du wirst deine Lieben dazu hergeben müssen, aber aus Dankbarkeit werde ich sie beschützen.“

Am 1. August 1914 brach der Erste Weltkrieg aus. Der Seherin Sohn und Schwiegersohn mußten ins Feld. Beide kehrten heil zurück!

Dank der Seherin hatte dieser Jenseitige eine Bewußtseinsstufe erlangt, die ihm neben der Zukunftsschau (die auch Naturgeister besitzen können), sogar auch eine beschützende Funktion ermöglichte.

Baronin *Adelma von Vay* und ihr Gatte beteten viel für hilfsbedürftige Abgeschiedene. Dank der vorhandenen vielseitigen Medialität und der starken Gottverbundenheit dieses Ehepaares war die Verständigung mit Jenseitsbewohnern problemlos möglich.

Hervorragendes leisteten die geistigen Leiter (Führungsengel) des Ehepaares von Vay bei der Behandlung von Kranken, speziell mit homöopathischen Mitteln. Es erfolgte auch Aufklärung über spirituelle Hintergründe eines Krankheitsbefundes, z. B. wenn der oder die Kranke von übelwollenden oder unwissenden Jenseitigen belästigt wurde.

Dies traf einmal bei einem Hauptmann zu, der wegen Blutandrangs und heftiger Schwindelanfälle ärztlicherseits erfolglos behandelt worden war. Auf Befragen erklärten die geistigen Leiter, den Offizier umgebe ein unglücklicher Jenseitiger, der den gefährlichen Blutandrang verursachte. Es müsse einem Schlaganfall vorgebeugt werden. Der Hauptmann solle die Priessnitz'sche Leibbinde tragen, sich täglich mit kaltem Wasser abreiben, bis auf weiteres keinen Wein mehr trinken und nur wenig Fleisch essen. An homöopathischen Mitteln wurden Hepar und Sulfur empfohlen, drei Globuli über neun Tage. Ferner solle man für den Jenseitigen, namens Ferdinand, beten.

Als dieser Ferdinand sich auf dem Wege automatischen Schreibens zu manifestieren begann, klagte er verzweifelt über seinen „höllischen Zustand“. Das Belehren solcher „armer Seelen“ erfordert oft viel Geduld, weil es zumeist recht mühsam ist, sie über die selbstgeschaffenen Ursachen ihrer unglücklichen Lage aufzuklären und ihnen den Ausweg aus ihrer Qual aufzuzeigen. Viel ist schon gewonnen, wenn man sie zum Beten bringt. Dann beginnt sich ihre Dunkelheit aufzuhellen, sie erkennen ihren Schutzgeist oder liebe Verstorbene (oft die Mutter) und empfinden sich schließlich als erlöst.

So war es auch bei diesem Ferdinand, für den das Ehepaar von Vay täglich gebetet hatte. Mit ihrer Hilfe fand er die Kraft zum „Bußetun“, d. h. zum Umdenken, indem er seinen Groll gegen jenen Offizier überwand und sogar eine regelrechte Beichte ablegte.

Einen Monat später meldete er sich wieder und erklärte:

„Viel ist geschehen, seitdem ich zuletzt mit euch sprach. Alle Tage wurde ich hierher geführt und hörte euren Gebeten zu. Ich sehe auch meinen Namen auf eurer Liste... Ihr betet für mich, und das tut mir wohl. Ich fange selber an zu beten, und da ich sehe, daß es nützt (!), so rufe ich Gott um seine Gnade an. Meine Hölle ist gemildert. Ich habe die Kraft zu bereuen. Ich bitte R. (den Hauptmann) um Vergebung. Ich verabscheue meine früheren Gefühle. Ich habe unendlich viel gelernt. Ein neues Leben ist mir aufgegangen. Meine Reue, mein Schmerz, mein Rufen haben meinen Schutzgeist angezogen. Er führt mich

täglich hierher (zu den Hausandachten), und ich höre zu und lerne."

Hierzu bemerkte Adelma von Vay: „Er war also schon so tief gesunken, daß sein Schutzgeist entfernt von ihm stand; ihre Fluide korrespondierten nicht mehr."*

Auch *Sadhu Sundar Singh*, der als 15jähriger ein Christus-Erlebnis hatte und später den Mut aufbrachte, in Indien und Tibet das Christentum zu predigen, verfügte über die Gabe der Schau in die andere Welt. Einmal sah er die Ankunft eines deutschen Philosophen im Jenseits, dessen Weltanschauung, weil er sie als die allein richtige empfand, ihn daran hinderte, die jenseitige Welt als eigenständige Realität zu akzeptieren. Der Sadhu fragte einen Engel nach dem weiteren Schicksal dieses Mannes und bekam zur Auskunft:

„Wenn das Leben dieses Menschen ganz und gar schlecht gewesen wäre, dann wäre er sogleich zu den Geistern der Finsternis gekommen, aber er ist nicht ohne sittliches Empfinden. Er wird sehr lange im Dämmerlicht der unteren Regionen des Zwischenreiches blind umherwandern, (...) bis er, seiner Torheit müde, Reue empfindet. Dann wird er bereit sein, die nötigen Belehrungen von den dazu bestellten Engeln zu empfangen. Danach wird er befähigt sein, (...) in höhere Sphären einzugehen."

Der verdiente Jenseitsforscher, mein Kollege *Otto Wilhelm Roesermueller*, der inzwischen selber das Tor zur anderen Welt durchschritt, schrieb:

„Das Gebet für die armen Seelen ist von großem Segen (auch) für die Beter selbst. Jeder, der auf diesem Gebiet Erfahrungen hat, wird es bestätigen können. Die armen

* Adelma v. Vay: Studien über die Geisterwelt. I. Herrmann Verlag, Vierhöfen 2006, S. 146.

Seelen zeigen sich für unsere Gebete, für unser Fasten und Opfern, das wir ihnen ohne jede Absicht auf Gegenleistung darbringen, dankbar. Mein Freund, Pater Freiherr von Gruben, erzählte mir oft, welchen Segen all jene stillen Beter durch das Wirken armer Seelen genießen.
Jeder erdgebundene Geist, jede arme Seele, die auf betenden Händen und Herzen zum Lichte durchgetragen wird, kann diesen Liebesdienst nie und nimmer vergessen. Sie beten ihrerseits aus Dankbarkeit zu Gott für alle Anliegen ihrer Helfer auf Erden. Baron von Gruben wußte viele wunderbare geistige und materielle Durchhilfen und Errettungen, auch Heilungen sogenannter Unheilbarer, auf das Gebet für die armen Seelen hin, aus seiner seelsorgerlichen Praxis zu berichten.“

Auch Roesermueller selbst erfuhr dies während des Krieges und schwerkrank in der Gefangenschaft. In seiner Schrift „Vergeßt die armen Seelen nicht“ (1962, Selbstverlag), betont er die Wichtigkeit dieses Dienstes und gibt zu bedenken, daß auch wir selbst einmal Gebete von auf Erden Zurückgebliebenen erhoffen werden, „denn wir alle, mit ganz wenigen Ausnahmen, werden die Lichtsphären nur über eine vorherige gründliche (psychische) Reinigung im Purgatorium erringen.“

Das Beten für *unselig* Hinübergegangene kann allerdings mit unangenehmen Begleiterscheinungen verbunden sein. Katholische Seelsorger sollten darüber Bescheid wissen. Empfehlenswert ist es z. B., die Unsichtbaren nicht bloß in Gedanken, sondern laut anzusprechen, sie laut zum Mitbeten zu veranlassen und ihnen aus den Evangelien vorzulesen. Man erläutere ihnen ihre Situation, empfehle ihnen dringend eine Rückbesinnung auf Gott und Jesus Christus, und sich mit Hilfe ihrer Schutzengel auf den Weg ins freimachende göttliche Licht zu begeben. Man nehme diese Dinge sehr ernst!

Die schützende Lichtkugel

Die folgende Begebenheit liegt zwar schon längere Zeit zurück, ist aber gut bezeugt und soll hier als Beispiel dienen, in welch erstaunlicher Weise – rein phänomenologisch – so genannte „arme Seelen“ sich bemerkbar machen und eingreifen können.

Bekanntlich waren die Menschen früher naturverbundener als heutzutage. Zudem waren sie gewohnt, auch des Nachts stundenlang zu Fuß zu gehen. Hauptverkehrsmittel waren Reisekutschen und Pferdefuhrwerke. Dies war auch um die Zeit des Ersten Weltkrieges noch vielfach der Fall in Gegenden, die von der Eisenbahn nicht erfaßt wurden. In jener Zeit spielt der nachstehende Bericht:

Nachts war ein Fuhrmann mit seinem Gespann unterwegs. Sein Weg führte durch ein verrufenes Waldgebiet, wo sich des öfteren Überfälle ereigneten. Kurz vor einer Stelle, an welcher ein Mord verübt worden war, kam plötzlich eine glühende Kugel aus dem finsteren Gebüsch und sprang zum Kutscher auf den Bock. Sie entsprach der Größe eines Menschenkopfes, und blieb so lange, bis jene Gefahrenstelle hinter ihnen lag. Dem Mann, er war nicht mehr jung, war verständlicherweise recht mulmig zumute, aber weil von da an das Phänomen mit der leuchtenden Kugel öfters geschah, gewöhnte er sich daran. Schließlich dämmerte ihm allmählich, daß die Kugelerscheinung ja eine Art Schutzfunktion für ihn ausübte. Er erzählte es seinem Pfarrer, und der meinte: „Das ist eine arme Seele, da brauchen Sie keine Angst zu haben.“*

* Welche Auskunft bekäme man wohl heutzutage?

Einmal mußte der Fuhrmann wieder des nachts die betreffende Strecke fahren. Der Mond schien. Als sich das knarrende Gefährt jener unheimlichen Mordstelle näherte, wo die Straße einen Bogen machte, vernahm er halblaute Stimmen aus dem Gebüsch. Eine Flucht erschien in Anbetracht seines Alters aussichtslos; auch wollte er das ihm anvertraute Speditionsgut nicht im Stich lassen.

Die Angst schnürte ihm die Kehle zu. Doch plötzlich brach ein Lichtschein aus dem dunklen Wald hervor, und hüpfend kam die feurige Kugel angesprungen! Mit einem gewaltigen Satz sprang sie von der Böschung auf den Kutschersitz und plazierte sich neben dem Fuhrmann. Der war natürlich heilfroh. An der gefährlichen Wegstelle vermeinte er, ein Messer blitzen zu sehen und halblautes Fluchen zu vernehmen.

Diesmal blieb die Lichtkugel neben ihm, bis er vor seiner Haustür anlangte. Im stillen hatte der Mann schon die ganze Zeit über der geheimnisvollen Kugelerscheinung gedankt. Nun jedoch, da er heil an seinem Ziel angekommen war, sprach er aus tiefstem Herzen die Worte aus: „Vergelts Gott tausendmal, daß du mich beschützt hast!“ Da antwortete die Kugel dem total verblüfften Mann: „Und vergelts Gott tausendmal, daß du mich erlöst hast!“ Damit sprang sie vom Bock herunter und verschwand vor seinen Augen.

Ernst Uwis, der Berichterstatter dieser sonderbaren Begebenheit meint, bei der Lichtkugel habe es sich wohl um die Seele eines Menschen gehandelt, der in jenem Walde umgebracht worden war. Ferner sei es eine alte Erfahrung, daß man arme Seelen, die einem zu helfen vermochten, mit einem „Vergelts Gott“ erlösen könne.

Ähnlich und doch anders gelagert ist der folgende Fall, wo sich die geheimnisvolle Kugel-Erscheinung am hellichten Tage zeigte. Herr D. Sp. erzählt:

„Es war 1926 in Niederbayern. Ich war gerade von schwerer Krankheit genesen und noch sehr schwach, mußte aber an einem heißen Sommertag einen dringenden Geschäftsweg besorgen, der mich durch den Wald führte. Ganz plötzlich zog ein schweres Gewitter auf und ein furchtbarer Sturm setzte ein. Sehr schnell war ich völlig durchnäßt. Mir wurde sehr elend und ich wurde von einer Herzschwäche befallen. Ich sank in die Knie und konnte gerade noch einen Baumstumpf erreichen, um mich zu setzen. Ich betete. Plötzlich sah ich e i n e h e l l e K u g e l auf mich zukommen, die immer größer wurde, bis mir so war, als ginge ich durch die Kugel hindurch. Da wurde mir ganz leicht, Schwäche und Übelkeit waren gewichen, und mir war, als würde ich getragen.
Ich ging nun weiter. Die Kugel aber war immer neben mir, bis ich das erste Haus des Dorfes erreicht hatte, in dem ich zu Hause war. Ich wußte, daß es m e i n S c h u t z e n g e l war, der mich vor einem völligen Herzversagen bewahrte!“

Zwei Kinder eines Farmers hatten sich im Walde verirrt. Bei Beginn der Dunkelheit legten sie sich zum Schlafen unter einen Baum. Später erzählten sie, daß sie von einer „schönen Dame“ geweckt worden seien, die eine Laterne trug. Diese Dame habe sie bei der Hand genommen und sie lächelnd, ohne auf Fragen zu antworten, nach Hause geführt. Dort hatte man inzwischen verzweifelt nach den Kindern gesucht. Plötzlich sah man auf den Feldern in der Nähe des Hofes eine Lichterscheinung, und zwar eine große, kugelförmige, in starkem Goldglanz leuchtend, die der Straße zuschwebte, während unter ihrem Schein die Kinder sicher dahinschritten! Als man sich diesem Lichtfeld näherte, verschwand es von einer Sekunde auf die andere. Der Berichterstatter schreibt:

„Merkwürdigerweise wurde die Engelserscheinung nur von den Kindern als solche wahrgenommen, während der Vater und die übrigen Erwachsenen sie nur als Lichterscheinung gewahr werden konnten."

Über das Phänomen der Lichtkugel-Erscheinungen liegt der parapsychologischen Forschung ein reichhaltiges Material vor, welches eine große Erscheinungsvielfalt erkennen läßt. Besonders häufig treten Licht- oder Feuerkugeln bei Spukvorkommnissen auf. Hier sind die Spukverursacher aber – in der Regel – gewiß keine Schutzengel oder selige Geister, sondern eher arme, ruhelose „Seelen", die sich gemäß ihrer gegebenen Möglichkeiten äußern. Im österreichischen Volksglauben waren früher sogenannte „Liachtln" oder „Fuchtlmänner" wohlbekannt. Oft zeigten sie sich in der Form einer Feuerkugel und gaben sich als schuldbeladene Verstorbene zu erkennen. Wenn sie des Nachts am Bett eines Menschen erschienen, so pflegten sie ruhig zu warten, bis man sie ansprach. Der Glaube, daß solche Geistwesen erst dann zu antworten vermochten, wenn sie angesprochen wurden, war im deutschen Sprachraum allgemein. Formuliert wurde die Anrede gewöhnlich mit den Worten: „Alle guten Geister loben Gott, den Herrn! Was ist dein Begehr'n?" – Oft dienten sie nächtlich Verirrten als Wegweiser und ähnliches mehr.

Frau *Resi Passmoser* hatte sich einmal nachts, auf dem Heimweg, im Wald verirrt. Es war Ende Oktober, zu einer Zeit also, wo es gegen 17 Uhr anfängt, dunkel zu werden. Schnee lag noch keiner, aber es war schon ziemlich kalt (die Begebenheit ereignete sich im Raum Innsbruck). Als sie den Bergwald erreichte, war es bereits dunkel, aber sie konnte den Weg noch gut erkennen. In bester Stimmung schritt sie voran und freute sich auf daheim. Plötzlich fiel ihr auf, daß der Bach, an dessen Lauf sie sich orientierte, sich an ihrer rechten Seite befand, statt an der linken; und je weiter sie ging, desto klarer wurde ihr, daß sie den richtigen Abzweigungsweg übersehen und sich verirrt hatte!

Schließlich gelangte sie an eine Schlucht: Links von ihr die steile Felswand, rechts der Abgrund zum Bach, und der Weg wurde so schmal, daß zwei Personen nicht hätten nebeneinander gehen können. Plötzlich stand sie vor einem großen Geröllhaufen. Ein Felssturz hatte den Pfad weggerissen und zwang zur Umkehr.

Nun wurde es aber so finster, daß sie den Weg nicht mehr sehen konnte. Es blieb ihr nichts anderes übrig, als sich gegen die Felswand zu setzen, um nicht in die Tiefe zu stürzen. In ihrer Not begann Frau Passmoser zu beten. Sie fror jämmerlich und befand sich in aussichtsloser Lage!

Ungefähr eine halbe Stunde dürfte sie schon gebetet und gefleht haben, als sie plötzlich Schritte vernahm, und zwar aus der Richtung jenseits des Geröllhügels. Die Schritte kamen näher, wurden deutlicher. Da bemerkte sie *ein kleines Licht*, konnte aber keine Gestalt erkennen. Sie fühlte aber, daß jemand neben ihr stand, und so sagte sie laut: „Bitte helfen Sie mir, ich habe mich verlaufen. Ich weiß nicht, wo ich bin. Ich möchte auf den ...berg (sie nannte den Namen)." Da hörte sie eine klare, helle Stimme sagen: „Geh genau hinter mir, sonst fällst du ins Wasser!" „Ich kann nicht hinter Ihnen gehen, weil ich Sie nicht sehe. Ich sehe auch keinen Weg", erwiderte die Verirrte.

Da wurde es plötzlich ein wenig hell um sie, und nun bemerkte sie auf dem Boden einen kleinen Lichtstreifen, genauso breit wie der Weg, aber sie sah nach wie vor keine Gestalt. Sie lief nun hinter dem Lichtschein her und hörte dicht vor sich jeden Schritt, aber auf ihre Frage, wer ihr denn vorangehe, erfolgte keine Antwort. Angst hatte sie nun keine mehr und dachte sich, Hauptsache, daß ich bald nach Hause komme . . .

So war Resi Passmoser wohl schon eine gute Stunde hinter dem rätselhaften Licht hergegangen, als die Schritte unvermittelt aufhörten und sie wieder im Finstern stand. „Was ist los?“, fragte sie in die Dunkelheit hinein, und vernahm die Antwort: „Wende dich nach links, dann kommst du wieder zum richtigen Weg.“ Darauf erwiderte sie: „Ich seh' doch nichts, ich sehe keinen Weg. Wer sind Sie denn?“ Worauf sie nur noch leise hörbar die drei Worte vernahm: *„Das kleine Licht.“*

Die Schritte entfernten sich, dann wurde es wieder vollkommen still um sie. Und als sie auf den Boden sah, bemerkte sie wieder jenes kleine Licht, jetzt aber ohne Schrittgeräusche, dem sie mit einem freudigen Gefühl im Herzen weiterfolgte.

Es ging noch eine halbe Stunde durch den Wald aufwärts. Resi Passmoser schreibt: „Ich konnte noch nicht einmal einen Baum erkennen, so dunkel war es. Nur das kleine Licht wanderte vor meinen Füssen den Weg entlang und brachte mich endlich zur Landstraße gegen das Dorf, wo es dann, wie ein Sternlein, nach oben verschwand.“

Als sie endlich in die Nähe des Dorfes gelangt war, kamen ihr einige Fackelträger entgegen, nämlich ihr Mann mit einigen Nachbarn, die die Verirrte suchen wollten. Der zuständige Revierförster gab an, daß zu jenem Zeitpunkt keiner seiner Forstbeamten diesen Weg gegangen war, weil alle wußten, daß infolge des Felssturzes kein Durchkommen möglich war. Wer es also gewesen sein mag, der Frau Passmoser aus der Not half, muß dahingestellt bleiben. Nur eines dürfte als gewiß gelten, nämlich, daß sie – wieder einmal – eine Gebetserhörung erleben durfte...

Johannes Illig, Verfasser des noch immer lesenswerten Buches „Ewiges Schweigen“,* behandelt ebenfalls das rätselvolle

* Union, Stuttgart 1924, S. 186f.

Phänomen mystischer Lichterscheinungen und weist nach, daß dies schon Plato, Plutarch, Thespesius und anderen bekannt war.

Im Kloster der Franziskanerinnen von St. Anna in Foligno hörte Schwester *Anna Felice* nachts dreimal ihren Namen rufen. Da erblickte sie am Fuß ihres Bettes eine glänzende Lichtkugel, welche die ganze Zelle taghell erleuchtete. Die Kugel stieg vom Boden langsam in die Höhe. Aus ihr sprach mit sanfter Stimme eine kurz zuvor gestorbene Mitschwester ...

Illig berichtet u. a. von drei Jungfrauen, die sich zu einer Nachtwanderung entschlossen hatten. Da schlug eines der Mädchen vor, gemeinsam zu singen. Man einigte sich als erstes auf den vielgesungenen Choral „Gott ist getreu". Sie mochten ungefähr das halbe Lied gesungen haben, als sie von rechts ein Licht bemerkten. Es bestand aus einem hell leuchtenden Kern von Handtellergröße und einer Aura. Der Lichtkern bewegte sich etwa einen Meter über dem Boden. Über und unter dem Kern sah man innerhalb der lichten Aura etwas wie eine graue oder dunkle Nebelbildung in Gestalt eines Menschen von mittlerer Größe. Kopf, Hals und Schultern waren ganz deutlich erkennbar.

Plötzlich verschwand das Licht. Die Mädchen gingen, ängstlich schweigend, weiter; keine fand den Mut, ein Wort zu sagen. Als sie sich dem Dorf Hohenstaufen näherten, bemerkten sie einen von hinten kommenden Lichtschein. Sich umdrehend, sahen sie jenes Licht in schwankendem Auf und Ab geradewegs auf sie zukommen, etwa in dem Tempo, in dem ein Mensch normal läuft. Als es etwa zwei Meter herangekommen war, erhob es sich und flog in Richtung gegen den Wald davon. Beim letzten Aufleuchten bestand das Licht nur noch aus dem besagten Kern. Aura und menschliche Gestalt waren diesmal nicht zu erkennen.

Angsterfüllt brachen die Mädchen ihre nächtliche Wanderung ab. Im nächsten Ort weckten sie eine Gastwirtin und wurden von dieser, in Anbetracht der sonderbaren Vorkommnisse, bis zum Morgen beherbergt.

Der katholische Theologe und Parapsychologe Prof. Dr. *Ludwig* (Freising) berichtete über die Erlebnisse eines ihm bekannten Lehrers, während eines Nachtmarsches in derselben Gegend. Es war unterhalb eines Hügels, an einer Stelle, wo im letzten Sommer ein Eisenbahnarbeiter tödlich verunglückt war. Der Lehrer staunte nicht wenig, als von der Tiefe des Flußtales herauf, sich ein helles Licht langsam hob und etwa 50 Schritte vor ihm, mitten auf der Straße, ruhig stehenblieb! Der Lichtschein vergrößerte sich, und in diesem Schein war eine menschliche Gestalt sichtbar. Nach einigen Sekunden wurde das Licht kleiner und bewegte sich gegen den jenseits der Straße befindlichen Wald zu, wo es den Blicken entschwand.

Dem hl. *Franz von Assisi* war das Phänomen der Lichtkugeln ebenfalls nicht fremd. Als ein von ihm bekehrter Mann „die Hülle seines Leibes verlassen hatte“, erschien er dem heiligen Wundertäter, der eben in einem nahe am Kloster gelegenen Wald betete, unter der Gestalt einer *Feuerkugel.* „Vater“, sagte er zu ihm, „erkennst Du mich?“ Franziskus fragte zurück: „Wer bist Du?“ – „Ich bin der Aussätzige, den der barmherzige Erlöser um deiner Verdienste willen geheilt hat...“

In ganz anderer Weise erlebte Frau *E. Togram* (Pseudonym) zweimal ein Lichtkugel-Phänomen. Beim ersten Mal geschah es, als das Dienstmädchen bei ihr im Schlafzimmer nächtigte. Letzteres schlief bereits, „da sah ich, daß eine blaß leuchtende Kugel, so groß wie eine sehr große Seifenblase und auch ganz wie eine solche zitternd, sich von ihrem Lager zu mir hinbewegte, ungefähr zwei Fuß über dem Boden schwebend“, berichtet Frau Togram und schreibt weiter:

„Als die langsam und mühsam schwebende Kugel in die Nähe meines Bettes kam, bemerkte ich, wie links und rechts blasse Flammen aus ihr herauszuckten, bzw. beim Heben der Flügel weniger, und beim Niederschlagen im Dunkeln voll sichtbar wurden. Diese Flammen waren etwa so groß wie ausgespannte Schwalbenflügel und solchen auch sehr ähnlich, aber zackiger und etwas breiter... So näherte sich die Kugel etwas schwerfällig meinem Bett, bis mein Bettschränkchen sie meinen Augen verdeckte. Da fühlte ich auch schon, daß etwas ganz zart und leise sich mit meinem Haar zu schaffen machte. Dann erfolgte ein ganz zarter Druck, und die Kugel war durch meinen Schädelknochen hindurchgegangen. Gleich darauf strich etwas wie mit winzig kleinen Händchen (...), jeder Finger deutlich unterscheidbar, nach rechts und links über mein Gehirn, wie man Kindern glättend übers Haar streicht, und ich hatte das Gefühl, daß in meinem Kopfe wirklich etwas geglättet wurde.
Dann rollte die Kugel durch den Hals in die Brust, danach, sich teilend, durch meine Beine zu den Füssen und verließ meinen Körper, ein Gefühl unsagbaren Friedens hinterlassend. Ich dachte noch: ‚Jetzt wirst du einschlafen', und fort war mein Bewußtsein. Tags darauf erwachte ich sehr erfrischt."

Nach ungefähr einer Woche schlief das Mädchen wiederum mit im Zimmer von Frau Togram. Letztere lag wach, aber mit geschlossenen Augen, und hatte daher nichts beobachtet. Da spielte abermals etwas mit ihrem Haar. Und schon erfolgte der leichte Druck, aber diesmal rollte die Kugel bis in ihre Herzgrube:

„Dort machte sie Halt, und ich fühlte, daß etwas wie mit winzigen Füßen in meiner Herzgrube herumsprang und

sich drehte. Mein Körper hob sich an der Stelle stark und ward erschüttert. Ich dachte noch: ‚Sonderbar, es schmerzt nicht, aber sollte das dein Herz sein, dann bist du doch krank. Morgen gehst du zum Arzt.' Da schwand mein Bewußtsein, und morgens erwachte ich kerngesund und frisch wie selten."

Die Erzählerin meint, wenn dies Halluzinationen gewesen sein sollen, so wäre es recht sonderbar, daß dieselben immer dann eintraten, wenn das Mädchen bei ihr schlief; nie vorher und auch niemals nachher.

Auf platzraubende Deutungsversuche dieses Erlebnisses sei hier verzichtet. Immerhin ist belangreich, daß die geflügelte Kugel im alten Ägypten, die „geflügelte Sonne", als Symbol der Unsterblichkeit galt. Der deutsche Arzt und Sterbeforscher Dr. Michael *Schröter-Kunhardt*, Heidelberg, kennt eine Frau, die während ihrer Nahtod-Erfahrung, wie üblich, sich außerhalb ihres Körpers schwebend empfand. Dabei sah sie eine Lichtkugel auf ihren Körper zukommen und hörte zu, wie sich die Lichtkugel und ihr Körper miteinander unterhielten (!). Zuletzt vernahm sie von der Lichtkugel die Worte: „Du wirst während der nächsten 30 Jahre nicht mehr zu uns kommen!"

Während man diesen Bericht durchaus als Halluzination einstufen kann, wird dies beim folgenden Beispiel wohl kaum anzunehmen sein, zumal die Begebenheit nicht in Todesnähe erlebt wurde, sondern im Zustand tiefster Depression.*

Es handelt sich um eine damals 39jährige Frau, die im Gesicht unter einem Basalzell-Karzinom litt, das ist eine Art Hautkrebs. Betroffen war ihre Nase, und die Ärzte bestanden auf sofortiger Operation. Diese Frau berichtet:

---

* M. Morse + P. Perry: Verwandelt vom Licht. Über die transformierende Wirkung von Nah-Todeserfahrungen. Droemer Knaur, München, 1994.

„Ich war in einem nie zuvor erlebten Zustand tiefster Depression und Verzweiflung. Zwei Nächte vor der Operation wurde ich durch ein helles Licht, das mir in die Augen schien, aus dem Schlaf gerissen. Ich machte die Augen auf und sah eine große Lichtkugel etwa anderthalb Meter vor mir schweben. Das Licht in ihr rotierte langsam von links nach rechts. Diese Kugel sprach mich an: ‚Du hast doch nicht etwa Angst?'*
Der Anblick dieses Lichtes machte mich furchtlos, ja in mir war ein ganz unglaublicher Friede, wie ich ihn noch nie gekannt hatte. Wer da auch immer mit mir sprach, wußte um alle meine Probleme und Ängste. Aller seelische Druck fiel von mir ab.
Plötzlich ging das Licht durch mich hindurch. Es prallte nicht an mir ab und wurde zurückgeworfen oder so was; es ging direkt durch mich hindurch. Und dabei erfüllte es mich mit einer bedingungslosen Liebe, die so vollkommen und stark war, daß ich neue Worte erfinden müßte, um sie zu beschreiben. Ich bat darum, von meinem Krebs befreit zu werden. Ich betete tatsächlich. Und das Licht sagte zu mir, daß das, was wir für ein Gebet halten, eher ein sich Beklagen ist."

Was nun kommt, ist überaus bemerkenswert und wichtig:

Das Licht „forderte mich auf, an meinen schlimmsten Feind zu denken, und das machte ich. Dann sagte es, ich sollte meinem schlimmsten Feind alles Licht in mir schicken. Das tat ich, und da schoß plötzlich Licht aus mir hervor und kam wieder zurück, als wäre es von einem Spiegel reflektiert worden...

---

* Für Wissende eine interessante Bemerkung.

Ich wurde mir jeder Zelle meines Körpers bewußt (...) Es war der Klang und der Anblick des Lichtes, das aus meinem Sein strömte! Ich weinte und lachte und zitterte, versuchte ruhig zu werden und tief Luft zu holen. Als ich mich schließlich wieder gefangen hatte, meinte das Licht: ‚Jetzt hast du das erste Mal in deinem Leben richtig gebetet!'"

Der Krebs bei dieser Frau verschwand, Operation war keine mehr nötig! Dr. Morse als Arzt betont, es sei außergewöhnlich selten, daß ein Basalzellen-Karzinom einfach verschwindet.

So sollst du beten

Du mußt in Demut dich zu Gott erheben
nicht nur mit schöner Worte eitlem Schein.
Es muß dein ganzes innigtiefes Leben,
dein ganzes Tun und Denken, B e t e n sein.

Dienst du jedoch nur leerer Wortbetörung,
fehlt dir der Glaube als lebend'ges Licht,
und zweifelst du an der Gebetserhörung,
dann, arme Seele, bete lieber nicht!

Ob deine Bitten nach dem eig'nen Willen
letztendlich auch zu deinem G l ü c k gedeih'n –
Ob nicht gerade in dem N i c h t e r f ü l l e n
Erhörung liegt, das weiß nur Gott allein.

Doch hebt sich aus der Tiefe dein Empfinden
Zu Ihm empor wie sphärische Musik,
dann zieht, mit Gottes Geist sich zu verbinden,
die Seele leise in sich selbst zurück.

Dann fühlst du Ihn sich liebend zu dir neigen,
dann ist Er da, hebt segnend Seine Hand
dann mag es um dich stürmen oder schweigen –
Er hüllt dich schützend in Sein Lichtgewand.

K. Lubojatzky
(Aus „Gedankenkreis um Gott und Mensch")

Die „Jakobsleiter" – ein übergreifendes Solidaritätsgesetz

Der glaubensstarke französische Priester *P. Lamy* pflegte Christen, denen er begegnete, mit den Worten zu begrüßen: „Seid gegrüßt beide!" Er war felsenfest von der Gegenwart helfender Engelbegleiter überzeugt, denn das Wort „beide" besagte, daß der/die Angesprochene samt seinem/ihrem Engel gemeint ist. Und wenn Pater Lamy weiter sagte: „Wir freuen uns, euch zu sehen", so meinte er mit dem „wir" *seinen* Engel. Aus seiner Lebensbeschreibung ergeben sich Anhaltspunkte, daß er die jenseitigen Begleiter hellsichtig wahrnahm.

Wenn man nun auf der Basis allgemein üblichen Denkens nach der Triebfeder und somit dem Grund der Hilfsbereitschaft von Engeln und seligen Geistern fragen wollte, so wäre die Auskunft „aus Liebe" an sich genügend. Vor allem dann, wenn es sich bei den Helfenden um abgeschiedene Angehörige oder Freunde handelt. Diese Einstellung sollte eigentlich als selbstverständlich empfunden werden, vielleicht auch den eigenen Volkszugehörigen gegenüber. In der Engel- und höheren Geisterwelt aber gelten zur altruistischen Betätigung keinerlei sympathiebedingte und somit eingrenzende Maßstäbe.* Hier gilt vielmehr das Prinzip: „Einer für alle, alle für einen!", und dieses Prinzip hat seine spirituelle Grundlage im *Solidaritätsgesetz der Geister.*

In den beiden Büchern „Kundgebungen des Geistes Emanuel" (Otto Reichl Verlag) werden wir gut verständlich über dieses spirituelle Grundgesetz belehrt, welches mit dem Gesetz der Anziehung des Ähnlichen quasi Hand in Hand

---

* Altruistisch = uneigennützig. Altruismus ist das Gegenteil von Egoismus.

geht (Ähnlichkeiten stoßen sich nicht ab, wie dies bei der Anziehung von Gegensätzen der Fall ist).

Ganz zweifellos ist die Schöpfung, das Universum, alles Vorhandene, in fortlaufender Entwicklung begriffen und trägt, ebenso wie jedes Samenkorn, das Ziel seiner Entwicklung und somit die Vollendung seiner Wesenheit in sich. Das Ziel aller erschaffenen Geistwesen ist das gleiche, nämlich die Vollendung ihrer individuellen Persönlichkeit. Erst das Erreichen dieses (offenbar vorgegebenen) Zieles birgt und gewährt die erforderlichen Voraussetzungen zur Erlangung unserer ursprünglichen Reinheitsstufe und zum Aufgehen in der göttlichen All-Liebe. Im Katholizismus: zur Anschauung Gottes.

Diese Darlegung mag nach religiöser Spekulation klingen, ist aber in sich selbst widerspruchslos logisch. Aber, Hand aufs Herz: Wäre nicht auch der höchstvorstellbare Seligkeitszustand auf die Dauer langweilig, ohne neue Lernprozesse, ohne Weiterentwicklung und ohne die Fähigkeit, durch frohes, gottverbundenes Wirken und Streben neue, bewußtseinserweiternde Einsichten zu gewinnen? Religiös gesprochen: Kann es im Urlicht einen Stillstand geben, entsprechend der allgemeinen Vorstellung des Aufgehens im *Nirwana* samt Auflösung der Persönlichkeit?*

Die Gleichheit des Entwicklungszieles aller Geister (und wir Menschen sind ja lediglich derzeit mit materiellen Körpern versehene Geistwesen) enthält jedoch eine schwerwiegende moralische *Verpflichtung*, nämlich die, auf dem Wege zu unser aller Ziel einander behilflich zu sein, und zwar ohne egoistische Hintergedanken in Form der Vorstellung eines „Belohntwerdens im Himmel". Wer für andere etwas tut,

---

* Diese Vorstellung bzw. Auslegung des Begriffes „Nirwana" ist falsch. Er bedeutet keineswegs ein „Nichtsein", sondern das totale Befreitsein vom Leid, d.h. von den „drei Feuern", nämlich der Begierde, des Hasses, und der Täuschung. („Grenzgebiete der Wissenschaft", Nr. 11/1970, S. 267).

ohne auf Retourkutschen zu hoffen, der hat die allein richtige Grundeinstellung und zieht damit automatisch Beistand „von oben“ an. Jeder Mensch, der das ernstlich ausprobiert, wird Erfolg haben! Außerdem bewirkt eine solche Handlungsweise, daß auch uns geholfen wird, wenn es mal not tut.

Im Alten Testament, 1. Mose 28, 12, wird das Solidaritätsgesetz bildlich im Rahmen eines Traumes angedeutet: Erzvater Jakob, der vor seinem Bruder fliehen mußte, sah im Traum „eine Leiter, die auf der Erde stand und mit ihrer Spitze bis an den Himmel reichte, und die Engel Gottes stiegen auf ihr hinauf und herab.“ Diese Leiter reicht jedoch bis in die niedersten Sphären des Jenseits, wie uns von kundiger Seite versichert wurde. *Emanuel* sagt uns:

> *„Wenn einmal das intensive Licht der Überzeugung, daß die Solidarität der Geister eines der ewigen Gesetze Gottes ist, die Menschheit durchdringen möchte, so würde diese sich durch Anerkennung und Aneignung dieses Gesetzes in eine höhere Sphäre heben, in der sie von manchen endlichen Gesetzen und den damit verbundenen Leiden frei wäre, die heute noch das Zepter über die arme Menschheit schwingen.*
>
> *Ich sage, die Solidarität der Geister ist ein ewiges Gesetz, für euch das vornehmste; obschon in Wahrheit keines dieser Gesetze größer ist als das andere, da sie sich zu einer großen Vollkommenheit verbinden, und da ihre Wechselwirkung von der einen großen göttlichen Wahrheit bestimmt und festgestellt ist.*
>
> *Doch für euch ist es jetzt das vornehmste Gesetz; denn es ist (...) jene Wahrheit, die von euch zunächst anerkannt und gelebt werden muß, um die Atmosphäre zu schaffen, durch die weitere ewige Gesetze zu euch dringen können, euch die größere Freiheit der Beherrschung endlicher Gesetze bringend.*

Die erste notwendige Errungenschaft, um die Solidarität der Geister anzuerkennen und ihr zu leben, ist Selbstlosigkeit. Der unentwickeltste Geist im Menschenkleide denkt nur an sich; er ist mit dem Hunde vergleichbar, der – obschon selbst gesättigt – doch seine Futterschüssel mit Zähnefletschen bewacht, damit kein hungriger Hund einen Brocken daraus erwische.
Die nächste Entwicklungsstufe solcher Geister ist die, daß sie von ihrem Überfluß mitteilen. Die folgende, daß sie für jene, die ihnen am nächsten stehen, kleine Entsagungen auf sich nehmen. Geister auf niedriger Entwicklungsstufe haben eine enge Grenze der Liebesfähigkeit. Mutterliebe ist etwas erweiterte Selbstliebe und steht in Wahrheit auf einer der untersten Stufen jener Liebesentwicklung, die ihr Ziel und ihre Vollendung (...) in der Aneignung und dem Zurückstrahlen der Gottesliebe erreicht.“

Unter der Leserschaft dieses Buches mag es manchen mißfallen, wenn Emanuel die Mutterliebe als „eine etwas erweiterte Selbstliebe“ bezeichnet. Er meint, es sei ein trauriges Zeichen unserer Entwicklungsstufe, daß es des Gefühls „das ist mein Fleisch und Blut“ bedarf, um uns opferfähig zu machen. Er sagt:

„Die Selbstlosigkeit eines Menschen muß eine gewisse Entwicklungsstufe erreicht, eine gewisse Klarheit vor seinem geistigen Auge geschaffen haben, bis er die Solidarität der Geister als ein göttliches Gesetz empfindet und diesem Gesetze lebt.“

Auch das Opfer *Jesu* und seine Leiden, die er freiwillig auf sich nahm, wurzeln in diesem Liebesgesetz der Solidarität. Aus liebevollem Erbarmen stieg Jesus aus seinen Lichtwelten herab, um uns allen, die wir infolge selbstverschuldeten

Abirrens vom rechten Weg zu leiden haben, den erlösenden „Heimweg ins Vaterhaus" zu weisen.

Im Christentum gilt es bekanntlich als selbstverständliche Verpflichtung, gegenüber den Mitmenschen stets hilfsbereit zu sein. Das bedeutet aber in keiner Weise, daß wir uns nach Strich und Faden ausnutzen lassen sollen, sondern daß wir da, wo es offensichtlich not tut, uns zu helfen bemühen, so gut und in welcher Form wir es eben vermögen. *Hans Bogislav Graf von Schwerin*, Heimatvertriebener und überzeugter spiritualistisch ausgerichteter Christ, schrieb unter anderem:

> *„Die Gleichheit des Endziels aller Geister verpflichtet sie, sich auf dem Wege zu diesem Endziel gegenseitig zu helfen. Diese generelle Verpflichtung aller Geister ist das Gesetz der Solidarität, nach welchem einer für den andern haftet; natürlich nur im Rahmen seiner Leistungsfähigkeit, denn: ‚Ultra posse nemo obligatur': Unmögliches zu leisten kann niemand verpflichtet werden."*

Deshalb empfiehlt *Emanuel* dringend, wahre Selbstlosigkeit anzustreben:

> *„Versucht es einmal, die Geschwister alle in Liebe zu umfassen, eurer kleinen Erde ihren Platz unter den Schwesterwelten zu geben und sie nicht zur alleinigen Geburts- und Entwicklungsstätte allen Lebens zu machen. Überschreitet die engen Grenzen des Persönlichen! So werdet ihr fühlen, was Freude ist; denn sie liegt in der Größe, die in der Erkenntnis der Gesetze und in dem Empfinden göttlicher Liebe liegt."*

Unseren Engeln sind diese Gesetze vertraut. Wie könnten sie anders handeln, als im Licht ihrer Erkenntnis?

Das Gesetz der Solidarität

Der Schöpfung Ziel ist ew'ges Leben,
Vollkommenheit und Harmonie.
Um diesem Ziele zuzustreben,
Gott jedem Geist die Kraft verlieh.

Und ein Gesetz hat Gott gegeben,
Das allen Geistern macht zur Pflicht,
Sich miteinander zu erheben,
Der einzelne bleib' einzeln nicht.

Es haftet einer für den andern,
Soweit zu helfen er vermag.
Wir sollen miteinander wandern,
Die Hand uns reichend Tag für Tag.

Und was uns Menschen hier verbindet,
Soll solche reine Liebe sein,
Daß jeder sich im Nächsten findet,
Dem Großen keiner dünkt zu klein.

Denn Geistgeschwister sind wir alle.
Wir legten an dies Erdenkleid,
Zu heben uns aus tiefem Falle
Empor zu ew'ger Seligkeit.

Hans Bogislav Graf von Schwerin

Sind Engelserscheinungen bloß Halluzinationen?

Ob diese Frage leichthin und durchweg mit „Ja" zu beantworten wäre, mag am Schluß dieses Buches jede Leserin und jeder Leser selbst beurteilen. Aus parapsychologischer Sicht wäre grundsätzlich folgendes zu sagen:

Die Forschungsarbeit der Parapsychologie beruht seit jeher auf zwei Grundhypothesen, nämlich auf der animistischen und der spiritistischen Deutungshypothese. Die Animisten (von „anima", Seele) unter den Parapsychologen pflegen alle Phänomene, die auf ein nachtodliches Fortleben hinweisen, einzustufen als Ausdrucksformen unbewußter Fähigkeiten unserer Psyche. Somit scheiden sich hier die „Geister" an einer Grundfrage menschlichen Seins, nämlich am Todesproblem; an der Frage, ob es nach dem Tode ein irgendwie geartetes Weiterleben unseres Ichs geben könnte, wie das fast alle Religionen in Aussicht stellen. Hierzu wird uns von seiten der Animisten versichert, ein persönliches Überleben des Sterbevorgangs sei weder beweisbar noch widerlegbar. Die Vertreter der spiritistischen Hypothese jedoch halten ein Weiterleben nicht bloß für denkbar, sondern für absolut bewiesen. Die Gesamtproblematik dieses Forschungsbereiches ist zu vielschichtig und auch zu umfangreich, als daß sie hier genügend verdeutlicht werden könnte. Eine leichtverständliche Zusammenfassung bietet mein Buch „Abschied ohne Wiederkehr? Tod und Jenseits in parapsychologischer Sicht", das auf dem Buchmarkt zwar seit 30 Jahren die Nr. 1 zu diesem Thema darstellt, aber dennoch unbeachtet blieb, obwohl ein Mann wie Prof. *Hermann Oberth* ein ausführliches Vorwort dazu verfaßte.*

---

* Reichl Verlag. Prof. Oberth war der deutsche Vater der Raumfahrt, Lehrer des Raketenpioniers Werner von Braun.

In der parapsychologischen Praxis wird viel mit sogenannten *Medien* gearbeitet. Das sind Menschen mit paranormalen Begabungen der mannigfachsten Art, d.h. sie verfügen über außergewöhnliche psychische Fähigkeiten wie das zeitliche oder räumliche Hellsehen, das willensunabhängige (automatische) Schreiben, Zeichnen oder Musizieren, ferner das Herbeiführen veränderter Bewußtseinszustände wie Hypnose, Trance oder Somnambulismus (ein schlafwandlerischer Zustand) und den daraus resultierenden Phänomenen, seien diese intellektueller oder physikalischer Art, und vieles andere mehr.

Sobald bei alledem Fakten zur Sprache kommen, welche die Unzulänglichkeit animistischer Deutungsversuche erkennen lassen, wird alles, was auf die Existenz von Geistern oder gar Engeln hindeutet, kurzerhand abgetan als „Teil- oder Spaltpersönlichkeiten des Mediums" oder unterbewußter Geltungsdrang und ähnliches mehr. Laut einer „religionswissenschaftlichen Betrachtung" (!) bestehen die Motivationen, ein Medium der geistigen Welt sein zu wollen, in dem „Wunsch, unbefriedigte Wünsche zu erfüllen: sexuelle, Schutz-, Prestige- und dionysische Bedürfnisse".* Darum läßt man sich also in Besitz nehmen von „Geistern", die solche Bedürfnisse erfüllen (!). Besessenheit (im biblischen Sinn) wäre demnach „rituelle Selbstbefriedigung unterdrückter Wünsche und Bedürfnisse mittels kompensatorischer Projektionen".

So etwas klingt bestechend wissenschaftlich, ist aber dennoch ausgemachter Unsinn, wie jeder erfahrene Exorzist, ja sogar jeder Vulgärspiritist aus reichlicher Erfahrung weiß. Dabei brauchten jene „Wissenschaftler" sich lediglich die Mühe zu machen, die psychischen Phänomene bei Völkern der Dritten Welt zu studieren, um das Unzulängliche ihrer

* Dionysos, der altgriechische Gott des Weines und der Fruchtbarkeit (lat. Bacchus). Dionysisch: rauschhaft, wild, ausschweifend.

tiefenpsychologischen Ausdeutungen zu erkennen. Doch bleibt es persönliche Ansichtssache, Geister als Projektionen seelischer Archetypen nach *C. G. Jung* zu interpretieren. Den Geistern wird das zumeist sowieso gleichgültig sein, wie und als was wir sie auffassen. Zu *Betty White*, der Mitverfasserin des aufschlußreichen Buches „Das uneingeschränkte Weltall" (Zürich, 1963), sagten einmal die Jenseitigen:

> *„Es kommt uns nicht darauf an, ob Ihr uns als Unbewußtes Nr. 2 oder Nr. 3 bezeichnet, oder ob Ihr denkt, diese Erfahrungen werden durch einen Teil Eurer Persönlichkeit hervorgerufen oder ob Ihr sie als unabhängige Wirklichkeit betrachtet. Wichtig ist nur, daß Ihr dem, was zu Euch kommt, eine empfängliche Haltung entgegenbringt."*

Statt des Wortes „empfängliche" wäre allerdings eher das Wort „kritische" angebracht, wenn wir keiner Form von Leichtgläubigkeit Vorschub leisten wollen.

Trotz alledem haben auch die (auf der Welle zeitgemäß materialistischen Denkens mitschwimmenden) Animisten nicht immer unrecht: Schon unser Altmeister Dr. *Carl du Prel* lehrte, daß z. B. die im Somnambulismus auftretenden Geister und Schutzgeister meistens „nur ein objektivierter Teil ihrer eigenen Psyche" sind.* Doch dies wußte aufgrund eingehender Studien schon um 1830 der Pfarrer und Doktor der Philosophie *Heinrich Werner* (gestorben 1852), dargelegt in seinem noch heute lehrreichen Buch „Die Schutzgeister", verlegt 1839 bei Cotta.

Schade, daß Leute wie der Ex-Priester *Eugen Drewermann* solche Bücher ablehnen. Ihm zufolge, der Dutzende Bücher schrieb, soll die Bibel ausschließlich tiefenpsychologisch interpretiert werden. Viele protestantische Pfarrer tun dies bereits

---

* Du Prel: Die Psyche und das Ewige. R.G. Fischer, Pforzheim 1971, S. 235.

mit dem Erfolg, daß sie ihren Schäflein keinen wirklichen Glaubenstrost mehr vermitteln können. Gewiß kann bei medialen Produktionen das Unterbewußtsein eines Mediums mehr oder weniger stark beteiligt sein, aber dieser eigenseelische Anteil ist in der Regel gering und in vielen Fällen völlig unwahrscheinlich. Und außerdem: Was nie in einem Unterbewußtsein enthalten war, das kann logischerweise auch nicht herausgeholt werden.

In einem der Zeitschrift „GEO“ gegebenen Interview erklärte Drewermann: „Wer Engel zu sehen behauptet, ist sehr psychosegefährdet.“ (!) Und auf die Frage des Reporters, was Engel denn eigentlich seien, lautete Drewermanns Antwort: „Esoterischer Unfug, Aberglaube, Folklore, was Sie wollen. Im weitesten Sinne symbolisieren Engel Erfahrungsformen des Göttlichen, und in dieser allgemeinen (...) Gestalt entsprechen sie offenbar den religiösen Bedürfnissen vieler.“

Leute wie Drewermann sollten wenigstens das Buch ihres evangelischen Kollegen *Egon Wenberg* lesen, „Ein Plädoyer für Engel“, dessen bereits an anderer Stelle betonten Auffassung volle Zustimmung verdient, wonach es ein überaus verhängnisvoller *Irrtum* sei, alles spirituell Erfahrbare allein auf die Ebene des nur Tiefenpsychologischen zu reduzieren und somit zu verharmlosen.

Warum ist Engelhilfe so selten?

Eine gute Frage. Überhaupt ergibt sich in Anbetracht des unermeßlichen Leides zahlloser Menschen, vor allem Kinder, ja auch der Tierwelt, die quälende, aber uralte Frage: Warum läßt Gott, der doch die höchstvorstellbare *Liebe* sein soll, das alles zu? – Auf dieses philosophisch kaum lösbare Problem der sogenannten „Theodizee“ soll am Schluß dieses Kapitels noch eingegangen werden.* Vorerst scheint ratsam, die betrübliche Tatsache zu beleuchten, warum so vielen gottgläubigen Menschen die Erhörung ihrer flehentlich-vertrauensvollen Gebete oft versagt bleibt, auch wenn sie gegebenenfalls schon monatelang oder gar jahrelang zum Himmel gesandt wurden? Wo bleiben da die Schutzengel? Wo bleiben dann Hilfe und Trost seitens macht- und erbarmungsvoller Helfer aus göttlichen Lichtwelten? Kann man es einem Menschen verübeln, wenn schließlich das Gottvertrauen ins Wanken gerät oder ganz verloren geht?

Hier ist m. E. wiederum dem evangelischen Theologen *Egon Wenberg* zuzustimmen, wenn er ehrlich zugibt, daß eben auch der christliche Glaube nicht auf alles eine endgültige und befriedigende Antwort parat hat! Es wäre ja auch das Ende jedweder Religion überhaupt sowie jeder geistigen Weiterentwicklung, wenn wir einen Punkt erreichen könnten, an welchem wir über ein absolut unfehlbares und lückenloses Wissen verfügen, das keine Fragen mehr offen läßt. Die Engelwelt, meint Wenberg, weiß gewiß von all der Lieblosigkeit, dem Unrecht, den Grausamkeiten, den körperlichen

* Theodizee, griech. „Gottesrechtfertigung“, ist der Versuch, den Glauben an die Liebe, Weisheit und Gerechtigkeit Gottes in Einklang zu bringen mit den himmelschreienden Übeln unserer Welt.

und seelischen Schmerzen in Krankheit, Not, Elend und Verfolgung, vom Leiden und Sterben zahlloser Kinder, samt den Leiden der Natur und ihrer Geschöpfe. Hier lehrt uns zwar – gottlob – die Erfahrung, daß es Engelhilfe geben kann zugleich jedoch, daß es hierfür keinen Rechtsanspruch gibt!

Wenberg bekennt, es sei sehr schwer, leidgeprüften Menschen dies sagen zu müssen, „damit sie es schweren Herzens irgendwann akzeptieren". Wenn überhaupt, d. h. wenn sie nicht daran zerbrechen. Es klingt beinahe brutal, wenn Wenberg erklärt, wir müßten es dem Himmel überlassen, wen er behütet (was peinlich nach Willkür riecht). Jedoch dürfte ihm zuzustimmen sein, wenn er meint, wir würden vor falschen Wegen nicht immer bewahrt; wir müßten sie zunächst gehen, um daran zu lernen und geistig zu reifen.

Das Umwegemachen gehört in den Bereich unserer Entscheidungsfreiheit; wenn wir nur beizeiten einen falschen Weg als solchen erkennen! Wer jedoch guten Willens ist und „immer strebend sich bemüht", der wird schließlich, wenn er auf sein Leben zurückblickt, deutlich eine wohlwollende spirituelle Führung erkennen, eine Art übergeordneter Regie, der wir unendlich viel zu verdanken haben. Man braucht sich doch nur die Fragen zu stellen: Warum ist es damals so gekommen und nicht anders? Wie wäre es weitergegangen, wenn meine Wahl seinerzeit auf einen anderen Ehepartner gefallen wäre? Warum hatte ich keinen besseren Vater, keine liebevoll-umsichtige Mutter? Oder warum verlor ich so früh meine Eltern, warum mußte ich auf familiäre Geborgenheit verzichten? Warum mißlang mir dieser oder jener Plan, und so weiter?

Nun, nach *Karl Hylti* gehört zum Wunderbarsten im Leben oft „ein glückliches Mißlingen"! Wenn man rückblickend erkennen kann, was geworden wäre, wenn... Könnte dies nicht auch ein Zeichen behutsamer Führung und Fügung sein?

Begleitender Engelschutz ist jedenfalls keine Selbstverständlichkeit. Zumindest nicht bei Erwachsenen. Wenn bei einem gottverbundenen und engelgläubigen Menschen trotz flehentlichen Bittens keine spürbare Hilfe erfolgt, so wird das Gründe haben, die uns unbekannt, den Engeln jedoch bekannt sind. In Esoterikerkreisen muß dann immer der Karma-Begriff herhalten, wenn sonst kein Argument mehr greift. Mit *Karma* ist das persönliche Schicksalsgut gemeint, das man ins Erdenleben mitbrachte, was u. a. aus den Handlinien erkennbar ist.

Das Wort „Karma“ wird zumeist im buddhistisch-hinduistischen Verständnis als das „ewig kreisende Rad der Wiedergeburten“ aufgefaßt. Demnach wäre ein Freiwerden aus dem Teufelskreis von Schuld und Sühne nur durch ein wunsch- und sündloses Erdenleben möglich; eine frustrierend-hoffnungslose Vorstellung! Bedauerlicherweise vergaß man in der Christenheit, daß Jesus uns die Erlösung vom unbarmherzigen Karmaprinzip aufzeigte, und zwar durch das *Vergebungsgesetz*. Ein gegenseitiges Vergeben beendet nämlich jede negative Kausalkette und damit den genannten Teufelskreis. Dies ist der bedeutsame Sinn jener Bitte im Vaterunsergebet, die da lautet: „Vergib uns, wie auch wir vergeben unseren Schuldigern“, d. h., jenen, die sich gegen uns versündigten. Um Wiedergutmachung in irgendeiner Form wird man dann, bei gewonnener besserer Einsicht, ohnehin bemüht sein.

Was jedoch das Theodizee-Problem anbelangt, nämlich die Grundfrage, warum ein Gott der Liebe all dies Entsetzliche zuläßt, das seit Jahrtausenden unsere Erde entheiligt, und warum er zuläßt, daß die Macht des zerstörerischen, gottverneinenden und haßerfüllten Prinzips – trotz zahlloser Gebete der Gläubigen und ihrer Engel – immer mehr die Oberhand zu gewinnen scheint, so ist es nach wie vor schwierig, darauf befriedigende Antworten zu finden. Andererseits: Wenn Gott verpflichtet wäre, Ungutes zu verhindern, so würde dies einen erheblichen Eingriff in die menschliche Willens- und Entscheidungsfreiheit bedeuten. Es widerspräche total den Grundvoraussetzungen zu individueller Entfaltungsmöglichkeit. Letzteres freilich nur innerhalb des Bereiches der Natur- und Geistesgesetze, die uns aber immerhin soviel Freiheit lassen, daß wir gegen sie verstoßen können; nur müssen wir dann eben die Folgen tragen.

Diese Folgen sind aber selbstverursacht, und keine „Strafe Gottes“. Wir sehen es doch in unserer Alltagserfahrung: Wenn wir uns falsch ernähren, so werden wir krank. Wenn wir unserem Körper Gifte und Drogen zumuten, werden wir krank. Wenn wir uns übermäßig dem Alkohol-, Nikotin- oder Fleischgenuß hingeben, werden wir krank. Wenn wir anderen das Leben erschweren, so hat auch das ungute Folgen für uns, obwohl zumeist auf anderer Ebene. Mit welchem Recht erwarten wir von Gott oder der himmlischen Welt, uns aus der selbstverschuldeten Patsche zu helfen bzw. uns am Begehen offensichtlicher Dummheiten oder Gemeinheiten zu hindern?

Tiere haben, im Gegensatz zum Menschen, keinen freien Willen. Deshalb trifft sie auch keine Verantwortung, zumal sie gegen die für sie geltenden Naturgesetze nicht verstoßen können. Der Mensch jedoch, obwohl durch seinen tiefen Fall und sein gottfernes Denken in seiner Willensfreiheit stark eingeschränkt, besitzt noch immer *Entscheidungsfreiheit*, und die wird von Gott und der Himmelswelt offenbar in jedem Falle respektiert! Von wem werden denn Kriege und Revolutionen angezettelt? Von wem werden die teuflischsten Massenvernichtungsmittel ausgetüftelt, profitabel produziert und bedenkenlos eingesetzt? Doch von Menschen! Gott beschneidet unsere Entscheidungsfreiheit nicht. Er läßt vielmehr seine

Natur- und Geistesgesetze wirken; die nämlich sind „Gottes Mühlen“, die zwar langsam mahlen, aber mit absoluter Präzision!

Alles Seiende muß ja einen Sinn und Zweck haben, auch das Leidenmüssen. Wenn wir uns aber bewußt bemühen, durch die Art unseres Denkens und Handelns stets positive Ursachen zu setzen, von denen ebensolche Nachwirkungen zu erwarten sind, so haben auch unsere Schutzwesenheiten viel bessere Voraussetzungen, um uns wirksam beistehen und so manches Schlimme von uns fernhalten zu können. Es ist sowieso müßig und wenig sinnvoll, über das Theodizee-Problem nachzugrübeln. Geben wir uns doch besser mit der erfahrbaren Gewißheit zufrieden, daß wir unseren Schutzengeln und Schutzgeistern nicht gleichgültig sind. Dieses Wissen sollte genügen, um uns an dem schizophrenen Weltgeschehen nicht verzweifeln zu lassen.

Wer veranlaßte die Hilfe zur rechten Zeit?

Im allgemeinen ist unsere Verbindung mit Schutzengeln und Schutzgeistern von telepathischer Natur. Besonders mit unseren Schutzgeistern, also vormaligen Erdenmenschen, muß eine gewisse Wesensverwandtschaft vorliegen, d. h. unsere gedankliche Frequenz muß der ihrigen ähneln, Sender und Empfänger müssen aufeinander abgestimmt sein, damit die Übertragung gelingt. Schon im normalen Alltagsleben klappt Telepathie erfahrungsgemäß am besten zwischen seelisch stark miteinander verbundenen Menschen, wie Mutter und Kind oder Liebenden. Wenn jedoch seitens unserer jenseitigen Helfer keine direkte Übertragung möglich ist, so können Einwirkungen auch über unbeteiligte Dritte geschehen, indem der Schutzgeist auf andere Weise eine geeignete Person veranlaßt, seinem Schützling Hilfe angedeihen zu lassen.

So berichtet Frau *Karin St.-H.* von einer Familie, nennen wir sie Köbler, die nach Kriegsende unverschuldet in große Not geraten war. Frau *Köbler* schämte sich ihrer Armut und verstand es, sie nach außen hin zu verbergen. Als es ihnen materiell gutgegangen war, hatten sie viele Freunde besessen; nun aber waren es nur noch wenige, die mit ihnen verkehrten, darunter eine Frau Weber, eine einfache, sehr gottgläubige Frau. Dieser klagte Frau Köbler eines Tages ihr Leid, daß weder Geld noch Lebensmittel im Hause seien und sie morgen nicht mehr wüßten, wovon sie leben sollten. Frau Weber selbst war außerstande, zu helfen. Impulsiv kniete sie nieder und flehte aus ihrem kindlich-gläubigen Herzen heraus innig zu Gott um Hilfe für ihre Freunde.

Noch während sie betete, klopfte es an der Tür. Nach Ende des Gebetes öffnete Frau Köbler die Tür. Draußen stand ein Bauernbursche mit einem vollen Rucksack in den Händen. Nachdem er sich vergewissert hatte, ob er hier an der richtigen Adresse sei, erzählte er, sein Bauer habe während der vergangenen Nacht im Traum deutlich eine Stimme gehört, die zu ihm sagte: „Packe Lebensmittel ein und schicke sie gleich morgen in die Stadt zur Familie Köbler in der ... straße 15, die sind in Not!"

Bestürzt und beschämt fand Mutter Köbler kaum Worte des Dankes. Unter Tränen leerte sie den Rucksack, der lauter herrliche Lebensmittel für mindestens eine Woche enthielt! Der Bursche ging, befriedigt, dem Bauern berichten zu können, daß es mit der Adresse seine Ordnung hatte und der Traum keine Täuschung gewesen war. Die Familie aber kniete, gemeinsam mit der Freundin, zum Gebet nieder, um Gott für die wundersame Hilfe zu danken.

Ähnliches erlebte Frau *Resi Passmoser*, nachdem sie einmal ohne eigenes Verschulden in große Not geraten war. Für zwei Tage war noch etwas Brot vorhanden, sonst nichts. Geld, um Lebensmittel kaufen zu können, war erst in drei Tagen zu erwarten. Als sie an einem Freitag ihren drei Kindern die prekäre Lage eröffnete, fragten diese erstaunt, was sie, die Mutter, nun tun werde? Sie erwiderte darauf: „Beten. Denn Gott ist unsere Versorgung. Wir haben noch immer bekommen, was nötig war. Wir werden, bis ihr morgen aus der Schule kommt, zu essen haben, ohne daß ich vor die Tür gehe..."

In der Nacht betete Frau Passmoser innig zu Gott um Hilfe, worauf sie plötzlich die Worte vernahm: „Sorge dich nicht, ihr werdet immer haben, was ihr braucht." Dann schlief sie ein.

Am nächsten Morgen, gegen 9 Uhr, läutete es an der Wohnungstür. Eine Freundin stand da mit einem Rucksack voll Gemüse! Sie erklärte, viel überzähliges Gemüse in ihrem

Garten zu haben, und es sei ihr gewesen, als sage ihr jemand, sie solle es ihr (Frau Passmoser) bringen. Es wäre schade, wenn es verderbe. Die Beschenkte erzählt:

„Und ob ich es nahm! Mein Herz klopfte vor Freude. – Die Freundin hatte es eilig und entfernte sich gleich. Nach einer halben Stunde läutete es abermals. Diesmal stand ein zehnjähriger Knabe vor der Tür mit einem Sack Kartoffeln und zwei Kilo Mehl und sagte: ‚Meine Großmutter schickt mich zu Ihnen, um das hier abzugeben. Es wurde ihr heute Nacht gesagt, sie soll Ihnen diese Lebensmittel schicken‘.“

Im stillen Gott dankend, sagte sie zu sich selbst: „Jetzt fehlt nur noch etwas Fett, dann haben wir reichlich zu essen.“

„Da klingelte es nach einer Weile zum dritten Male. Diesmal war es eine Dame von auswärts, die ich viele Jahre nicht mehr gesehen habe und die mich auf der Durchreise besuchte. Wir unterhielten uns nur kurz, dann verabschiedete sie sich. Bevor sie ging, sagte sie, während sie ihre Tasche öffnete: ‚Jetzt hätte ich beinah vergessen, ich habe Ihnen etwas mitgebracht, was Sie bestimmt brauchen können.‘ Daraufhin legte sie mir Fett und Eier auf den Tisch! Mir zitterten die Hände, so aufgeregt war ich, und als die Dame fortgegangen war, dankte ich meinem Herrgott innigst für diese auffallende Hilfe. So wird allen geholfen, die das nötige Gottvertrauen haben!“

Als die Kinder aus der Schule heimkamen, erzählte ihnen die Mutter, was sich zugetragen hatte, während sie in der Schule saßen. Sie meinten darauf: „Gell Mama, da hat aber auch *unser* Gebet mitgeholfen, denn wir haben alle drei gestern abend fest gebetet!“

Zum besseren Erfassen dieser Schilderung sei bemerkt, daß die erwähnten Lebensmittel in der damaligen Nachkriegszeit besonders wertvoll waren.

Ein weiteres Erlebnis von unerwarteter Hilfeleistung in großer Not berichtete die Schwiegermutter von Frau Passmoser:

„Als mein Mann nach einem schweren Unfall drei Jahre krank zu Bett lag und ich nur über eine dürftige Unterstützung verfügte – dabei für sieben unmündige Kinder zu sorgen hatte – ging es uns wiederholt so schlecht, daß ich sehr oft nichts als eine Wassersuppe mit Brot für meine Kinder auf den Tisch bringen konnte.
Einmal fehlte mir auch das Brot zur Suppe und ich sagte zu meinen Kindern: ‚Jetzt, Kinder, kniet euch alle hin und betet mit mir einen Rosenkranz zur hl. Gottesmutter, damit sie uns hilft. Wir haben nichts mehr zu essen, und Kindesgebet dringt durch die Wolken.'
Wir waren fast am Ende des Gebetes angelangt, da klopfte es an der Tür. Ich öffnete leise, während die Kinder weiterbeteten, und sah einen Mann mit einem großen Rückenkorb stehen, der nach mir fragte und sagte, er habe den Korb hier abzugeben, das sei beim Kaufmann X für mich bestellt worden. Ich erklärte ihm, daß ich nichts bestellt habe und das alles auch nicht bezahlen könne."

Die Frau begab sich nun zu jenem Kaufmann, um sich über den Sachverhalt zu erkundigen. Es wurde ihr berichtet, daß eine große, schlanke, ganz in Schwarz gekleidete Dame, tief verschleiert, das Geschäft betreten und all die Waren bestellt und bezahlt habe, mit dem Auftrag, sie an die Adresse (...) zu schicken. Der Kaufmannsfrau war die Dame irgendwie sonderbar vorgekommen, sie konnte nicht einmal deren

Gesicht erkennen, und als die Dame den Laden verlassen hatte, eilte erstere ihr nach, um zu sehen, wohin sie geht. Doch jene Dame verschwand vor ihren Augen ganz plötzlich, obwohl keine Möglichkeit bestand, sich unbemerkt zu entfernen!

Die rätselhafte „Dame in Schwarz“ trat noch öfters im Leben dieser Familie auf, immer wenn Not herrschte. Auch einmal an Weihnachten: „Es war Heiligabend, und nichts zu essen da, als ein großer Korb voll Lebensmittel, Kleidern und Spielsachen gebracht wurde. Ja, sogar ein geschmückter kleiner Christbaum stand vor der Tür!“ – Eine Riesenfreude, nicht nur für die sieben kleinen Kinder ...

Mein Schutzengel

Ein Engel mich begleitet
auf meiner Lebensbahn.
Ich spüre seinen Segen
auf allen meinen Wegen,
er hilft oft wunderbar
durch Not mir und Gefahr.

Er kennet mein Begehren,
weiß, was mein Herz bewegt;
ich hab' in bangen Stunden
oft seine Näh' empfunden.
Er gab mir guten Rat
und Mut zu meiner Tat.

Oft hab' ich still gebetet
in meinem Kämmerlein,
wenn schon am frühen Morgen
mich drückten Angst und Sorgen.
Doch' all mein Leid entschwand,
eh' kam die Nacht ins Land.

Der Du mich schütz'st und segnest
auf meiner Lebensbahn,
ach bleib' mir stets zur Seite,
und führe mich und leite
der bess'ren Heimat zu,
wo ewig Fried' und Ruh'.

Friedrich Kiel

Mutterliebe aus dem Jenseits

Im „Schwäbischen Merkur“ vom 10. Mai 1930 berichtete der evangelische Pfarrer einer deutschen Gemeinde im US-Staat Nebraska:

„An einem stürmischen Februarabend saß ich an meinem Schreibtisch. Der Wind peitschte Regenschauer gegen das Fenster und im Getöse (...) hatte ich wohl das Anklopfen der Frau überhört, die plötzlich in einiger Entfernung vor mir stand. Etwas altmodisch, aber sehr sorgsam gekleidet, glich meine Besucherin durchaus den hochanständigen eingewanderten Deutschen aus meiner Gemeinde. Ergreifend war der sorgenvolle geängstigte Ausdruck ihres mütterlichen Gesichtes, als sie zu sprechen begann. Wie von fernher sagte sie eindringlich: ‚Herr Pfarrer, ich bitte Sie, bringen Sie meiner Tochter das hl. Abendmahl. Verlieren sie keine Zeit, sonst stirbt mein Kind und ist nicht in Gnaden!‘

Ich erklärte mich bereit, sofort zu gehen, griff nach Stift und Notizblock und schrieb mir Namen und Wohnung auf. ‚Ich danke Ihnen von ganzem Herzen‘, hörte ich meinen Gast sprechen, aber als ich die Augen vom Schreiben erhob, war ich allein im Zimmer. Mich zu wundern über das lautlose Verschwinden nahm ich mir gar keine Zeit. Diese Aline Wagner wohnte in einer entfernten Straße. Ich wollte mich beeilen, zu der offenbar Sterbenden zu kommen und traf unverzüglich alle zu einem solchen Gang notwendigen Vorbereitungen.

Zehn Minuten später saß ich in der U-Bahn, und nach einer halben Stunde erstieg ich schwachbeleuchtete Treppen.

Der Hausflur war so finster, daß ich zur Taschenlampe greifen mußte, um in der Reihe der Namensschildchen das, welches ich suchte, zu finden.

Ich klopfte sehr sachte an, galt doch mein Besuch einer Sterbenden, wie ich meinte. Eine merkwürdig frische Stimme rief laut und fröhlich: ‚Come in!' Da war nichts Krankes und nichts Deutsches, und ich blieb in der geöffneten Tür wie angewurzelt stehen. Mitten in dem bescheidenen Zimmer stand ein junges, blühend schönes Mädchen. Sie trug ein zartfarbenes Kleid, sehr ausgeschnitten, und war eben dabei, eine Perlenkette umzulegen.

Mein Eintritt überraschte sie so sehr, daß ihr die Arme sanken. Ich war in peinlicher Verlegenheit. Daheim in Deutschland wäre ich wohl umgekehrt, aber sagte da nicht eine eindringliche Mutterstimme: ‚Sonst stirbt mein Kind und ist nicht in Gnaden?' Wie unter einem Zwang sagte ich: ‚Ich bin der Pastor dieser Gemeinde und gekommen, Fräulein Aline Wagner das hl. Abendmahl zu reichen.'

Sonderbare Wirkung auf das junge Mädchen: Zuerst Hilflosigkeit, dann Aufleuchten der Augen. Dann in deutscher Sprache die Worte: ‚Jetzt weiß ich erst, wie lange ich mich danach gesehnt habe!' Hierauf sank sie still in sich zusammen und weinte. Sie war Assistentin in dem chemischen Laboratorium, das unsere Stadt bekannt machte. Wand an Wand mit ihr wohnte der Kollege, den sie erwartet hatte, als ich eintrat. Nun klopfte sie ihm, um ihm zu sagen, daß sie heute nicht mehr ausgehen würde.

Wir redeten weiter. Ich war mehrmals im Begriff, nach ihrer Mutter zu fragen, aber anderer Gesprächsstoff verdrängte den Vorsatz. In – wie ich fest überzeugt bin – heiliger Bereitschaft empfing Aline Wagner glaubensvoll die Kommunion. Als ich von ihr Abschied nahm, fragte sie mich plötzlich: ‚Wer hat Sie denn zu mir gerufen, Herr

Pfarrer?' – ‚Ihre Mutter, mein Kind.' Da schaute sie mich mit großen Augen an und sagte: ‚Meine Mutter ist seit fünf Jahren tot!'
*Zwei Tage später berichteten die Zeitungen von einem furchtbaren Explosionsunglück in den Chemie-Werken. Unter den Toten obenan stand der Name ‚Assistentin Aline Wagner'."**

Wenn *Emanuel* an einer Stelle erklärte, Mutterliebe sei aus höherstufiger spiritueller Sicht nur eine etwas erweiterte Selbstliebe, so mag er wohl recht haben. Für uns Erdenmenschen aber bleibt Mutterliebe dennoch der erfahrbare Inbegriff von Hingabe- und Opferbereitschaft. Sie behält ihre Kraft über das Grab hinaus, wie alles, was unser Leben prägte.

Ein besonders eindrückliches Beispiel von mütterlicher Liebe, die noch aus der jenseitigen Welt wirksam wurde, möchte ich dem Vergessenwerden entreißen: Die Begebenheit ereignete sich im Deutsch-Französischen Krieg 1870/71. Noch 1911 befand sich auf dem Friedhof der oberhessischen Stadt Lich, am Grabe von Frau *Katharina Häuser*, gestorben 1873, eine Gedenktafel mit folgender Inschrift:

„Am 14. Januar 1871 vor Briarre als französischer Sergeantmajor mit meiner Abteilung eine Bajonettattacke gegen hessische Dragoner ausführend und mich soeben selbst auf einen der Dragoner, mit Namen Häuser, stürzend, vernahm

---

* Eine ähnliche Begebenheit enthält mein Buch „Abschied ohne Wiederkehr?" auf Seite 72, und zwar den Bericht des französischen Abbé Labutte, welcher im Jahre 1943 in der Zeitung „Croix de l'Orne" erschien. Der katholische Parapsychologe Bruno Grabinski machte nach dem 2. Weltkrieg diesen Abbé ausfindig. Grabinski schreibt in dem Buch Leben die Toten? (Walter, Olten/Schweiz, 1949, S. 242): „Er versicherte mir auf seine priesterliche Ehre, daß sein Bericht den Tatsachen entspreche."

ich plötzlich innerlich die warnende Stimme meiner seligen Mutter: ‚Nous t'avons élevé à craindre Dieu, laisse les vivre.' Der Stimme gehorchend, deckte ich Häuser mit meinem eigenen Leibe und kommandierte: ‚Ne pas tuer, faire prisonnier!'** und rettete auf diese Art das Leben sämtlicher Dragoner.*
In der Nacht vom 23. zum 24. Februar 1879 während des Krimkrieges in Odessa schwerkrank daniederliegend und von Minute zu Minute den Tod erwartend, erschien mir in starker Fieberhitze im Geiste Häusers Mutter, mir die Worte zurufend: ‚Für diesen Sohn, den Du mir gelassen und verteidigt, möge Gott Dir das Leben geben.' Und was sie sprach, das geschah. Ich gesundete, ein neues Leben war mir gegeben. – Also sprach Gott durch den Mund zweier Mütter, die längst nicht mehr von dieser Welt waren.
Léon Blat, Kaufmann in Odessa, Südrußland"

Nach vielen vergeblichen Erkundigungen bei den hessischen Dragonern, die am 70er Kriege teilgenommen hatten, fand Léon Blat endlich den gesuchten Mann, dessen Namen er nicht wußte, in Lich wieder! Er ließ die Gedenktafel anfertigen und am Grab der Mutter jenes Dragoners anbringen.

Mutterliebe aus dem Jenseits? – Warum nicht? Auf ganz außergewöhnliche Weise erfuhr dies Frau *Charlotte Sch.* aus Berlin-Lichterfelde.

Im Jahre 1950 mußte sie wegen einer Wohnungsangelegenheit einen Rechtsanwalt nehmen. Sie wählte einen, der ihren Vater gekannt hatte. Während eines zweiten Vorsprachetermins kam es zum Austausch diesbezüglicher Erinnerungen,

---

* „Wir haben dich gottesfürchtig erzogen, darum schenke ihnen das Leben."
** „Niemanden töten, gefangennehmen!"
*** In: „Zeitschrift für Seelenleben", 1911, S. 231.

so daß das Gespräch wie zwischen alten Bekannten ablief. Trotzdem war Frau Sch. reichlich erstaunt, daß dieser ernste, ruhige und ältere Mann sich für sie als Frau zu interessieren schien, ja er bekannte ihr sogar ganz offen, daß er eine Ehe mit ihr sehr begrüßen würde! Selbstverständlich legte er sofort die Gründe seines Verhaltens dar, und so erfuhr die zunehmend erstaunende Frau Sch. folgendes:

Der Rechtsanwalt pflegte innigen Umgang mit seiner lieben Mutter, die 1906 unsere Ebene verlassen hatte und ihn seitdem beschützte. Er sah und hörte sie häufig. Während des Krieges bewahrte sie ihn oft vor Verwundung und Todesgefahr. Als nun Frau Sch. nach der vorerwähnten ersten Unterredung weggegangen war, habe sich plötzlich die Mutter zu ihm gesellt und ihm gesagt: „Diese Frau, mit der du soeben beisammen warst, ist die richtige Ehefrau für dich!" Und sie empfahl ihm die baldige Eheschließung. Das also war die Ursache für das scheinbare „Draufgängertum" des Rechtsanwalts. Frau Sch. erzählt:

„Und nun griff sie wieder von drüben in sein Geschick ein und versuchte, ihm eine gesegnete Ehe zu schaffen. – Es ist ihr gelungen. Unsere Ehe ist wirklich im Himmel geschlossen und hat sich auf Erden so bewährt, daß die sieben Jahre, die ich mit meinem geliebten Manne erleben durfte, ein Glück gewesen sind, das nur wenigen beschieden ist. Dann allerdings nahm der Tod mir den Inhalt meines Daseins. Aber das Zusammensein mit dem Dahingeschiedenen hat mich gelehrt, daß der Tod keine Trennung sein muß, wenn die Seelen sich zu Lebzeiten gefunden und auf das engste verbunden haben. Meiner lieben Schwiegermutter bin ich noch heute unendlich dankbar dafür, daß sie – vom Jenseits her – die Eheschließung zwischen mir und meinem lieben Mann herbeigeführt hat."

Ganz anders gelagert ist der folgende Fall: Ein Mädchen der Familie *Ludwiger* in Dessau war von Geburt an stumm und gelähmt. Als Mutter starb, ermahnte sie ihre drei anderen Töchter dringlichst, sich stets und sorgsam um die Kleine zu kümmern. Getreulich hielten diese ihr Versprechen, nur am Hochzeitstag der einen vergaßen sie die Kranke. Inmitten des Festtrubels erinnerten sich jedoch alle drei gleichzeitig an das Versäumte und eilten nach Hause. Zu ihrem maßlosen Erstaunen fanden sie das Kind fröhlich aufrecht im Bett sitzend, während es doch sonst immer gelähmt war und sich nie ohne fremde Hilfe aufrichten konnte! Und plötzlich sprach sie, die Mutter sei dagewesen und habe ihr zu essen gebracht. Es waren dies die ersten und letzten Worte ihres Lebens, denn sie starb bald danach.*

Ganz besonders eindrücklich ist das Erlebnis des Parapsychologen *Richard Hamp* nach der kommunistischen Revolution in Rußland. Obwohl dieser Bericht sich in meinem Buch „Abschied ohne Wiederkehr?“ bereits abgedruckt findet, soll er als Beispiel von Mutterliebe aus dem Jenseits auch in diesem Buch Aufnahme finden, zumal ich mit dem Berichterstatter noch in Korrespondenzverbindung war.

Hamp hielt sich als Lehrer längere Zeit in Rußland auf, wo er in deutschen Siedlungen unterrichtete. Im Jahre 1920 befand er sich auf dem Heimweg nach Deutschland, als er kurz vor der russisch-polnischen Grenze festgenommen wurde. Dem örtlichen Kommandanten vorgeführt, ließ dieser sein Gepäck untersuchen, wobei eine Landkarte gefunden wurde. Für den Kommandanten war dies ein Beweis, daß er es mit

* Aus ähnlichen Begebenheiten ist zu schließen, daß Stummgeborene durchaus die Sprache ihrer Umgebung erlernen können. Es ist z. B. ein Fall aktenkundig, wo eine Zwanzigjährige, die von Geburt an Pflegefall war und nie auch nur ein einziges Wort hervorbrachte, sich kurz vor ihrem Tode selber die Sterbelieder sang!

einem Spion zu tun habe und ordnete seine Erschießung an. Richard Hamp schreibt:

„*Es war gegen 18 Uhr und schon ziemlich dunkel, als das Todesurteil ausgesprochen wurde. Wegen der Dunkelheit sollte die Erschießung erst am nächsten Morgen vorgenommen werden. Der Kommandant ordnete an, daß fünf Posten den Spion bewachen sollten und bestellte – es war Winter – zwei Schlitten für den nächsten Morgen 7 Uhr, die das Erschießungskommando und den Delinquenten in den Wald fahren sollten.*“

Hamp blieb in einer Stube desselben Bauernhauses, in welchem der Kommandant mit seinen Leuten untergebracht war. Während er auf einem Schemel hockte, nahmen die fünf Posten mit aufgepflanzten Bajonetten auf einer langen Bank entlang einer Stubenwand Platz. Als nun der Bauer ein Bündel Stroh auf dem Fußboden ausbreitete, flüsterte er Hamp zu, daß, falls er noch Wertsachen bei sich habe, er dieselben beim Austreten im Stall im Pferdemist verstecken solle. Die anderen Todeskandidaten hätten ihm, dem Bauer, auf diese Weise etliches zukommen lassen. Mit sarkastischem Humor erzählt Hamp:

„*Meine mit Stoff überzogenen Goldmünzen, die ich in der Ukraine für Vorträge und Unterricht geschenkt bekommen hatte, waren bei meiner Leibesvisitation nicht entdeckt und daher nicht abgenommen worden. Eine Liebe ist der andern wert, dachte ich, und so landeten die Goldstücke im Pferdemist, der dadurch einen höheren Kurs erhielt. Der Bauer hatte mir immerhin ein bequemes Nachtlager für meine letzte Nacht bereitet, und für mich hatten die Goldmünzen nun doch keinen Wert mehr.*“

Der Erzähler legte sich auf das Stroh nieder. Die Stube war von einer Petroleumlampe mit einem total verräucherten Zylinder nur schwach erleuchtet. Die Posten saßen auf der Bank, ihre Gewehre zwischen den Knien haltend, und schlummerten. – Bemerkenswert ist im Folgenden, daß bei Hamp die Lebensrückschau erfolgte, ohne daß augenblickliche Todesnähe bestand:

„Ich nahm Abschied von diesem Leben. Und wie ein Film rollte mein bisheriges Leben vor meinem geistigen Auge ab. Ich kam bis zu der Stunde, wo meine Mutter auf ihrem Sterbebett sich um 10 Uhr abends von mir für immer verabschiedete, als ich acht Jahre alt war. ‚Morgen früh um fünf Uhr, wenn die Sonne aufgeht, muß ich fort von hier. Der Heiland hat mich gerufen', sagte meine Mutter und fuhr fort: ‚Dir, mein jüngster Sohn, hinterlasse ich den Rat: Immer, wenn du in Not und Gefahr kommst, wende dich an Gott, nur an Gott und sonst niemand!' Als am nächsten Morgen die Uhr fünf Schläge ertönen ließ und die ersten Sonnenstrahlen durchs Fenster blinzelten, ging meine Mutter zu ihrem Heiland...

In den Wirren des Lebens hatte ich den Rat meiner Mutter längst vergessen. Aber jetzt, in meiner Todesstunde, hörte ich ihre Worte wie einen Glockenschlag in meiner Seele, so als wenn sie aus einer anderen Welt kämen.

Ich wandte mich an Gott, nahm seelischen Kontakt mit ihm auf, wurde von Licht durchflutet und bekam die Gewißheit, daß eine lichte Gestalt neben mir sei. Ich schlug die Augen auf und sah die Gestalt meiner Mutter! Vor freudiger Überraschung rief ich aus: ‚Mutter!'

Die schlummernden Posten schreckten zusammen, griffen nach ihren Waffen und fluchten. Als sie sich überzeugt hatten, daß der Verurteilte ruhig auf dem Stroh lag,

beruhigten sie sich und dösten weiter. Sie mochten ähnliche Aufschreie wohl schon öfters bei anderen Todeskandidaten gehört haben...“
„Meine Mutter“, so setzt Richard Hamp seinen Bericht fort, „teilte mir dann mit, daß ich nicht erschossen werde. Ich solle nur am kommenden Morgen den Kommandanten zur Rede stellen und ihm das sagen, was sie mir mitteilen werde. Nachdem dies geschehen war, verabschiedete sie sich von ihrem Sohn mit den Worten: ‚Gottes Friede erfülle dich‘“.

In, wie Hamp betont, noch nie vorher erlebtem inneren Frieden schlief er dann ein, bis man ihn um sieben Uhr mit Kolbenstößen weckte und aufforderte, zum Schlitten zu kommen. „Kannst bald weiterschlafen“, sagten die Posten. Hamp verlangte, den Kommandanten sprechen zu wollen. Die Soldaten lehnten jedoch ab und forderten energischer, mit ihnen zum Schlitten zu gehen. Schließlich versuchten sie, laut fluchend und schimpfend, ihn mit Gewalt auf einen der Schlitten zu zerren. Hamp wehrte sich und gab einem der Posten einen Stoß, daß dieser stolperte und hinfiel. Die anderen entsicherten ihre Gewehre und legten auf ihn an. Im selben Augenblick kam der Kommandant schlaftrunken und halb angekleidet heraus und wollte wissen, was da vor sich gehe. Doch lassen wir Richard Hamp selber weitererzählen:

„Ich verlangte, ihn unter vier Augen sprechen zu dürfen. Er willigte ein und schickte die Posten aus dem Zimmer, nachdem er sich eine Pistole geholt hatte, die er entsicherte. Dann sagte ich ihm, was meine Mutter mir mitgeteilt hatte. Das waren aber keine Liebenswürdigkeiten, keine Bitten, sondern ich schleuderte ihm in derber russischer Art alle Schandtaten ins Gesicht, die er begangen, und zählte mit selten gelöster Zunge sein ganzes Sündenregister auf, ihn dabei scharf ansehend.

Zuerst zitterte seine Hand, in der er die Pistole hielt, und schien keine Kraft zu haben, die Waffe auf mich anzulegen und abzudrücken. Dann begann er am ganzen Körper zu zittern und immer blasser zu werden. Auch fing er an, sich zu winden, so als ob er heftige Schmerzen im Leibe verspürte und von Krämpfen befallen wurde. Gequält fragte er mich, woher ich das alles wisse, und ich antwortete, daß meine verstorbene Mutter es mir in der vergangenen Nacht mitgeteilt habe, und seine unschuldigen Opfer sich an ihm rächen würden."

Der Russe ließ Hamp nicht zu Ende reden, sondern preßte hervor: „Geh wohin du willst, aber geh schnell fort von hier!" Hamp forderte jedoch zuvor eine Bescheinigung, damit er nicht von der nächsten Patrouille wieder festgenommen würde. Unverzüglich wurde ihm der gewünschte Passierschein ausgestellt, und als Hamp fortging, sagte er aufatmend: „Tod, wo ist dein Stachel, Hölle, wo ist dein Sieg?!"*

Ein evangelischer Pfarrer aus Langeland (Dänemark) erzählte von Engel-Visionen seiner gestorbenen Mutter:

„Sie kam mit etwa 14 Jahren, da ihr Vater gestorben war, als Dienstmädchen nach Bornholm. Die Leute, bei denen sie war, behandelten sie nicht gut. Eines Tages, um die Mittagszeit, ging sie tief betrübt aufs Feld hinaus, legte sich unter einen Busch, weinte und betete. Da sah sie plötzlich einen Engel mit großen Flügeln und strahlendem Angesicht vor sich, und unwillkürlich streckte sie ihre

---

* 1. Kor. 15, 55. – Richard Hamp war während des 2. Weltkrieges im besetzten Osten in der Wirtschaft eingesetzt. Dort wurde er von der gefürchteten Gestapo verhaftet. In einer finsteren stinkenden Todeszelle erlebte er noch einmal die Erscheinung seiner Mutter. Sie sprach ihm Mut zu, und daß er wieder freikommen werde.

Arme nach ihm aus und lächelte, trotz ihrer Tränen. Im selben Augenblick war er verschwunden, aber von Stund an fühlte sie sich nicht nur wunderbar gestärkt und getröstet, sondern die Leute, bei denen sie war, wurden freundlich und gut zu ihr.

Mit einigen 50 Jahren starb Mutter an Krebs. Die letzten Monate vor ihrem Tode lag sie zu Bett und mußte viel leiden. Am Tag, bevor sie starb, sagte sie zum Vater: ‚Nun ist meine Zeit bald um.' ‚Warum glaubst du das?' fragte Vater. ‚Weil ich heute den Engel aus meiner Kindheit wiedergesehen habe. Er stand am Fußende meines Bettes und ich erkannte sein Gesicht. Es war derselbe, den ich damals sah, und er lächelte mir zu.' Am nächsten Tag starb Mutter ganz plötzlich am Herzschlag. Ihr Tod kam uns ganz unerwartet."

Ein merkwürdiges Fronterlebnis

Aus dem Ersten Weltkrieg schilderte der ehedem bekannt gewesene Schriftsteller *Hans Zöberlein* (1895–1964) folgendes seltsame Erlebnis an der Westfront: Als ringsherum Granaten einschlugen, wurde ein links von ihm liegender Kamerad plötzlich über ihn hinweggehoben und auf die rechte Seite transportiert! In diesem Moment schlug da, wo der Soldat gelegen hatte, eine Granate ein!

Jener Soldat erzählte später, es sei ihm plötzlich eiskalt über den Rücken gelaufen, und dann habe er plötzlich seine Mutter gesehen, die ihm voller Angst zugerufen habe, er möge um Gottes willen dort weggehen. Gleich darauf habe es ihn, er wisse selber nicht wie, über Zöberlein hinweg auf die andere Seite gehoben und schon sei die Granate eingeschlagen. Er war aber furchtbar erschrocken, denn ihm sei es gewesen, als wäre seine Mutter von der Granate getroffen worden, und seitdem meine er, daß seine Mutter tot sein müsse.

Wenige Tage nach diesem außergewöhnlichen Erleben wurde das irdische Leben dieses jungen Soldaten ausgelöscht. Eine Zeitlang später traf ein Brief des Pfarrers aus dem Heimatort des Gefallenen ein, worin mitgeteilt wurde, daß dessen Mutter gestorben sei. Ihr Todeszeitpunkt stimmte genau mit jener Stunde überein, als ihr Sohn auf so seltsame Weise gerettet worden war. Der sterbenden oder eben gestorbenen Mutter war es also möglich gewesen, ihren einzigen noch verbliebenen Sohn (ihre anderen waren bereits gefallen) für dieses Mal vom Tode zu erretten.

Deutung: Starkes mütterliches Sehnen ließ die Mutter erahnen, daß ihrem Sohn akute Gefahr drohte. Im Rahmen unbewußter Bilokation verließ sie ihren Körper, war im

Augenblick höchster Gefährdung astralkörperlich bei ihm und bewirkte mit angstverstärkter Willenskraft seine Rettung. Daß ihr eigener Tod mit der krepierenden Granate im Zusammenhang stand, ist naheliegend (denn ein genügend verdichteter Astralkörper ist verletzbar).* Bei der Mutter traf dies zu jenem Zeitpunkt zu, denn sie wurde vom Sohn gesehen.

---

* Vgl. den schier unglaublichen Fall „Zugführer Novotny“ in R. Passian: Neues Licht auf alte Wunder, Reichl Verlag, St. Goar 1982, S. 62; zitiert nach: Zentralblatt zur Erforschung der gesamten Geheimwissenschaft, 12. Jahrg., Leipzig 1918/1919, S. 266. [Das „Zentralblatt“ wie auch andere wichtige Zeitschriften zur parapsychologischen Forschung aus der ersten Hälfte des vorigen Jahrhunderts – „Sphinx“, „Psychische Studien“, „Zeitschrift für Parapsychologie“ – werden vom Freiburger Institut für Grenzgebiete der Psychologie als Daten aufbereitet und in Zusammenarbeit mit der UB Freiburg online zur Verfügung gestellt.]

Ein Weihnachtserlebnis im Krieg: „Patrouille Engel“

Erster Weltkrieg, im Winter 1915 an der russischen Front. Der Meldereiter B. war einem Divisionsstab zugeteilt und bekam am frühen Nachmittag des 24. Dezember den Auftrag, sich zu einem benachbarten Regiment zu begeben. Eine ärgerliche Sache, denn B. hatte sich auf die kleine Weihnachtsfeier gefreut, die von den Meldereitern vorbereitet worden war. Aber Befehl ist Befehl ...

Als die Dämmerung hereinbrach, machte er sich auf den Weg. Die weiße Schneedecke überzog wohltätig ein Gebiet, um das die Kämpfe seit mehr als einem Jahr tobten. Hügeliges Flachland, hier und da ein paar Bäume, niedriges Gebüsch, kleine Waldstücke.

Nach einer Stunde begann es dunkel zu werden und in dichten Flocken zu schneien. Der Mond ging auf. An des einsamen Reiters linker Seite kam der Frontlärm immer näher. Er zweifelte nun, ob er noch auf dem richtigen Weg sei, denn um ihn her schlugen Granaten ein. Er versuchte, diesem Bereich zu entkommen, aber sein Pferd hielt einen leichten Galopp wegen des Schnees nur kurz durch.

Mitten im Schneegestöber gewahrte B. auf einmal jemanden in einem weißen Pelz, der neben ihm herlief. Plötzlich eine Stimme: „Fort! Machen Sie, daß Sie fortkommen! Halten Sie sich hinter mir!“ Es waren deutsche Worte, aber sie klangen nur wie verweht zu ihm herüber. Und jetzt sah er, daß ein Mann im Pelz vor ihn herlief. B. folgte ihm, und die Feuerzone lag bald hinter ihnen.

Nach einigen Minuten blieb die weiße Gestalt stehen und fragte: „Wo wollen Sie hin?“ B. nannte Ziel und Aufgabe.

„Unmöglich, man weiß drüben (bei den Russen), daß heute Weihnachten ist, man wird uns nicht in Ruhe lassen. Kommen Sie weiter, es sind nur noch ein paar Minuten." Dann sagte der Mann etwas ganz Seltsames: „Ich werde *langsam* gehen, damit Sie nachkommen können." B. wunderte sich, daß jener, der zu Fuß war, ihm, der von einem Pferd getragen wurde, sagte, er wolle langsamer gehen, damit B. nachkommen könne! B. bekennt: „Von diesem Augenblick an begann die seltsame Stimmung, die mich während des ganzen Abenteuers umfangen hielt."

Durch den Flockenschleier glommen die Lichter einer Hütte auf. „Steigen Sie ab", sagte der Unbekannte, „Ihr Pferd wird es eng haben, aber es ist warm." B. folgte dem Mann in einen kleinen Stall, in dem sich eine Kuh und etliche Schafe befanden. Dann nahm er die Satteltasche und betrat eine niedrige Bauernstube. Im großen Ofen knisterte wohlig ein Feuer. Es roch nach Tannenduft. Drei Soldaten saßen da. Einer stand auf und begrüßte B. mit den Worten: „Patrouille Engel. Wir sind hier in besonderem Auftrag. Sie können heute nicht weiter. Bleiben Sie hier. Es ist für alles gesorgt. Fröhliche Weihnacht!"

Man hatte B. auch den Truppenteil genannt, dem der Trupp angehörte. Nach einer Weile erfolgte Wachablösung. Zwei Soldaten in Schneemänteln kamen herein und brachten eine kleine Tanne mit. Mit drei Kerzen und ein paar Staniolfäden wurde sie geschmückt, und die Soldaten begannen Weihnachtslieder zu summen. B. bemerkt: „Man hatte einen Topf auf dem Ofen, der allerlei Gutes enthielt, und lud mich zum Essen ein. Ich war müde geworden und sah alles wie durch einen Schleier."

Als B. schließlich hinaustrat, um nach seinem Pferd zu sehen, schneite es noch immer. „Eine seltsam feierliche Stimmung hielt das Land umfangen. An der Front war es still geworden. Weihnachtsfrieden lag über der Erde." Als B. wieder in die

Stube kam, sagte man ihm: „Kamerad, wenn Sie müde sind, Sie können schlafen." Und das war der einzige Wunsch, den er in diesem Augenblick wirklich hatte, fährt B. in seiner Schilderung fort. „Man machte mir einen Strohsack zurecht in der Nähe des Ofens. Ich legte mich nieder, wickelte mich in den Woilach (die Pferdedecke), und zwischen Wachen und Träumen hörte ich die Männer in einer eigentümlich sanften Sprache miteinander reden. Waren das wirklich Soldaten von dieser Welt? Ich glaubte mich in ein Kloster versetzt."

Als B. erwachte, brach Sonnenschein durch die kleinen Fensterscheiben. Er richtete sich auf und sah sich um. Er war allein. Auf dem Tisch stand die kleine Tanne mit den herabgebrannten Kerzen. Ein kleines Päckchen hing daran, mit einer Wegzehrung für ihn sowie der genauen Anweisung, wie er seinen Weg fortsetzen sollte. „Fröhliche Weihnachten, Patrouille Engel" stand darunter, sonst nichts. Das kleine Haus war leer. Im Stall stand sein Pferd, aber Kuh und Schafe waren fort.

B. machte sich auf den Weg und erreichte aufgrund der erhaltenen Hinweise ungefährdet sein Ziel. Dort angekommen, erfuhr er, daß der Divisionsstab, von dem er herkam, in der vergangenen Nacht einem Artillerie-Überfall zum Opfer gefallen war!

Der Bericht schließt mit den Worten: „Die Patrouille Engel kannte niemand. Auch die einsame Bauernhütte, die ich schilderte, war allen unbekannt. Ich forschte weiter nach. Das Regiment, das mir der Führer der Patrouille genannt hatte, war noch nie in dieser Gegend gewesen. Während der ganzen Zeit, die ich an der dortigen Front zubrachte, ließ mir das Rätsel ‚Patrouille Engel' keine Ruhe. Ich habe es nie lösen können und weiß heute noch nicht, wem ich mein Leben in jener Weihnacht 1915 zu verdanken habe."*

* In: Zeitschrift „Die andere Welt", Nr. 12/1967, S. 1063.

Man sollte solch nachdenkenswerte Erlebnisschilderungen nicht mit parapsychologischen Deutungsversuchen zerpflücken. Für den Meldereiter B. und sein späteresLeben wird diese merkwürdige Bewahrung vor einem vorzeitigen Tode gewiß seinen Sinn gehabt haben.

„Der Herr hat seinen Engeln befohlen..." (Psalm 91)

Ernst von Jaminet berichtet von einem Hausbrand, bei dem ein fünfjähriger Bub in der Dachstube vergessen worden war. Als ein Feuerwehrmann, unter Einsatz seines Lebens, ins brennende Zimmer vordrang, dessen Fußboden bereits durchgebrannt war, bemerkte er zu seinem größten Erstaunen, „daß das Feuer um die Ecke, in der das Bett des Kindes stand, in ganz unerklärlicher Weise einen Bogen beschrieb, so daß der Knabe unversehrt geblieben war." Der Feuerwehrmann versicherte anschließend, er habe eine Gestalt wie einen Engel gesehen, „etwas ganz herrlich Weißes und Silbernes, das sich übers Bett beugte und die Bettdecke glattstrich!"

Hierzu ist noch bemerkenswert, daß die Mutter jenes Buben, die zur Zeit des Brandes abwesend war, in der betreffenden Nacht von einer lebhaften Unruhe wegen ihres Kindes erfaßt wurde, so daß sie längere Zeit für dasselbe inständig betete. In diesem Falle hatte nur der Feuerwehrmann den Engel gesehen. Seine Aussage kann man glauben oder auch nicht. Die Rettung des Jungen jedoch, besonders der vom Feuer ausgesparte Schlafplatz, entsprach einem objektiven Sachverhalt.

Als Ostpreußen noch nicht zu Rußland gehörte, lebten im Dorfe Argeninken bei Tilsit zwei Kleinbauern namens *Kalweit* und *Pauwels* seit langem wegen einer Wiese im Streit miteinander. Kalweit war ein gottgläubiger rechtschaffener Mann, während Pauwels ein gewalttätiger, mehrfach vorbestrafter Geselle war, dem die Dorfbewohner lieber aus dem Wege gingen. Wegen der Wiese kam es zu einer Gerichtsverhandlung, die der rechtmäßige Besitzer Kalweit gewann. Sein

Prozeßgegner Pauwels schwor ihm daraufhin Rache und drohte, ihn bei Gelegenheit umzubringen.

Kalweit mußte nun eines Tages weit über Land. Pauwels erfuhr davon. Der Weg führte durch ein großes Waldgebiet. Kalweit betete vor Antritt seiner Reise um göttlichen Schutz und begann frohgemut seinen Marsch. Jedoch erschrak er nicht wenig, als er in jenem Walde seinen Todfeind Pauwels auf sich zukommen sah, bewaffnet mit einem gewichtigen Prügel. In seiner Todesangst betete er zu Gott um Beistand und ging weiter. Groß aber war sein Erstaunen, als sein Feind beim Herannahen die Mütze zog und ihn unbehelligt seines Weges ziehen ließ!

Nach diesem Vorkommnis schien mit Pauwels eine Wandlung vorgegangen zu sein, er war plötzlich zu jedermann freundlich und ging sogar in die Kirche! Auch gegen seinen Prozeßgegner Kalweit schien er keinen Groll mehr zu hegen, und als sie einmal miteinander sprachen, fragte Kalweit ihn, was er damals im Schilde geführt habe, im Walde.

Und nun gestand Pauwels, daß er Kalweit habe umbringen wollen. Er habe ihn allein weggehen sehen und sei querfeldein in den Wald gelaufen, um schneller am vorgesehenen Platz zu sein. Als er jedoch Kalweit kommen sah, sei dieser von einem großen fremden Mann begleitet gewesen, und der habe ihm ganz schön Respekt eingeflößt.

In „Wirklichkeit" war Kalweit allein gewesen, aber sein notvolles Gebet mochte bewirkt haben, daß – wie ein psychologisches Gutachten lauten würde – sein Gegner einen schützenden Begleiter halluzinierte. Kalweit selbst aber war überzeugt, daß es sein Schutzengel war, der im Augenblick höchster Not für Pauwels sichtbar wurde.

Ähnliches scheint seinerzeit dem Stuttgarter Hofprediger *Hedinger* widerfahren zu sein, als er wegen seiner freimütigen Predigten zum darob sehr erzürnten Herzog *Eberhard*

Ludwig zu einer Audienz unter vier Augen beordert worden war. Unter ernstlichem Gebet machte sich Hedinger auf den Weg ins Schloß. Kaum war er beim Herzog eingetreten, so fuhr ihn dieser an: „Hedinger, warum kommt er nicht allein?" „Durchlaucht, ich bin allein", gab der Hofprediger zur Antwort. Als jedoch der Fürst, immer auf Hedingers rechte Seite blickend, darauf beharrte: „Nein, er ist nicht allein", da entgegnete der Pfarrer: „Durchlaucht, ich bin wahrhaftig allein gekommen. Sollte es aber dem großen Gott gefallen haben, in dieser Stunde einen Engel neben mich zu stellen, so weiß ich es nicht."

Merklich erschüttert hieß der Herzog den so offensichtlich Beschützten gehen. Welcher Gefahr dieser entgangen war, hat er nie erfahren.

Ein noch eindrücklicheres Erlebnis dieser Art berichtet die Gründerin des Deutschen Evangelischen Frauengebetsbundes, Frau *von Oertzen*, aus der Zeit ihrer Tätigkeit in China:

> *„Unsere Schwestern in Shunking sind wiederholt in den ernstesten Gefahren gewesen durch Räuber und Bolschewisten, und immer wieder hat Gott sie behütet. Einmal kamen Chinesen zu Schwester* Ida Seidenberg *und fragten: ‚Wo habt ihr denn eure Soldaten mit den glänzenden Waffen versteckt?' Sie antwortete: ‚Wir haben keine Soldaten und keine Waffen.' Da durchsuchten die Männer das ganze Haus. Sie fanden nichts und erzählten dann: ‚Es standen doch in der Nacht große Soldaten mit glänzenden Waffen auf eurem Dach, und wir fürchteten uns vor ihnen und ihren Waffen'."*

Der Vater einer Dame meines Freundeskreises kannte den Missionar *van Asselt* aus Utrecht, der mit seiner Frau lange auf Sumatra gewirkt hatte. Damals huldigten die Einwohner Sumatras noch dem Kannibalismus. Nicht nur ihre

Kriegsgefangenen pflegten sie zu verspeisen, sondern auch Fremde, deren sie habhaft werden konnten. Verständlich, daß van Asselt und seiner Gattin recht mulmig zumute war, als sie sich die erste Nacht in ihrer Hütte zur Ruhe begaben. Was blieb ihnen anderes, als um Schutz zu beten? Danach schliefen sie ruhig die ganze Nacht und alle folgenden Nächte ebenfalls.

Da kam eines Tages einer der Häuptlinge zum Missionar und fragte ihn: „Sage mir, was machst du alle Nächte um deine Hütte herum?“ Van Asselt erwiderte, er wisse nicht, was der Häuptling meine; er tue nichts um seine Hütte herum. Darauf versetzte der Eingeborene, er habe es ja selbst gesehen! Der Missionar habe eine doppelte, blendende Kette um seine Hütte herumgezogen. Er, der Häuptling, habe zusammen mit anderen sehen wollen, was das eigentlich sei. Da hätten sie gesehen, daß es Menschen waren, die so dicht aneinander standen, daß man nicht durchgehen konnte. Einer von ihnen habe es versucht, sei aber von dem hellen Licht dieser Gestalten so geblendet worden, daß er umkehren mußte.

Da erkannten van Asselt und seine Frau, daß ihre Gebete um Schutz erhört worden waren. Unter den Eingeborenen bewirkte dieses Geschehen einen gewaltigen Eindruck, so daß der Missionstätigkeit des Ehepaares ein nachhaltiger Erfolg beschieden war.

„...Wir konnten gegen deine Beschützer nicht aufkommen.“

Als die katholischen Bischöfe noch keine Angst davor hatten, erforderlichenfalls einen Exorzismus zu erlauben bzw. anzuordnen, geschah einmal im US-Staat Iowa folgendes:

Vor dem Zweiten Weltkrieg gab es dort damals deutsche katholische Gemeinden. Im Frauenkloster der deutschen Franziskanerinnen, in der Pfarrei Earling, befand sich eine 40jährige Frau, die schon seit ihrem vierzehnten Lebensjahr „Nervengeschichten“ hatte. Wollte sie beten oder zur Kirche gehen, war es ihr, als ob sie mit Gewalt daran gehindert wurde. Unter anderem behauptete sie, unheimliche Stimmen zu hören, die sie zum Selbstmord drängten. Im Laufe der Jahre waren viele Ärzte konsultiert worden, aber keiner hatte helfen können. Priester hingegen kamen zu der Überzeugung, daß dämonische Besessenheit vorliegt, denn die Frau geriet in rasende Wut, sobald man ihr einen Gegenstand gab, der mit Weihwasser besprengt oder heimlich gesegnet worden war.

Der bayerische Kapuzinerpater *Theophilus Riesinger* und Pfarrer *Steiger*, ebenfalls ein Bayer, wurden schließlich vom zuständigen Bischof beauftragt, den kirchlichen Exorzismus vorzunehmen.

Kaum war damit begonnen worden, schnellte die Besessene empor und hing wie ein Katze über der Tür! Sie wurde gewaltsam auf ihr Lager zurückgebracht. Da brüllte es aus ihr mit dermaßen lauter Stimme (ohne daß sie den Mund bewegte!), daß es trotz der verschlossenen Fenster nach draußen drang und Leute erschreckt aus den Häusern kamen und fragten, was da los sei. Man hielt sie an, mitzubeten.

Was sich im einzelnen abspielte, bleibe hier unerwähnt, es war schauerlich genug. Mit besonderem Haß wurde Pfarrer Steiger verfolgt. Die Stimme drohte ihm: „Warte nur, wie ich es dir heimzahlen werde! Die ganze Pfarrei hetze ich gegen dich auf. Warte nur, dir und deinem Herrgott zeige ich's noch! Warte nur, Pfarrer, bis die Woche zu Ende geht. Kommt erst einmal der Freitag, dann..."

Pfarrer Steiger ließ sich von den Drohungen nicht beeindrucken. Am besagten Freitag jedoch wurde er telefonisch von einem weit entlegenen Farmer zu dessen schwerkranker Mutter gebeten. Er nahm sein neues Auto. Auf dem Rückweg fiel ihm jene Drohung ein, und er empfahl sich seinem Schutzengel.

Die Strecke kannte er gut. Auf einmal war es ihm, als fiele ihm ein schwarzer Schleier über die Augen, just in dem Moment, als er eine Brücke erreichte, die sich über einen tiefen Abgrund spannte. Da, ein Krach, und das zertrümmerte Auto hing mit zerbrochenem Lenkrad am Brückengeländer. Zu Hilfe eilende Leute halfen dem Geistlichen aus den Autotrümmern. Sein Unverletztgebliebensein dünkte ihnen wunderbar!

Zur selben Zeit stieß die Besessene im fernen Kloster ein boshaftes Hohngelächter aus: „Ha, ha, ha! Heute hab' ich es ihm gezeigt! Ha, ha, ha, sein neues schönes Auto in Trümmern! Ha, ha, ha!"

Pfarrer Steiger wurde in einem fremden Wagen ins Kloster zurückgebracht. Sogleich fragte man ihn, ob ihm etwas geschehen sei. Als er zu erzählen begann, mischte sich die dämonische Stimme ein: „Gedacht war es dir eigentlich selber, *aber wir konnten gegen deine Beschützer nicht aufkommen!*"

Die Besessene war zwischendurch bei normalem Bewußtsein, wurde aber bei Beginn eines Exorzismus bewußtlos. Danach wußte sie nicht das geringste von dem, was sich inzwischen ereignet hatte. Körperlich kam sie dermaßen herunter, daß man um ihr Leben bangte. Endlich, am 23. Tag gegen 21 Uhr, wurde sie den Händen ihrer Wärterinnen noch einmal entrissen und mit einem schaurig gellenden Schrei in die Höhe geworfen. Sie sank auf ihr Lager nieder, öffnete selig lächelnd die Augen und sprach: „Gelobt sei Jesus Christus“.

Zum ersten Mal nach zwölf Jahren brachte sie diesen Namen wieder über ihre Lippen (...) Sie blieb von da an geheilt.

Der Schutzengel

Immer wieder will mich mahnen
eine Stimme in der Brust:
Sieh, ich will den Weg Dir bahnen,
aber Du ihn gehen mußt!

Ich will schützend Dich umschweben,
wo Du auch auf Erden bist;
aber Du mußt aufwärts streben,
wie es Gottes Wille ist.

Ich will Dir die Wahrheit bringen,
doch Erkenntnis geb' ich nicht.
Selber mußt Du sie erringen –
Nichts enthebt Dich dieser Pflicht.

Sieh, ich will Dich heimwärts führen
zu des Geistes lichten Höh'n,
wo wir Gottes Odem spüren –
aber Du mußt mit mir gehn!

Hans Bogislav Graf von Schwerin

Alles nur Zufälle?

Der Zufall ist scheinbar etwas Gesetzloses, ist ein unvorhergesehenes nichtgewolltes Geschehen. Von den alten Griechen an sind über den Zufall dicke Bücher geschrieben worden. Ganze philosophische Systeme ranken sich um ihn, aber der Zufall als Geschehnis bleibt geheimnisvoll wie eh und je.

Kleine Zufälligkeiten alltäglicher Natur pflegen freilich von völlig belangloser Art zu sein. Wenn Zufälle jedoch zur Ursache bedeutungsvoller Folgeerscheinungen werden, z.B. ein zufälliges Kennenlernen des späteren Ehepartners, so steckt eben mehr dahinter als bloß ein Zufall im üblichen Verständnis. Dann wäre der Zufall zu werten als „Inkognito des Schicksals", und dies wiederum setzt das Vorhandensein kausaler Vorbedingungen voraus, damit der betreffende „Zufall" geschehen konnte. Somit wäre praktisch jeder Zufall lediglich die Folgeerscheinung eines unentschleierten Kausalzusammenhangs. So weit, so gut. Wenn man aber sogar in Wissenschaftskreisen, besonders bei Spekulationen über die Weltentstehung, mit dem Begriff „Zufall" operiert, so wird er zur „Eselsbrücke der Denkfaulen" und verliert damit den Anspruch auf Ernsthaftigkeit. Wenn nämlich alles Vorhandene im Rahmen unwahrscheinlichster Zufälle aus sich selbst entstanden sein sollte, so müßte die Welt ein Chaos sein (vgl. Kapitel „Urknall und Evolutionslehre"). In Wahrheit ist es aber doch oft so, daß ein bedeutsames Zufallsgeschehen auf eine gewisse „Regie hinter den Kulissen" hinweist.

Dies trifft auf die meisten der in diesem Buch wiedergegebenen Fallbeispiele augenscheinlich zu. Auch auf das folgende, welches im Juli 2003 in Herford (D) geschah:

Ein fünf Monate altes Mädchen befand sich im Audi ihrer Mutter, als diese eine rote Ampel übersah und in drei Autos krachte. Dabei wurde das Baby herausgeschleudert und unter dem umkippenden Wagen begraben. Aber: Das Mädchen lag genau im Hohlraum einer großen Beule in der Karosserie und war nur leicht verletzt!

Ähnliches erlebte Frau *Maria W. Rohde* aus der „Linha Becker" in Porto Novo, einer Urwaldsiedlung deutscher Katholiken in Brasilien.* Im Beisein anderer Mitreisender war Frau Rohde in einem Lastkraftwagen unterwegs. Stundenlanges Fahren auf schmalen und schlechten Erdstraßen war nicht nur damals sehr strapaziös. Auf ihrem Schoß hielt sie einen extra für diese Reise hergerichteten starken Pappkarton umklammert, in welchem, wohlgeschützt vor Staub und Fahrtwind, ihr erst sechs Wochen altes Töchterchen lag. Da wurden sie von einem in rasender Fahrt überholenden anderen Lkw gestreift, so daß ihr Wagen umkippte und mit seiner linken Seite an einer aufsteigenden Böschung zu liegen kam. Frau Rohde verlor den Halt, die große Schachtel entglitt ihr, und die Fahrgäste purzelten durcheinander. In ihr Tagebuch schrieb sie später:

> *„Wir wußten vor Schrecken nicht, ob unsere Knochen noch ganz waren oder nicht. Als ich um mich griff, um mich frei zu machen, merkte ich erst, daß mein Kostbarstes, die Pappschachtel, nicht mehr da war (...), daß sie seitwärts herausgefallen sei und unter dem Wagen liegen müsse! Es kann sich wohl jeder vorstellen, in welcher Qual sich ein Mutterherz befindet in solchen Minuten der fürchterlichsten Ungewißheit.*

* Dem heutigen Ipiranga am Uruguai-Fluß, Bundesstaat Santa Catarina. Vor einigen Jahren besuchte ich diese Kolonie.

Wie wir herauskamen, weiß ich nicht mehr. Ich kann mich nur noch erinnern, daß kräftige Männerarme den Karren bald wieder auf seinen vier Rädern stehen hatten, und daß mein kostbares Kleinod unversehrt unter der umliegenden Seite des Wagens am Boden lag, in einem kleinen, etwa fußhohen Hohlraum, der durch die schützende Böschung frei geblieben war.
Dort habe ich ihn wieder so nahe verspürt, den guten Schutzengel, den der liebe Gott jedem kleinsten Seelchen mit auf den Weg gibt. Mein Mädel lag da so wohlgeborgen und behütet, als ob nichts passiert sei."

Ein ähnlicher Fall: Vor einem Lebensmittelgeschäft in Oberbieber bei Neuwied stellte am 18.9.1943 eine Mutter ihren Kinderwagen ab, dieweil sie sich in den Laden begab. Der Kinderwagen wurde von einem Lkw erfaßt und fast völlig zerstört. Als man nach dem Säugling suchte, fand man ihn völlig unversehrt auf seinem Kissen im Straßengraben liegend! – Zufall?

Nun eine Begebenheit mit zwei „Zufällen" zugleich, geschehen im Mai 1942 in Kosteletz, im damaligen Mähren:

„In der Wassermühle wurden die Einrichtungen kontrolliert. Währenddessen spielte das kleine Kind des Müllers am Mühlengraben mutterseelenallein herum. Plötzlich glitt es aus und fiel ins Wasser, das mit einem Schlage – weil das Getriebe der Mühle unerklärlicherweise in Gang gekommen war – in reißende Bewegung kam.
Mit höchster Geschwindigkeit trieb das Kind dem Mühlrad zu. Es verschwand in dem langen Kanal, der auf die schweren Mühlräder führte. Schon war es in Gefahr, von den Rädern erfaßt und zermalmt zu werden, als die Mühle ebenso plötzlich, wie sie sich in Bewegung gesetzt hatte,

wieder stillstand! In diesem Augenblick wurde der Körper des Kindes unmittelbar vor die Schaufelräder geschwemmt und nun auch gesehen. Man zog es heraus und stellte sofort Wiederbelebungsversuche an, die Erfolg hatten."*

Während seiner Lehrzeit begab sich einmal der Vater von *Alfred Müller-Edler*, Hamburg, in ein benachbartes Dorf. Kurz vor einer Brücke, die über ein reißendes Gewässer führte, vernahm er plötzlich einen kräftigen Pfiff. Er blieb stehen in der Annahme, ein Bekannter wolle ihn begleiten. Es war aber niemand zu sehen. Nach wenigen Minuten abermals ein Pfiff, diesmal näher bei ihm. Wiederum schaute er sich um, aber weit und breit war keine Menschenseele zu erblicken. Nach einigen weiteren Schritten fuhr ihm ein dritter Pfiff direkt ins Ohr hinein, so daß er vor Schreck flugs über die Brücke eilte. Kaum hatte er sie hinter sich, da stürzte sie mit donnerndem Getöse in die Fluten! Zufall? – Aber woher und von wem kam diese „Gehörs-Halluzination"?**

Die Mutter von Frau *Julia B.* aus Wettingen (CH) mußte als Kind täglich Kühe hüten. Als es einmal stark zu regnen begann, begab sie sich schutzsuchend unter einen Baum. Plötzlich löste sich die Kuh „Ziffra" von der Herde und rannte weg. Widerwillig verließ die Hirtin ihr Versteck, um der Kuh zu folgen. Kaum hatte sie den Baum verlassen, als ein Blitz ihn in zwei Hälften teilte! Frau B. schreibt: „Erst nachher hat meine Mutter begriffen, daß die Kuh ihr das Leben gerettet hat. Oder war es ihr Schutzengel?"

---

* „Öffentlicher Anzeiger für den Kreis Kreuznach", Nr. 128 vom 4.6.1942.

** Der Urheber muß nicht unbedingt ein Engel oder Schutzgeist gewesen sein; auch ein Naturwesen kann, unter Nutzung der gegebenen Möglichkeiten, auf diese Art warnen.

*** In: Zeitschrift „Brückenbauer", Januar 2002.

Von Zeit zu Zeit findet man in der Presse Meldungen, wonach Kinder, aber auch Erwachsene, beim Sturz aus größerer Höhe wundersam bewahrt blieben. Wenn, wie das in Hamburg geschah, ein Mädchen aus dem 3. Stock auf den zementierten Hof, oder – wie in Charlottenburg – eine Frau gar aus dem 4. Stockwerk stürzte und beide unverletzt blieben, dann wirkt die „Erklärung", daß hier der Zufall waltete, reichlich kühn.

In Thorn (jetzt Polen) geriet am 4.11.1943 ein Holzhaus in Brand. Eine Mutter, der kein anderer Fluchtweg übrig blieb, warf verzweifelt ihre drei Kinder aus dem 3. Stock in den Garten und sprang dann hinterher. Den Kindern geschah nichts, die Mutter kam mit leichten Verletzungen davon!

Die eineinhalbjährige *Angelika Boxhammer* aus Braunschweig fiel im Februar 1949 aus einem Fenster des 4. Stockwerks und blieb fast unverletzt! „Zufall gibt es nicht", sagte der Münchener Theologe und Engel-Experte *Fritz Fenzl*, „alles ist Fügung, und Schutzengel spielen dabei eine wichtige Rolle." Anfang April 2001 kletterte die 22 Monate alte *Cheryl* beim Spielen durchs offene Fenster einer Dachgeschoßwohnung und fiel hinaus. Ohne Verletzung landete die Kleine auf dem dreieinhalb Meter tiefer gelegenen Vordach der darunterliegenden Wohnung. Nachbarn entdeckten das weinende Kind und alarmierten die Feuerwehr. Per Kran wurde das Mädchen aus zehn Metern Höhe geborgen. Keine Schramme, nur ein blauer Fleck an einem Knie. – Zufall?

Kanada, Nord-Vancouver, an einem Spätnachmittag des September 1989. Urlauber schlenderten über die berühmte 70 m hohe Capilano-Hängebrücke. Jährlich 800.000 Besucher. Eine junge Mutter wagt sich mit ihren Kindern auf den schmalen Weg, durch hüfthohe Geländer gesichert. An der linken Hand ihren fünfjährigen Sohn, auf dem rechten Arm ihr 17 Monate altes Töchterlein. Plötzlich schrie die Mutter auf, ihr Kind fiel in die Tiefe! Rettungskräfte hatten Mühe, es zu bergen, es war auf einen sandigen Felssims gestürzt und erlitt lediglich Prellungen, keine Knochenbrüche! – Zufall?

An einem Tag im Dezember 2002 fuhr die Bankangestellte *Waltraud H.* in ihrem Volvo nach Schleswig-Holstein. An einer Kreuzung in Bad Segeberg nahm sie einem anderen Auto die Vorfahrt. Von da an wußte sie nichts mehr. Durch die Wucht des Aufpralls wurde ihr Wagen von der Fahrbahn geschleudert. Er durchbrach ein Geländer und stürzte sechs Meter tief auf Bahngeleise. In diesem Moment raste ein Triebwagenzug heran und rammte – fast ungebremst – den Volvo, den es meterhoch in die Luft warf. Krachend landete er auf dem Dach liegend. Als der Zugführer die Fahrerin aus den Trümmern zog, hatte sie bloß ein paar Schrammen und ein blaues Auge! Sie sagt: „Ich bin erst wieder aufgewacht, als ich kopfüber im Auto auf den Gleisen lag. Jetzt ist mir klar, ich habe einen Schutzengel." – Ein Unfall in drei tödlichen Etappen. Alles Zufälle?*

Im Mai 1949 erlebte in Ingolstadt eine Frau, die das Schaufenster eines Blumengeschäftes betrachtete, eine unangenehme Überraschung: Aus dem 3. Stockwerk des Hauses, fiel ihr ein zweijähriges Mädchen auf den Kopf! Folgeschäden: Ein ramponierter Hut, leichte Prellungen des Kindes, und bei jener Dame eine bleibende Abneigung gegen nichtüberdachte Schaufenster...

An einem trüben Junimorgen des Jahres 1923 nähert sich ein Ferien-D-Zug der Station Kreiensen. Oberschaffner *August Westermann* begibt sich durch die Seitengänge nach vorn zum Schaffner-Abteil, wo er abzurechnen pflegte. Kaum hat er die Tür hinter sich zugezogen, da vernimmt er deutlich eine Stimme: „Geh zurück, geh zurück. Du hast im letzten Wagen deinen Bleistift liegenlassen. Hole ihn!"

---

* In: „Bild", 13.12.2000.

Tatsächlich, den Bleistift hatte er im letzten Waggon einem Fahrgast geliehen. Aber sonderbar, von wo kommt die Stimme im leeren Abteil? „Ja bin ich denn im Begriff, verrückt zu werden?" – Und wieder hört er die Worte: „Geh zurück, geh, dein Bleistift!" Nun wird ihm doch recht eigentümlich zumute und er eilt, ja er eilt, als würde er getrieben, durch die langen Waggons bis zu dem Abteil, in welchem er jenen Reisenden wußte. Er öffnet die Schiebetür und – fliegt in hohem Bogen gegen die Wand, während ein schreckliches Krachen, Klirren, Bersten und Splittern, plus dem Gepolter der herunterfallenden Gepäckstücke ertönt!

Der D-Zug war in voller Fahrt auf einen im Bahnhof Kreiensen haltenden Personenzug aufgefahren! Die Waggons ineinandergekeilt, übereinandergetürmt, zusammengedrückt, zerquetscht! Viele Tote und Schwerverletzte in dem kaum entwirrbaren Knäuel der Zerstörung! Aus dem letzten, unbeschädigt gebliebenen Waggon eilte Westermann ins Freie und half, wo noch zu helfen war, bis zur Erschöpfung. Schneeweiß wurde sein Haar in jener Nacht, und er fragte sich danach oft: „Wer war es, der mich rief? Welche mahnende Stimme bewahrte mich vor einem grauenhaften Tod?" War es sein Unterbewußtsein, das ihn mit menschlichen Worten warnte?*

Während einer Vortragsreise in Südbrasilien, Mitte September 1998, weilte ich zu Gast bei dem deutsch-brasilianischen Ehepaar *Lucas* und *Rose Borgert* in Joinville / Santa Catarina. Wir kannten uns schon lange. Frau Rose ist dort Leiterin eines Kindergartens, und dank der Hilfsbereitschaft meines Freundeskreises konnte dort schon so manchem armen Kind der Aufenthalt im Kindergarten ermöglicht werden.

---

* In: Zeitschrift „Das geistige Reich". Verlag Carl Rennhofer, Grödig bei Salzburg, 1959, S. 119.

Tia Rose (Tante Rose) machte mich auf das traurige Schicksal der kleinen *Daniela* aufmerksam. Geboren am 7. 12. 1993, damals also knapp fünf Jahre alt. Ihre ledige Mutter hatte drei Kinder von verschiedenen Vätern. Das älteste Kind (7) wurde von der Großmutter betreut, das jüngste (5 Monate alt) war bei ihr. Als wir die Frau in ihrem einfachen Holzhaus besuchten (wir kamen überraschend), machte sie samt ihrem bescheidenen Haushalt keinen unordentlichen Eindruck. Im Glauben an die „Liebe“ irgendeines Partners mag sie sich wohl hingegeben haben, gebar Kinder und vermehrte dadurch die Aussichtslosigkeit ihrer Lage. Nervenpräparate waren da sicher keine Lösung...

Die kleine Daniela, ein ausgesprochen „süßer Fratz“, ruhig und anschmiegsam, war von ihrer Mutter übel behandelt worden. Deshalb kam sie schließlich zu Pflegeeltern. Weil sie jedoch auch von diesen mißhandelt wurde, brachte man sie nach einem Jahr zu ihrer Mutter zurück. In meinem Beisein gab die Mutter offen zu, Daniela oftmals grundlos zu schlagen. Nervlich sei sie außerstande, ihre Tochter zu behalten.

Trotz geringer Aussicht, alsbald geeignete Adoptiveltern zu finden, nahm ich – zusammen mit Tia Rose – diese Angelegenheit in die Hand. Die Herausgeberin der BRASIL-POST, der größten deutschen Zeitung Brasiliens, Frau *Ursula Dormien*, war nach Anhören der Sachlage sofort bereit, gratis eine mehrspaltige Suchanzeige zu bringen, mit einem Bild von Daniela: „Wer gibt der fünfjährigen Daniela ein liebevolles Zuhause?“ Die Anzeige erschien am 30. Oktober 1998.

Wenige Tage danach meldete sich bei Frau Borgert, deren Telefonnummer im Inserat angegeben worden war, eine Frau aus Sao Paulo: Dona *Fatima Rodrigues*. Sie war noch ganz ergriffen von einem deutlichen Traum nachts zuvor: Eindrücklich habe sie von einer Tochter namens Daniela (!) geträumt, obwohl sie keine Kinder habe und leider auch nicht haben könne, wegen der Folgen eines schweren Autounfalls. Sie sei verheiratet und arbeite in Sao Paulo bei einer deutschen Firma. Dort sah sie das Inserat in der BRASIL-POST.

Einige Tage vor diesem Anruf war noch folgende Merkwürdigkeit passiert:

Das Ehepaar Rodrigues war der Einladung zu einer privaten Festivität gefolgt. Im Verlauf derselben kam plötzlich ein kleiner Junge zu Frau Fatima und fragte sie unvermittelt: „Wo ist denn deine kleine Tochter?“ „Ich habe keine Tochter“, erwiderte die Angesprochene. „Doch, du hast eine kleine Tochter“, erklärte der Bub überzeugt, „sie kommt bald, sie ist schon fertig zum Kommen. Und wenn du sie nicht holst, mußt du mit deinem Bauch zum médico“ (Arzt). Ohne weitere Erklärungen entfernte sich der Junge und verschwand im Trubel der Festgäste. Frau Fatima faßte das Ganze als drolligen Spaß auf, aber danach kam jener Traum, und dann die Sache mit dem Inserat! – Alles nur Zufälle?

Rose Borgert beschaffte nun die erforderlichen behördlichen Unterlagen und sandte sie dem Ehepaar Rodrigues. In Brasilien dauern Adoptionsverfahren bis zu zwei oder drei Jahre. Der „Fall Daniela“ aber kommt auch hier einem Wunder gleich: Schon nach drei Wochen konnten die überglücklichen neuen Eltern ihre Daniela abholen! Meine Freunde, die sich an meiner „Kinderhilfs-Aktion Brasil 98“ finanziell beteiligten, hatte ich, nach meiner Rückkehr von dort, schriftlich um Gebetshilfe für Daniela gebeten, auf daß für sie gute Adoptiveltern gefunden werden mögen. Daß dies jedoch dermaßen rasch der Fall sein würde, hätte ich – in Kenntnis brasilianischer Behördenaktivitäten – nie erwartet!

Hat da ihr Schutzengel mitgeholfen? Oder war alles bloß Zufall? – Statt einer Engelsdarstellung befindet sich auf dem Bucheinband das Bildnis der kleinen Daniela.

Kurz nach Fertigstellung dieses Buchmanuskriptes geschah unvermittelt folgendes: Am Sonntag, den 12. Oktober 2003 fühlte ich mich bewogen, bei Frau Borgert wegen des jüngsten Kindes von Danielas Mutter rückzufragen, von dem ich annahm, es sei ein Junge. Es ist aber ein Mädchen, die jetzt fünfjährige Amanda. Irgendwie meinte ich, dieses Kind sei ebenfalls vom Ehepaar Rodrigues aufgenommen worden (oder hatte ich es geträumt?). Dona Rose verneinte dies und fügte hinzu, sie habe von der lungenkrebskranken Mutter schon lange nichts mehr gehört.

Doch ebenso überraschend wie mein Anruf, erfolgte ein solcher wenige Stunden später seitens dieser Mutter. Sie bat Frau Borgert, sich beim Ehepaar Rodrigues erkundigen zu wollen, ob dieses wohl gewillt wäre, Amanda ebenfalls zu adoptieren. Ihr, der Mutter, gehe es gesundheitlich schlecht, sie habe wohl nicht mehr lange zu leben und wäre sehr froh, wenn sie auch die kleine Amanda versorgt wüßte.

Reichlich erstaunt über das seltsame Zusammentreffen der beiden Telefonate am gleichen Tag, rief Dona Rose die Familie Rodrigues an. Als Dona Fatima erfuhr, worum es ging, weinte sie gerührt und gestand, daß es seit langem ihr stiller Wunsch sei, auch Amanda in die Familie aufzunehmen.

Bereits eine Woche danach waren alle Formalitäten erledigt, und ich erhielt die Faxnachricht: „Heute, Sonntag, den 19. Oktober, 17.30 Uhr, fliegt die Familie Rodrigues schon mit der kleinen Amanda nach Sao Paulo! Daniela ist auch mitgekommen, und sie fliegen zu viert zurück. Die Engel haben geholfen!"

In der Tat, daß in Brasilien in nur einer Woche alles Erforderliche geregelt werden konnte, kommt einem Wunder gleich! Kaum zu glauben!

Nun hat also auch die kleine Amanda Glück, ein Kind unter Hunderttausenden anderen, denen es am Nötigsten fehlt. Und ihre Mutter kann beruhigt hinübergehen in eine bessere

Welt, ins Licht, wo es keine Not mehr gibt, keine bitteren Enttäuschungen mehr für eine junge Frau, weder Herzeleid noch Schmerzen. Möge ihr der Heimgang leicht werden.

Zuletzt noch ein besonders netter „Zufall“, den *Wilhelm von Scholz* in seinem Buch „Der Zufall und das Schicksal“ (München 1950) bringt:

„Eine Dame besaß als Kind einen schönen Ring, ein altes Familienerbstück. Eines Tages badete sie mit anderen Kindern im Neuenburger See, wobei ihr der Ring vom Finger glitt. Alles Suchen in dem dort sehr seichten Wasser half nichts, der Ring war verschwunden. Als sie einige Tage später dort wiederum badete, scherzten und neckten sich die Kinder mit Planschen und Spritzen, wobei sie umgestoßen wurde. Im Fallen fuhr ihr Ringfinger am Seegrund in ihren abhanden gekommenen Ring, so daß er von selbst wieder an seiner Stelle saß.“

Die Ordensfrau und Heilerin Sr. *Theres Schälin* vom Kloster St. Franziskus in Menzingen (CH) sagte mir einmal: „Der Zufall ist das Pseudonym Gottes, wenn er selber nicht unterschreiben will.“

Der Herr im blauen Gehrock

Frau *Johanna Frauenholz* erinnert sich deutlich einer Erzählung ihres Onkels, dessen Erlebnis seinerzeit in Form sensationell aufgemachter Berichte durch verschiedene Presseorgane ging.

Der Onkel befand sich in einem Eisenbahnzug, der in Richtung auf den Semmering (Österreich) fuhr. Damals waren die Bahnwagen noch so gebaut, daß man direkt, ohne erst einen Gang passieren zu müssen, in die Abteile einsteigen und aus ihnen aussteigen konnte.

Jener Onkel teilte das Abteil mit einem Herrn, der nach Mode und Barttracht nicht in die Zeit paßte; er trug nämlich hellgraue enge Hosen, blauen Gehrock, Halsrüsche (!) und einen hohen Hut. „Da wir damals gewohnt waren, hin und wieder reisende Engländer in ihrer von der Norm abweichenden Kleidung aus großkarierten Stoffen zu sehen, hielt mein Onkel seinen Abteilgefährten für einen etwas komisch angezogenen Engländer“, schreibt die Berichterstatterin und fährt fort:

„Es fiel ihm auf, daß der Mann ihn zwar dauernd ansah, aber kein Wort sprach. Er wird, so dachte sich mein Onkel, wohl genausowenig Deutsch können wie ich Englisch. Also schwieg mein Onkel ebenfalls, obwohl er ausgesprochene Sympathie für den Fremden empfand. Plötzlich bremste der Zug in einer Kurve stark ab und fuhr kaum noch im Schritt-Tempo weiter. Da stand der Mann im blauen Gehrock auf, faßte meinen Onkel an der Hand, öffnete die Abteiltür und bedeutete ihm, sofort auszusteigen, was mein Onkel seltsamerweise, fast wie im

Traume, auch tat. Der Fremde war zusammen mit ihm aus dem fahrenden Zug gesprungen. Da stand nun mein Onkel am Bahndamm, ringsum Felder und Wälder, aber kein Haus. Ratlos wandte er sich seinem Begleiter zu, aber der war verschwunden!"

Der Mann war entsetzt. Als er seine Fassung einigermaßen wieder gewonnen hatte, machte er sich mit zitternden Knien entlang dem Bahndamm auf den Weg. Er gelangte schließlich in ein Dorf, wo er eine Übernachtungsmöglichkeit fand. Die Zeitungs-Schlagzeilen des nächsten Tages besagten, daß der Zug, in welchem er gesessen hatte, entgleist und in einen Abgrund gestürzt war. – Er war der einzige Überlebende!

„Schwester Ida, du mußt dich schützen!"

Der Schweizerin *Ida Schindler*, zur Zeit des Interviews 72jährig, wurden von Kindheit an übersinnliche Erlebnisse zuteil. Zehn Jahre lang arbeitete sie im Nachtdienst als Krankenschwester in der Psychiatrie. Mit den Patienten kam sie gut aus, und immer, wenn jemand am nächsten Tag entlassen werden sollte, besuchte sie am Abend vorher den Betreffenden, um Adieu zu sagen, denn, so sagt sie, „für manche Patienten ist die Entlassung ja auch mit Ängsten verbunden".

Einmal wollte sie sich von einem jungen Mann verabschieden und begab sich deshalb in den dritten Stock. Vor der Tür zu seinem Zimmer erblickte sie jedoch eine helle Engelsgestalt, die sich ihr in den Weg stellte. Frau Schindler erzählt: „Als ich mich erneut der Tür näherte, versperrte mir die Gestalt wiederum den Eingang. Beim dritten Versuch rief mich die Erscheinung beim Namen: ‚Schwester Ida, du mußt dich schützen!'"

Man muß diese Frau dahingehend bewundern, daß die außergewöhnliche Situation sie anscheinend nicht aus der Ruhe zu bringen vermochte, denn sie holte sich aus einem leeren Nebenzimmer ein langes Kissen, rollte es zusammen und hielt es fest vor Gesicht und Oberkörper. Als sie sich nun abermals jener Tür näherte, war der Engel verschwunden.

Vorsichtig öffnete sie die Tür, und schon flog ein langes spitzes Messer auf sie zu! Es durchstach das Kissen und ritzte ihr Brustbein! Federn flogen herum. Der junge Mann jedoch kniete laut weinend am Boden und bat zu glauben, daß ihm eine innere Stimme befohlen habe, jemanden zu töten, bevor er hier wegginge.

Für Schwester Ida ist klar, daß es ihr Schutzengel gewesen sei, der ihr das Leben rettete. Andere werden lieber von „negativen Energien“ reden, mit denen sie hier angeblich zu tun hatte. Allein dieser „Erklärung“ – zumindest nach außen hin – sollte sie vielleicht den Vorzug geben, damit sie nicht nochmals mit der Psychiatrie zu tun bekommt, aber als Patientin!*

* In: Magazin „Schweizerischer Beobachter“, Nr. 25/1995, S. 27.

Geheimnisvolle Zusammenhänge: Der geschnitzte Engel

Der Neffe eines Geistlichen hatte als Tischlerlehrling eine Engelsfigur ausgebessert, die man danach wieder auf ihren Platz neben dem Tabernakel gestellt hatte. Im Jahre 1939 mußte der Neffe in den Krieg. Am 6. September 1943, am Tage des Schutzengelfestes, hatte der Geistliche die Hl. Messe zelebriert und dabei seinen Neffen samt dessen fünf Brüder, die alle im Felde standen, dem besonderen Schutze des Engels anempfohlen.

Tags darauf fand man den geschnitzten Engel, den jener Neffe seinerzeit ausgebessert hatte, vor den Kommunionsschranken auf dem Boden liegen. Der Figur war die linke Hand abgeschlagen, und zwar am Gelenk. An der rechten Hand waren Daumen und Zeigefinger unverletzt, aber die restlichen drei Finger schwer beschädigt.

Die Engelsfigur mußte von ihrem Standplatz auf dem Altar, über Blumen und Kerzen hinweg, von einer rätselhaften Kraft getragen worden sein, denn an Blumen und Kerzen waren Spuren erkennbar. Außerdem war eine an der Altarrückwand hoch oben angebrachte Tafel herabgefallen, und zwar ohne jeden ersichtlichen Grund, denn der Aufhängering des Bildes war unversehrt, der Haken in der Wand saß nach wie vor fest, und das Bild selber war auch nicht beschädigt, obwohl es aus einer Höhe von fünf Metern heruntergefallen war!

Erst nach Wochen erfuhr man, daß an jenem Sonntag der Neffe auf der Fahrt an die Front, infolge eines Fliegerangriffs, schwer verwundet worden war. Seine linke Hand mußte am

Handgelenk amputiert werden. An seiner rechten Hand waren nur Daumen und Zeigefinger unverletzt geblieben; die anderen drei Finger waren am Mittelgelenk abgeschlagen. – Genau wie bei der Engelsfigur, die er einmal, mit sehr viel Liebe, ausgebessert hatte!

Welch geheimnisvolle Zusammenhänge liegen hier vor? Dürfen wir aus solchen und ähnlichen Fällen den Schluß ziehen, daß wir mit den Dingen, mit denen wir in Berührung kommen, viel inniger verbunden sind, als wir dies bislang ahnten?

Warum immer nur Jesus?

Obwohl ich zugegebenermaßen meine Kompetenzen als Parapsychologe überschreite, wenn ich mir Aussagen zur Religion erlaube, tue ich es dennoch, weil ich mir die Freiheit nehme, aus der Gesamtaussage parapsychologischer Forschungsergebnisse weltanschauliche Folgerungen zu ziehen.

Unter der Leserschaft dieses Buches mag manchen die häufige Bezugnahme auf die christliche Religion und deren Begründer mißfallen, weil dies abwertend gegenüber anderen Religionen empfunden wird und zugleich mangelnde Objektivität argwöhnen läßt. Beides aber trifft nicht zu. Es sei daher grundsätzlich betont:

1. Jede Religion ist menschen- und schöpfungsgerecht, die bei ihren Anhängern eine Charakterveredelung anstrebt und bewirkt. Genauer gesagt: Jeder Glaube ist gut zu nennen, der uns zur absoluten Nächstenliebe und zu der Erkenntnis führt, daß wir Teile eines großen Ganzen sind. Dieses Ganze umfaßt auch die unsichtbaren Welten. Mir persönlich ist keine andere Religion bekannt, in welcher die Nächstenliebe so stark betont wird wie in der christlichen, wo sogar Feindesliebe gefordert wird! Die seit jeher mangelnde Befolgung dieses Grundgebotes liegt nicht an der Religion, sondern an deren Auslegung und somit an den Gläubigen und deren theologischen Führern.
2. Religionsgeschichtlich betrachtet, muß Jesus eine überragende Geistespersönlichkeit gewesen sein, die – dem Urlicht entstammend – nach ihrem kurzen Erdenleben

fortwirkt als transzendental-übersinnliche Realität. Als solche wurde und wird Jesus, der Christus, hunderttausendfach erfahren.

3. Die gegenwärtig vielbeanstandeten Jesus-Worte „Niemand kommt zum Vater denn durch mich“ wurden fast immer im Sinne eines dogmatischen Absolutheitsanspruchs mißverstanden. Sie besagen jedoch lediglich, daß man den von ihm aufgezeigten und frei gemachten „Heimweg ins Vaterhaus“ nur dann mit sicherem Erfolg beschreiten kann, wenn man seine Lehrsätze praktiziert. Die Richtigkeit seines Weges wird zur Genüge bewiesen durch die massenhaft bezeugten Erfahrungen in Todesnähe, wenn die überwältigende Lebensrückschau mit ihrer ethischen Beurteilung erfolgt.
4. Um in dieser unserer Welt nicht zu verzweifeln, ist die alte Aufforderung „Erkenne dich selbst“ sehr wichtig. Jeder möge sich selbst auf die Suche nach Antworten auf die Sinnfragen des Lebens begeben. Wer sucht, der findet. Allein schon die Akzeptanz von Ergebnissen der Sterbeforschung kann hilfreich sein, denn sie lassen uns deutlich genug erkennen, daß eine vernunftgeprägte höhere Weltordnung existiert, in deren Verlängerung ein gleichermaßen vernünftiger Gottglaube gerechtfertigt erscheint. Wer dies erfaßt, der schafft sich damit eine tragfähige Grundlage zum Erreichen jenes Geborgenheitsempfindens, von dem so viele dem Tode nahe gewesene Menschen so begeistert berichten.
5. Religion muß im täglichen Leben erfahrbar sein. Daß dies auf die christliche Lehre voll und ganz zutrifft, davon zeugt dieses Buch.

Was nun die häufigen Berichte über Jesus- und Marien-Erscheinungen anbelangt, so wäre dem wohl weniger Gewicht beizumessen, wenn dies nur gläubigen Christen widerfahren würde, speziell Katholiken. Das ist aber nicht immer der Fall. So wurde z. B. die blinde jüdische Seherin *Franziska Friedmann*, infolge ihrer hellsichtigen Schauungen, überzeugte Christin. Sie, die seit Jahren blind war und nie im Neuen Testament gelesen hatte, beschrieb Jesus als Mann von lichtstrahlendem Angesicht, goldlockigem, langem Haar und glänzend blauen Augen. Es war ergreifend, wenn die Blinde von ihrem „lieben großen Christus" sprach.

Ebenso wie Franziska wurde auch der Inder *Sadhu Sundar Singh* in jenseitige Welten geführt und erlebte Jesus als personale Realität. Singh meinte, Christus enthülle seine verklärte Gestalt einem jeden gemäß dessen geistiger Entwicklungsstufe. Wollte er den Bewohnern niederer Jenseitsbereiche in demselben verklärten Licht erscheinen wie es in höherstufigen Sphären der Fall ist, dann wären die ersteren nicht imstande, es zu ertragen.

Was ist nun von den Jesus- oder Marien-Erscheinungen zu halten, die sich seit Jahrhunderten bis in unsere Gegenwart erstrecken? Und von jenem in der Parapsychologie bekannten Phänomen sogenannter „Vatermedien", wonach angeblich Jesus, Maria oder gar Gott selbst sich über ein Medium manifestieren? Meistens geschieht dies auf dem Wege automatischen, d. h. willensunabhängigen Schreibens.

Von drüben wurde gesagt, daß keinem Menschen die direkte, persönliche, fluidisch-energetische Assimilation (Angleichung) mit Jesus möglich sei. Andererseits wäre vorstellbar, daß eine Wesenheit aus dem Urlicht – was auf Jesus sicherlich zutrifft – energetisch tausende Menschen gleichzeitig zu erreichen vermag. Ob dann die jeweilige Botschaft fehlerfrei empfangen oder durch das Heruntertransformieren auf unsere Ebene entstellt wurde, hängt von Faktoren ab, die mit der Person des Empfängers zu tun haben.

Erwähnenswert ist noch, welch intensive Wirkungen das Aussprechen des Namens Jesu bei Besessenen hervorrufen kann. Exorzisten wie Pater *Gabriele Amorth*, können da einiges erzählen.

Meine Antwort auf die Frage dieses Kapitels dürfte somit hinreichend begründet sein, soweit dies in vereinfachender Kürze möglich ist.

In den Rahmen dieses Abschnittes paßt eine hier gekürzt wiedergegebene Nahtodes-Erfahrung, die einer Nichtchristin widerfuhr. Es handelt sich um ein israelisches Ehepaar mit zwei kleinen Söhnen, die mit dem Auto unterwegs waren. Es kam unverschuldet zu einem schweren Unfall, bei dem das Autodach stark eingedrückt wurde. Der Bericht jener Frau lautet:

> „*Mein Kopf steckte zwischen Windschutzscheibe, Armaturenbrett und Dach. Jedermann sah, daß ich bewußtlos war, und doch geschah etwas Verrücktes mit mir: Ich befand mich in einem Lichtkreis. Ich schaute nach unten, auf die Unfallstelle. Ich sah mich gefangen und bewußtlos, sah einige Autos anhalten und eine Dame, die meine Kinder in ihren Wagen legte, bis der Rettungswagen kommen würde.*
> *Da berührte eine Hand die meine und ich drehte mich um, um zu sehen, woher dieser Frieden, diese Ruhe und glückselige Stimmung herkam... Und da stand* Jesus Christus *so, wie er auf all den Bildern dargestellt wird. Und ich wollte diesen Mann und diesen Ort nie mehr verlassen!*“

Jene Frau wurde sodann von Jesus in eine dunkle, scheußliche Gegend geführt, wo Leute sich unter grauenvollen

Umständen aufhielten. Jesus hatte sie von einer Daseinsebene der Glückseligkeit gebracht in einen Bereich entsetzlichen Elends. Sie sagt: „Ich wollte nicht hinschauen, aber er machte mich sehend... Ich war angewidert, hatte schreckliche Angst und war erschrocken; es war so häßlich!“

Sie erblickte einen Mann, der besonders übel dran war, und sie wollte, daß jemand von den anderen ihm helfe. Doch niemand tat etwas; und irgendwie wurde ihr klar, daß sie in dieser Hölle bleiben müsse, wenn sie jetzt sterben würde.

Endlich entschwand das Geschaute, und die Frau wurde auf die zuerst erlebte schöne Ebene zurückgeleitet. Als sie jetzt nach unten schaute, spürte sie die Hand Jesu wohltuend auf ihrem Rücken. Da sah sie auf einmal drei kleine Kinder, die „Mama, Mama“ riefen, „wir brauchen dich, bitte komm zu uns zurück!“ Und weiter berichtet diese Frau:

> *„Es waren zwei Jungen und ein Mädchen. Die beiden Buben waren viel älter als meine zwei Kleinen, und Tochter hatten wir keine. Das kleine Mädchen schaute zu mir hoch und bat mich, wieder ins Leben zurückzukehren... ...und dann war ich auf einmal wieder in dem Lichtkreis, seine Hand auf meiner Schulter spürend, und ich sah wieder die Unfallstelle und weinte; ich wollte ihn (Jesus) nie mehr verlassen. Doch ich wußte: Ich muß gehen und zurückkehren. – Ich wachte in unserem Auto auf und stöhnte...“*

„Nun“, so schließt jene Frau ihren Bericht, „einige Jahre später bekam ich ein Baby, und ich wußte, es war das kleine Mädchen, das ich gesehen hatte!“*

---

* P. M. H. Atwater: „Is There a Hell? Surprising Observations About the Near-Death Experience“. In: „Journal of Near-Death Studies“, 10 (3) Spring 1992, S. 149–160.

Wenn man diesem Erlebnis die Theorie vom „denkenden Gehirn" zuordnen möchte, wonach unser Gehirn es sei, welches solche Nahtodes-Erlebnisse produziert und gestaltet, so kann man jener Frau zu ihrem wunderbaren Gehirn nur gratulieren: Sogar die spätere Geburt eines Mädchens hat ihr das Gehirn vorausverkündet!

Der bekannte Sterbeforscher Dr. *Raymond Moody* schreibt in einem seiner Bücher:

> *„Im Medizinstudium lernen wir, bei einem medizinischen Problem stets die einfachste Erklärung zu finden. Nachdem ich alle anderen Erklärungen für Todesnähe-Erfahrungen geprüft habe, scheint mir die einfachste Erklärung jene zu sein, daß sie tatsächlich Einblick in die jenseitige Welt sind. Warum auch nicht?*
> *Ich habe die verschlungenen psychologischen und physiologischen Begründungen alle gelesen, aber keine scheint mir wirklich befriedigend. Und wer weiß denn schon wirklich, ob die Seelen der Sterbenden nicht tatsächlich ihren physischen Körper verlassen und in andere Räume reisen? Ich habe alles verfügbare Material gesichtet, und ich sehe keinen Grund, warum es nicht so sein sollte."*

Und Dr. *Melvin Morse* erklärt hinsichtlich jener Menschen, denen solche Erfahrungen in Todesnähe zuteil wurden, daß sie sich danach durch eine Lebensfreude auszeichnen, die weitaus größer ist als die ihrer Mitmenschen. Sie leben sehr intensiv im Jetzt. Sie sind buchstäblich verwandelt; und zwar insofern, als sie *keine Angst mehr* kennen, weder vor dem Leben, noch vor dem Tod! Hierin liegt der Sinn und der praktische Nutzen solcher Erfahrungen. Wer sie weiterhin als „bedeutungslose Halluzinationen" zu entwerten oder sonstwie wegzuerklären sucht, der handelt verantwortungslos und lieblos und wird seine Fehlhaltung dereinst bitter bereuen.

Von der Kraft des Kreuzeszeichens

Ebenso wie Buchstaben (Vokale) sowie Töne oder Tonfolgen gestaltende Energiewirkungen entfalten können,* so sind auch Symbole keine leeren bedeutungslosen Zeichen, sondern sie gelten seit jeher als konzentrische Punkte aktivierbarer Kraftfelder.

Ehedem war dies auch dem christlichen Priesterstand bekannt gewesen. Heute jedoch ist dieses wertvolle Wissen weitgehend versandet, und daß die Kirchen nur ein Schatten ihrer selbst sind, ist eine Folge davon. Wo findet man noch einen Seelsorger (und Theologinnen sind da keinen Deut besser), der um das real-spirituelle Geschehen religiös-kultischer Handlungen Bescheid wüßte? Wer z. B. wäre in der Lage zu erklären, was beim Segnen geschieht?**

Symbole spielen nicht nur in der magischen Praxis oder in Geheimbünden eine bedeutende Rolle, sondern auch in der Welt- und Machtpolitik. Da wäre beispielsweise das *Pentagramm* zu nennen, der fünfzackige Stern alias Drudenfuß (Symbol der USA und der Kommunisten); auf der Spitze stehend werden ihm negative Tendenzen zugesprochen. Gleichermaßen geschätzt wird das *Hexagramm* (aus zwei gleichseitigen Dreiecken gebildet), auch Davidsstern genannt. Es ist als Symbol des Judentums in der Flagge Israels präsent, jedoch in Skandinavien zur Steinzeit bereits bekannt, auch in Ägypten und Indien.

---

* Vgl. die neuere Forschung, von den Chladni'schen Klangfiguren angefangen, über die von Dr. Hans Jenny aufgezeichneten harmonikalen Schwingungen bis zu den Wasser-Klang-Bildern von Alexander Lauterwasser.

** Siehe das Kapitel „Bete nie zum Schein“ in diesem Buch.

Das *Hakenkreuz* war ursprünglich ein Symbol der Sonne, des Lichtes und der Lebenswärme. Seit dem zweiten vorchristlichen Jahrhundert findet man es fast überall. In christlichen Katakomben gilt es als Zeichen von Tod und Auferstehung.

Symbole und geometrische Formen werden als Träger zielgerichteter Kräfte gewertet. Beim Zeichnen von Symbolfiguren müssen in der Regel ganz bestimmte Faktoren streng beachtet werden. Außerdem spielt die Intensität der Gefühle und gedanklichen Konzentration, die man in die Symbolik hineinprojiziert, eine wichtige Rolle. Jede Form, sowohl in der Geometrie als auch in der Architektur, erzeugt eine Art Magnetfeld bzw. ein magisches Schwingungsfeld. Dieses wiederum trägt dazu bei, die entsprechenden astralen Wesenheiten anzuziehen. Wohlgemerkt astralen; denn Engel und andere hohe Wesenheiten aus der göttlichen Ordnung sind keine Bewohner der Astralwelt und daher unerreichbar für magische Kinkerlitzchen. Dessen ungeachtet lassen sich mit geometrischen Strukturen und Zeichen kosmische Einstrahlungen gezielt transformieren und einsetzen.

Symbole haben daher irgendwie mit kosmischen Kräften zu tun. Als das gewaltigste kosmische Symbol gilt das *Kreuz*. Jedoch scheint das gleichschenkelige Kreuz (wie wir es beim Sichbekreuzigen zeichnen) wirksamer zu sein als jenes mit dem nach unten langgezogenen Balken. Angeblich symbolisiert seine Horizontale das negative, die Vertikale das positive Polaritätsprinzip.

Wie letzteres auch immer sein mag, jedenfalls kommt der Haß gegen das Kreuz Christi nicht von ungefähr. Wer jedoch die segnende, schützende oder auch bannende Kraft des Kreuzeszeichens persönlich erfahren konnte, der oder die vermochte einen Gutteil des bislang Blind-glauben-Müssens zu ersetzen durch Wissen und Gewißheit!

Mit dem Kreuzeszeichen kann man Hypnose blockieren, auch sogenannte Heiler, bei denen unlautere Motive eine Rolle spielen. Auch magische Manipulationen werden ihrer Wirkung beraubt, wenn man dem Kreuzzeichen die Energie unbedingten Gottvertrauens verleiht. Das Erlebnis von *F. R. Sloman* mag dies veranschaulichen:

Der Berichterstatter war mit seiner Begleiterin in Indien unterwegs. Nun schickten sie sich an, nach Europa zurückzureisen. Sloman benutzte für die Strecke Ootacamund im südindischen Nilgirigebirge bis Madras ein schweres US-Motorrad mit Seitenwagen. Doch lassen wir ihn selbst erzählen:

„Meine Begleiterin und ich genossen bei herrlichem Wetter die Serpentinenfahrt aus dem 8000 Fuß hoch und kühl gelegenen, wild zerklüfteten, von sämtlichen Vegetationsformen der Welt bewachsenen und in der Nähe des Äquators gelegenen Gebirge, bis herab in die ‚Planes' des heißen indischen Flachlandes.

Als wir Bangalore verließen, geschah es, daß wir in der Nähe eines gewaltigen Stufentempels an einem langen Zug hinduistischer Gläubiger vorbeikamen, der von einem alten Brahmanen angeführt wurde. Hinter dem Brahmanen schritt ein Mönch, der ununterbrochen einen scharfen trompetenähnlichen Ton hervorbrachte. Das war gewissermaßen der Grundton, um den herum die teils schon in Ekstase befindlichen Mönche die seltsamsten unartikulierten Töne ausstießen, während sie zugleich – viel Weiß im Auge – während des Gehens Verrenkungen der sonderbarsten Art vollführten.

Um möglichst wenig Staub aufzuwirbeln, fuhr ich langsam im ersten Gang an der Kolonne der Verzückten vorbei, konnte es aber nicht verhindern, daß ich mit ‚westlichen'

Motorengeräuschen, Knallen im Auspuff usw., auch meinerseits etwas zu der seltsamen Musik beitrug.
Das schien den alten Brahmanen arg zu verdrießen, denn als ich mich nach Passieren der Kolonne noch einmal umsah, um mich zu überzeugen, daß ich keine lästige Staubfahne hinterlassen hatte, sah ich, wie der Brahmane, böse blickend, magische Zeichen in der Luft hinter mir her machte.
Mir war unbehaglich zumute, denn ich wußte, daß diese Brahmanen-Priester Dämonen und Naturgeister ziemlich gut unter Kontrolle haben. Für sie ist es eine Kleinigkeit, diese oder jene gewünschte Wirkung auf unerklärliche Weise hervorzubringen.
Nachdem wir eine weitere halbe Stunde durch eine einsame, nur von Kakteen und riesigen Steinblöcken unterbrochene Wüstenei gefahren waren, begann die ziemlich schlechte Straße langsam steiler zu werden. Als die Steigung so steil wurde, daß ich nur noch im zweiten Gang fahren konnte, war unser Tempo – auch infolge der vielen Schlaglöcher – so herabgesunken, daß uns ein guter Läufer bequem hätte begleiten können. Und dann passierte es: Der Motor fing an, unregelmäßig zu laufen. Links der Straße erstreckte sich eine Weide, auf der ruhig und friedlich eine Herde von etwa zwanzig Yaks (indische Rinder mit ca. einem Meter weit ausladenden Hörnern) graste. Je mehr wir uns der Herde näherten, um so unruhiger hoben die Tiere die Köpfe, fingen an, energisch mit den Hinterhufen zu wetzen, und begannen schließlich, sich auf die Straße zu in Bewegung zu setzen.
Ich war an den Tieren, trotz des immer mehr stotternden Motors, bereits glücklich vorbeigekommen, als ich hinter mir plötzlich das Geräusch vieler Hufe, ein Brüllen, Stampfen und Schnauben vernahm.

Einen noch längeren steilen Berg vor mir, einen immer mehr versagenden Motor unter mir, eine junge Frau im Seitenwagen neben mir, wurde meine Fahrt immer langsamer, und die rasende Rinderherde kam näher und näher! Es wäre nicht das erste Mal gewesen, daß Menschen von einer blindwütigen Rinderherde zertrampelt wurden. Schnell beugte ich mich zum Motor hinunter und versuchte, am Vergaser oder Zündkerzenkabel einen Fehler zu finden und zu beseitigen. Es war aber alles in Ordnung.
Nun aber mußte etwas geschehen, denn die Tiere holten jetzt rapide auf und kamen uns so schnell näher, daß nur noch wenige Minuten verblieben, um etwas Wirksames zu unternehmen. Was sollte ich tun? Rechts und links ein unpassierbarer Graben. Die Kuppe der Anhöhe noch viel zu weit voraus, und der Motor fing jetzt abermals stark zu stottern an, so daß jeden Moment mit seinem völligen Aussetzen zu rechnen war. Da fiel mir der alte Brahmane ein, mit seinen beschwörenden Handbewegungen! Sofort drehte ich mich um, sammelte mich zu einer sekundenkurzen Meditation und machte, fest auf die heranbrausende Herde blickend, ruhig das Kreuzeszeichen mit der rechten Hand.
Wie vom Blitz getroffen stoppte der Leitstier seinen Lauf, so daß die nachfolgende Herde fast über ihn hinwegbrandete, bevor sie zum Stehen kommen konnte. In kürzester Zeit stand die ganze Herde völlig ruhig auf der Straße, nur wenige Meter hinter unserer Maschine!
Langsam setzten schließlich einige der Yaks ihre Beine vorwärts, begannen, sich müde umzudrehen und wieder in Richtung auf ihren alten Weideplatz davonzutrotten. Schließlich sahen wir die ganze Herde nur noch von rückwärts, langsam, langsam von uns wegziehen. Wir waren gerettet! Der Motor sprang wieder an und lief von da an tadellos.“

Allein schon gelebtes Tatchristentum, auf der Basis einer festen Glaubensüberzeugung, kann Schutzfaktoren entstehen lassen, die – obwohl sie uns nicht zum Bewußtsein kommen – dennoch Realitäten sind. Leute, die sich bewußt in den Dienst des widergöttlichen Prinzips stellen, wissen gut darüber Bescheid. Auf Haiti ist bekanntermaßen der Voodoo-Kult stark präsent. Eine dortige Oberpriesterin versicherte, daß zu Ehren ihres Gottes alle zwei Wochen ein Kleinkind rituell geschlachtet und geopfert werde. Auf die entsetzte Frage, woher sie denn all die Kinder nähme, antwortete sie gelassen: „Nun, eben von den Einwohnern." Auf den Einwand ihres Gesprächspartners, daß sich dies doch niemand gefallen lassen und es gewiß der Polizei melden würde, lachte sie nur und erwiderte: „Das wagt niemand. Auch die Polizei und die Richter wagen es nicht, etwas dagegen zu unternehmen." Auf die Frage, ob auch Kinder von Christen genommen werden, lautete die bemerkenswerte Antwort: „Gewiß, wenn es Namenschristen sind, warum nicht?" Nur die Kinder von *gläubigen* Christen dürfe sie nicht anrühren. Grund: „Bei den gläubigen Christen sehe ich ein Kreuz auf ihrer Stirn."*

Hierher passend sind die Aussagen einer durch die Sensationslüsternheit des Fernsehens sehr bekannt gewordenen Schwarzmagierin, die mittlerweile „die Seiten gewechselt" haben soll. Sie bekundet, eine Golgatha-Vision gehabt zu haben, auf die sie nicht gefaßt war und die sie auch nicht gewünscht hatte. Sie sah *Jesus* am Kreuz, der mit lauter Stimme sprach: „Am Ende bin doch ich der Sieger!" Darauf habe sich das Kreuz nach rechts geneigt und die Vision war zu Ende. Dieses Nach-rechts-neigen ist von starker symbolischer Aussagekraft, denn alle gott- und christusfeindlichen Kräfte

---

* In: „Allgemeine Zeitschrift für Parapsychologie", Nr. 2/1985, S. 110.

bekennen sich zum „linken Pfad“, vom Marxismus bis hin zum Satanismus. Der rumänien-deutsche evangelische Pfarrer *Richard Wurmbrand* beispielsweise, ein Israeli, der wegen seines christlichen Glaubens vierzehn Jahre in kommunistischen Gefängnissen überstand, wurde einmal verhaftet, weil er über die Bibelstelle Joh. 21, 6 gepredigt hatte: „Werfet das Netz zur Rechten des Schiffs, so werdet ihr finden.“ (Pfarrer Wurmbrand hätte „zur Linken“ sagen sollen!)*

Die vorgenannte, jetzt anscheinend andersdenkende Schwarzmagierin erklärte in einem Interview bemerkenswerterweise, sie könne von Wesen der dunklen Seite nicht bedrängt werden, während sie ein Vaterunser betet oder wenn sie ein Kruzifix anfaßt: „In dem Moment können sie sich bei mir nicht mehr einmischen. Dann ist es vorbei.“

Komisch: Die (meist hochintelligenten) Vertreter der dunklen Seite wissen über die Persönlichkeit Christi und über die Kraft des Kreuzeszeichens bestens Bescheid. – Und die Christen?

---

* Richard Wurmbrand: Gefoltert für Christus. Verlag Hilfsaktion Märtyrerkirche, Uhldingen, 19. Aufl. 2004, S. 130.

An meinen Schutzengel

Dein' Namen weiß ich nicht, doch Du bist einer
der Engel aus dem himmlischen Quartett,
das einstmals, als ich kleiner war und reiner,
allnächtlich Wache hielt an meinem Bett.

Wie Du auch heißt: Seit vielen Jahren schon
hältst Du die Schwingen über mich gebreitet,
und hast, der Toren guter Schutzpatron,
durch Wasser und durch Feuer mich geleitet.

Du halfst dem Taugenichts, als er zu spät
das Einmaleins der Lebensschule lernte.
So manche Saat, die ich bang ausgesät,
ging auf und wurde unverhofft zur Ernte.

Seit langem bin ich tief in Deiner Schuld.
Verzeih mir noch die eine letzte Bitte:
Erstrecke Deine himmlische Geduld
auch auf mein Kind, und lenke seine Schritte.

Er ist mein Sohn. Das heißt: er ist gefährdet.
Sei um ihn tags, behüte seinen Schlaf,
und füg' es, daß mein liebes schwarzes Schaf
sich dann und wann ein wenig weiß gebärdet.

Gib Du dem kleinen Träumer das Geleit,
hilf ihm vor Gott und vor der Welt bestehen.
Und bleibt Dir dann noch etwas freie Zeit,
magst auch bei mir Du nach dem Rechten sehen...

Mascha Kaléko
(Aus Egon Wenberg, „Ein Plädoyer für Engel")

Bete nie zum Schein...
Was wissen wir über Gedankenkräfte?

Das folgende Kapitel entstammt einem zwar gekürzten, aber für dieses Buch ergänzten und erweiterten Vortrag, der an vielen Orten des deutschen Sprachraums großen Anklang fand:

Unser Persönlichkeitsbewußtsein beruht auf unserem Denkenkönnen. „Cogito ergo sum", ich denke, also bin ich! Auf unserer Denkfähigkeit basiert unser gesamtes Sinnen und Trachten, unser Streben, Wollen und Hoffen, unser Empfinden und Verhalten, unsere Weltanschauung, ja überhaupt unser Menschsein.

Darüber hinaus lassen uns die Erfahrungen der psychosomatischen Medizin deutlich erkennen, daß unser Gedanken- und Gefühlsleben sich in Form von Wechselbeziehungen sogar zwischen Körper und Psyche auswirkt.

Die noch junge Wissenschaft „Psycho-Neuro-Immunologie" (PNI) erforscht u. a. die Rolle von negativen Gefühlen hinsichtlich unserer Vitalität. So belegt eine PNI-Langzeitstudie, daß Kinder, die sich von ihren Eltern geliebt fühlen, in ihrem Erwachsenenalter besser gegen Krankheiten geschützt sind. Bei älteren Menschen, die es verstehen, ihrem Leben einen Sinn zu geben, wirkt dies sogar lebensverlängernd.

Nun sind Begriffe wie „Gedanken-, Vorstellungs- und Willenskräfte" zwar allen geläufig, aber was soll man sich darunter vorstellen? Haben wir es da mit realen, physikalisch meßbaren Energien zu tun? Und wenn ja: Was wissen wir darüber? Ist, wie man wissenschaftlicherseits behauptet, wirklich unser *Gehirn* der Erzeuger unserer Gedanken?

Von völlig materialistisch ausgerichteten Wissenschaftlern können wir da leider nur sehr unbefriedigende Antworten erwarten; denn wissenschaftlich betrachtet ist der Mensch lediglich ein durch Zufälle entstandenes Entwicklungsprodukt der Materie. Und unser Denkvermögen, so wird uns versichert, habe sich ebenfalls aus der Materie heraus entwickelt. Mithin ist es nicht der Mensch, welcher denkt, sondern sein Gehirn. Der Mensch ist also nichts weiter als ein hochentwickeltes Tier. Eine Seele im religiösen Verständnis hat man trotz intensiven Suchens nicht gefunden, folglich gibt es keine.

Was jedoch das Denken anbelangt, so begann man über das Wesen gedanklicher Energien mehr zu erfahren, als mit der experimentellen Erforschung der Telepathie begonnen worden war. Unter diesem Begriff wird die Übertragung oder Aufnahme fremder Bewußtseinsinhalte verstanden, ohne Zuhilfenahme technischer Hilfsmittel und ohne Benutzung unserer Sinnesorgane.

Der russische Neurologe und Psychiater Prof. *Wladimir Bechterew* übertrug gedankliche Befehle (Mentalsuggestion) z. B. auf Hunde. Die nur gedachten Befehle wurden von den Tieren tatsächlich ausgeführt! Menschen versetzte man telepathisch in Schlaf, auf beliebige Distanz. Das klappt sogar über eine Entfernung von mehr als 1.700 km!

Ursprünglich meinte man, die Gedanken seien eine Art Radiowellen und somit von elektromagnetischer Natur. Das stellte sich aber bald als Irrtum heraus, denn Telepathie klappt auch dann, wenn man jemanden in einen „Faraday'schen Käfig“ setzt. Ein solcher ist für elektromagnetische Wellen undurchlässig. Dasselbe ist der Fall mit Bleikammern. Bis jetzt ist kein Material bekannt, das zur Abschirmung von Gedankenenergien geeignet wäre! Der dänische Physiker *Niels Bohr* erklärte: „Wenn man die Quantenmechanik, ihre

Experimente und Paradoxe richtig interpretieren will, dann muß man das Denken als eine physikalische Realität betrachten."

In der Kernphysik mußte man nämlich die Feststellung machen, daß Atome (und deren Teilchen) sich unter Beobachtung anders verhalten, als wenn sie nicht beobachtet werden! Da bewußtes Beobachten mit konzentriertem Denken und Hinschauen verbunden zu sein pflegt, ist hier sogar der Schluß erlaubt, daß nicht bloß unsere Gedanken eine physikalisch wirksame Energieform darstellen, sondern daß auch unserem Blick Energie innewohnt (vgl. den zumeist stechenden Blick von Hypnotiseuren oder den zwingenden Blick mancher Gurus). Die Sache mit dem „Bösen Blick" scheint demnach kein Märchen zu sein.

Doch weiter zum Thema Gedankenkräfte: In der Öffentlichkeit so gut wie unbekannt ist die Tatsache, daß es schon des öfteren gelang, Gedanken zu fotografieren. Schon in den zwanziger Jahren des vergangenen Jahrhunderts befaßten sich Forscher wie *Dr. Baraduc, Major Darget, Hector Durville, Prof. Naum Kotik* und andere mit Experimenten zur Sichtbarmachung gedanklicher Wirkungen.

Unter anderem verwendete man mit Schwefelkalzium imprägnierte Sichtschirme, die man durch Gedankenkraft aufleuchten lassen konnte. Ja, es gelang sogar der Nachweis, daß Gedanken bestimmte Formen bilden, und daß diese Formen unterschiedlich gefärbt sind, je nach emotionaler Qualität der damit verbundenen Vorstellungen! Hierbei waren besonders aufschlußreich die Gedankenformen und -farben beim Gebet:

Ganz gleich, ob man das Vaterunser bloß denkt oder es laut ausspricht, es bilden sich um den Kopf des Betenden blaue bis violette Felder, aus denen eine große blaue Kugel aufsteigt. Bei wiederholtem Beten formt sich ein hoher blauer Kegel, wie ein Trichter, dessen Spitze vom Haupt der betenden

Person ausgeht. Wissende fassen dieses Erscheinungsbild als Zeichen von *Gebetserhörung* auf. Das innige Gebet kann sich aber auch in Form einer hellgelben Lichtsäule manifestieren. Diese geht ebenfalls vom Kopf aus und wurde bis zur Zimmerdecke reichend beobachtet. Dort zeigte sich ein runder Lichtfleck von etwa 40 cm Durchmesser!

Beim Beten kommt es offenbar auf die Intensität unserer damit verbundenen Gedanken und Empfindungen an, nämlich wie weit die mentale Energiestärke reicht: ob bloß bis an die Zimmerdecke, oder über das Gebäude hinaus bis in jene geistige Welt, die außerhalb der Wahrnehmungsfähigkeit unserer materiegebundenen Sinne liegt.

Auf jeden Fall können wir uns jetzt erklären, warum Jesus so oft auf die große Bedeutung des innigen und gottvertrauenden Gebetes hinwies: Anscheinend ist es von größter Wichtigkeit, unsererseits energetisch den ersten Schritt zu tun, d.h. die energetischen Voraussetzungen zu schaffen, um Anschluß zu bekommen an höherfrequente göttliche Bereiche! Mit anderen Worten: Man muß quasi „die richtige Telefonnummer wählen" bzw. die richtige mentale Frequenz erzeugen, um eben hierdurch empfänglich zu werden für höherwertige Energien. – Das sollte eigentlich einleuchten.

Beim Ave-Maria-Gebet beobachtete man rosarote geflügelte Formen, die ebenfalls nach oben streben. Sie sind vergleichbar mit der „geflügelten Sonne", dem uralten heiligen Symbol der Ägypter. Demnach wäre das Rosenkranzbeten allein schon deswegen wertvoll, weil hierdurch starke positive Kraftfelder erzeugt werden.

Wer jedoch an Gebetswirkungen durchaus nicht zu glauben vermag, der möge gelegentlich folgendes ausprobieren: Wenn bei einer öffentlichen Hypnose-Veranstaltung zwei oder drei Personen im Raum still beten, so wird sich der Hypnotiseur blockiert fühlen. Es wird ihm kaum etwas gelingen. Auf jeden Fall wird er eine Gegenkraft spüren. Dies bedeutet, daß die Gebetskraft stärker ist als die Suggestionskraft eines Hypnotiseurs. In gleicher Weise blockieren kann man auch Heilerinnen oder Heiler, bei denen die Gottverbundenheit fehlt und statt dessen Geld eine wichtige Rolle spielt.

Auch beim Exorzismus bzw. Befreiungsdienst gibt es augenscheinliche Reaktionen auf das Gebet. Pater Dr. *Jörg Müller* aus Freilassing (Bayern) schreibt in einem seiner Bücher: „Jeder dämonisch attackierte, umsessene oder besetzte Mensch reagiert über kurz oder lang sogar auf Ferngebete, von denen er nichts weiß." Auf Gebete zu reagieren, von denen man nichts weiß, bedeutet aber, daß hier von einer Suggestionswirkung oder Einbildung nicht mehr die Rede sein kann!

„Zu gleichen Ergebnissen kamen großangelegte Versuchsstudien an US-Krankenhäusern. Schon 1986 berichtete die Fachzeitschrift ‚Medical Tribune' darüber. In San Francisco z.B. wurden unter Leitung von Prof. Dr. *Randolf C. Byrd* fast 400 Herzpatienten in zwei Gruppen eingeteilt, die zehn Monate lang unter Beobachtung standen. Für die eine Hälfte der Patienten wurde von fremden Menschen gebetet, für die anderen nicht. Weder Ärzte noch Kranke wußten davon. Den Betenden hatte man lediglich die Namen der Patienten mitgeteilt, sonst nichts. Verblüffendes Ergebnis: Bei der Gebetsempfänger-Gruppe gab es deutlich weniger Komplikationen und einen weit geringeren Medikamentenverbrauch als bei jenen, für die nicht gebetet worden war!

Im April 1999 erfolgten weitere Gebetsstudien an 1.500 Patienten in fünf Hospitälern. Die Ergebnisse entsprachen jenen von früheren Studien. Dr. *Herbert Benson* von der Harvard-Universität sagte: „Gebete helfen bei leichten bis mittelschweren Depressionen, beseitigen negative Gedanken und Streß."

Während es sich bei alledem um die Übertragung segensreicher Gedanken auf und für andere handelte, können sie auf uns selbst – ohne religiösen Bezug – ebenfalls Erstaunliches bewirken. Für Sportler nicht uninteressant ist nämlich eine Studie des US-Physiologen *Guang Yue* am Lerner-Forschungs-Institut in Cleveland. Bei einem Test mußten sich zehn Männer in Gedanken regelmäßig vorstellen, wie es wäre, wenn sie bestimmte Muskelpartien ihres Körpers trainieren. Es ist kaum zu glauben, aber nach nur einer Woche sollen die betreffenden Muskeln um bis zu 15% zugenommen haben!

Daß die Körperkraft mehrerer Personen, vereint eingesetzt, die Leistungsfähigkeit des einzelnen weit übertrifft, ist eine Binsenweisheit. Dasselbe trifft aber auch auf Gebetskräfte zu. Welch starke Energiefelder in einer Räumlichkeit durch gemeinsames Beten entstehen können, zeigten Messungen in der Kirche des Wallfahrtsortes Medjugorje.

Der US-Prof. *Boguslav Lipinski* von der Universität Boston nahm dort Messungen mit einem Spannungsmesser vor, wie er in der Kernphysik als Dosimeter für ionisierende Strahlungen (Radioaktivität) verwendet wird. Diese Strahlung wird in Milli-Rem (mR) gemessen. Während Gottesdiensten in nordamerikanischen Kirchen konnten mit diesem Gerät 20 bis 70 mR gemessen werden. In Medjugorje jedoch wurden während bestimmter Gebete sage und schreibe 100.000 mR (pro Stunde) registriert! Menschen, die dort häufig die Messe besuchen, müßten an den Folgen dieser hohen ionisierenden Strahlung zugrunde gehen! Da das jedoch nicht geschieht, sieht man sich zu der Annahme genötigt, daß die Gebetsenergie anderen als physikalischen Ursprungs sein muß, sagen wir: spirituellen Ursprungs. Das heißt: Diese Energiefelder sind mit dem genannten Gerät zwar meßbar, aber es handelt sich nicht um die übliche Radioaktivität. Außerdem baut sich das Feld sehr rasch wieder ab.

Hinsichtlich der Intensität von Gebetskräften erregte das Meßergebnis des US-Forschers Dr. *N. J. Stowell* erhebliches Aufsehen. Er maß bei einer Sterbenden, während sie betete, deren Hirnstromtätigkeit. Die Skala geht normalerweise von minus 500 bis Plus 500. Als jene Frau ihr letztes Gebet sprach, zeigte das Gerät den Wert von plus 500 an, der höchste von Stowell je gemessene! – Von da an war er kein Atheist mehr.

Forschungen an der schottischen Universität Paisley ergaben, daß Religiosität anscheinend lebensverlängernd wirkt. In 42 wissenschaftlichen Studien wurden dort die Sterblichkeitsdaten von 126.000 Menschen miteinander verglichen. Daraus ergab sich, daß Kirchgänger (besser gesagt: gottgläubige Menschen) eine fast um 30% höhere Chance haben, alt zu werden; sie leiden weniger unter hohem Blutdruck, Herzbeschwerden und Depressionen.

Gina L. Hirsche, die erwähnte Gründerin der Wiener „Liga für parapsychologische Forschung“, hatte einen Onkel, der in Kärnten einen großen Bauernhof besaß. Wenn ein Hagelwetter drohte, zündete er eine Laterne an und umschritt damit betend seine Felder. Nicht ein Hagelkorn fiel auf diese nieder! Wenn dann die Nachbarn sich über den Schaden beklagten, den ihre Felder erlitten hatten, kniete er sich hin und dankte Gott. Über das Gebet schreibt Frau Hirsche aus ihrer reichen Erfahrung heraus:

> *„Der Mensch betet im allgemeinen viel zu oberflächlich, was bezeugt, daß er die wahre Bedeutung des Gebetes nicht kennt! Beten ist eine heilige Handlung, ein Emporschwingen der Seele in demutsvoller Liebe. Ein Sammeln und Konzentrieren des Geistes auf den einen Punkt, auf Gott; ein Sich-Versenken, ein Untertauchen in das Meer der Unendlichkeit, das schließlich zum Erlöschen aller weltlichen Gedanken und Wünsche zu führen vermag.*

Gebet und (gott- oder christusbezogene) Meditation sind die Mittel, die uns den Himmel erschließen und uns Gott näherbringen. Nur durch sie wächst der Geist, hebt und erweitert sich unser Denken. Gebet stärkt und fördert das Gute in uns, bringt uns in Einklang mit den göttlichen Gesetzen und damit in Einklang und Frieden mit uns selbst. Es sind kostbare Güter, die damit gewonnen werden; Schätze, von denen Christus sagte, daß sie nicht durch Rost und Moder vernichtet werden können."

Auf jeden Fall steht experimentell fest, daß wir durch unser Denken reale Energien erzeugen und in Gang setzen, bewußt oder unbewußt. Da jedoch auch gedankliche Energien und Energiefelder dem Gesetz von Ursache und Wirkung unterliegen, so sollten wir ihre Auswirkungen auf uns selbst besonders aufmerksam studieren. Unsere Charakterhaltung prägt ja im Laufe der Zeit sogar unsere Gesichtszüge, von den sonstigen psychosomatischen Wechselwirkungen ganz zu schweigen. Das heißt: Unser Gedankenleben wirkt sowohl nach innen (auf unseren Körper), als auch nach außen, auf unsere Umgebung. Und daß jeder Gedanke an eine andere Person dieselbe mit absoluter Sicherheit erreicht, das beweist die experimentelle Telepathie.

Da gibt es z. B. ein Gerät, den Plethysmograph, welcher Veränderungen im Blutvolumen anzeigt. An einen solchen Apparat werden, jeweils an einem Finger, zwei Versuchspersonen angeschlossen. Jede der beiden befindet sich in einem anderen Raum. Wenn nun eine der beiden Personen intensiv an die andere zu denken beginnt, so registriert der Plethysmograph bei dieser anderen Person sofort eine Veränderung des Blutvolumens! Braucht man noch deutlichere Beweise für die Realität gedanklicher Kräfte?

Wie alles, so kann man auch Gedanken-, Vorstellungs- und Wunschkräfte sowohl in positiver (gottbezogener) als auch negativer (gottabgewandter) Weise einsetzen. Positiv ist, anderen Gutes zu wünschen, sie zu segnen, für sie zu beten. Extrem negativ hingegen sind Gedanken der Mißgunst, des Neides, der Eifersucht, des Ärgers, des Fluchens oder gar des Hasses. Die damit verbundenen mentalen Energien sind leider oft weit intensiver als solche des Wohlwollens und der Liebe. Der Volksmund trifft ins Schwarze mit den Redewendungen „er giftet sich" (d. h. er ärgert sich, er ist erbost) oder „er spuckte Gift und Galle". Ähnlich wie der Biß eines tollwütigen Hundes tödlich sein kann, so sondern auch Menschen im Zorn giftige Substanzen in ihren Ausscheidungen (Schweiß, Speichel) ab. Bißwunden, von einem wütenden Menschen zugefügt, heilen bekanntermaßen nur sehr langsam ab. Das wies anhand von Speichel- und Schweißanalysen u. a. der US-Psychologie-Professor *Elmer Gates* (1859–1923) nach, der Ausdünstungen von in Affekt gebrachten Versuchspersonen (auch deren Atem!) per Kühlverfahren kondensierte. Die so gewonnenen Flüssigkeiten wiesen unterschiedliche Färbung auf. Menschen, denen solcher „Liquor" injiziert wurde, gerieten sofort in die gleiche Gemütswallung. Als tödliches Gift erwies sich „Haß-Extrakt". Meerschweinchen eingespritzt, führte er in Minuten zu deren Tode! Auch Angstgefühle schlagen sich in der Ausdünstung nieder. Tiere riechen das, daher beißen den Ängstlichen die Hunde.

Wichtig zu wissen ist ferner, daß als Langzeitwirkung eines veränderten Denkens („Tuet Buße!" heißt ja: „Ändert eure Gesinnung!") signifikante Veränderungen in der Physiologie des Gehirns und damit in der konkreten Gehirnstruktur auftreten. Das ist wissenschaftlich nachgewiesen und es wäre dazu noch so manches Aufschlußreiche zu sagen.

Wenn man außerdem weiß, daß alles, was wir gedanklich

aussenden, früher oder später auf uns zurückfällt, so sollte man eine entsprechende Gedankenhygiene pflegen und ungute Gedanken bewußt meiden. Das ist in der Praxis gar nicht so leicht.

Wie aber sollten wir in ethisch vertretbarer Weise reagieren, wenn jemand schlecht über uns spricht und damit unseren Ruf schädigt, uns wirtschaftlich Schaden zufügt oder uns sonstwie das Leben erschwert? Wie wehrt man sich da, wie schützt man sich?

Nun, im Falle unguter Gedanken und Wünsche, mit denen jemand „bombardiert" wird, sollte man grundsätzlich folgendes wissen: Wenn nämlich die gedankliche Frequenz des Empfängers jener des Aussenders ganz und gar nicht ähnelt, so können die ausgesandten Gedanken „nicht landen".

Es fehlt die richtige Empfangsantenne, und so müssen sie zu ihrem Ursprung, ihrem Erzeuger zurückkehren. Im Französischen spricht man da vom „Choc de retour". Magier kennen ihn, denn er ist erfahrbar.

Für unseren Alltag bedeutet dies: Haben wir gute, segensvolle Gedanken ausgeschickt, so kommt ein lichter Segensstrom zu uns zurück. Erzeugten wir jedoch negative Frequenzen, so verfangen diese nur dann, wenn sie auf eine ihrem Charakter ähnliche oder gleiche Struktur treffen. Wenn nicht, so richtet sich ihre zersetzende Energie gegen uns selber!

So gesehen, bekäme die gleichnishafte Weisung im NT vom „Hinhalten der anderen Wange" überhaupt erst einen verständlichen und vernünftigen Sinn: Mit dieser Aussage Jesu wäre nämlich nicht gemeint, daß wir uns widerstandslos schlagen lassen sollen, sondern, daß wir – wenn andere uns Unrecht oder Leid antun – nicht in gleicher Weise reagieren sollen, uns frequenzmäßig nicht auf die gleiche niedere Charakterstufe begeben sollen, weil wir uns sonst empfänglich machen für das Ungute, das uns angewünscht wird!

Wir sollten allein schon deshalb nicht „mit gleicher Münze zurückzahlen“, weil sonst eine negative Kausalkette von Ursache und Wirkung ausgelöst wird. „Die andere Wange hinhalten“ bedeutet, daß wir denen, die uns übelwollen, statt irgend welcher Revanche-Gedanken gute verzeihende Gedanken zusenden sollen. Das mag im Einzelfall nicht gerade leicht sein, aber wohl nur so ist die von Christus geforderte Feindesliebe zu verstehen. Nicht, daß wir denen, die uns nicht mögen, liebebeteuernd um den Hals fallen sollen; das wäre weltfremd, und die Betreffenden würden sich das energisch verbitten. Nein, wir sollen vielmehr „das Gesetz walten lassen“, d. h. jene seelisch-geistigen Gesetzmäßigkeiten und Wechselwirkungen, womit jeder Mensch zum Selbstgestalter seines Schicksals wird. Diese Gesetzmäßigkeiten nämlich sind „Gottes Mühlen“, die zwar – im allgemeinen – langsam mahlen, aber mit absoluter Präzision!

Das ernsthafte Gebet ist also immer und überall von größter Wichtigkeit. Auch das Gebet für andere. Wenn in manchen sich elitär dünkenden esoterischen Gruppierungen das Beten für andere abgelehnt wird, weil man in deren Karma nicht eingreifen dürfe, so sollte man solche Kreise besser meiden, auch wenn sie von ihrer „Wahrheit“ noch so sehr überzeugt sein mögen. Andererseits erkennt man an dieser Einstellung, welche bedeutsame Kraft man dem Gebet beimißt!

Dennoch sollte man auch hier Vernunft walten lassen und nicht mit Gebeten etwas erzwingen wollen. Es liegen Erfahrungsberichte vor, wo die Betreffenden es später sehr bereuten, daß ihr verzweifeltes Flehen erhört worden war.

Gebetskräfte können Erstaunliches bewirken, mit ihnen kann man sogar Sterbende zurückholen. Sterbeforschern liegen Berichte vor, wo Hinübergehende „durch die Liebe und Gebete anderer“ zurückgeholt worden seien. Eine Mutter z. B.

befand sich im Stadium des Abscheidens. Ihr einziger Sohn saß, still weinend, in einer Ecke des Krankenzimmers. Nachdem bei der Mutter Herzstillstand festgestellt worden war, beugte er sich über sie und rief sie mehrmals an. Es erfolgte jedoch keine Antwort mehr. Da kniete er nieder und betete laut: „Ich danke Dir, himmlischer Vater, daß Du mir eine so gute Mutter gegeben hast. Hilf mir, so zu leben, daß ich sie dereinst wiederfinden kann dort, wo Du sie aufgenommen hast.“ Da, auf einmal schlug die Mutter ihre Augen auf, schaute zu ihrem Sohn hin und flüsterte glücklich: „Danke, danke mein Junge!“ Dann fiel ihr Kopf zur Seite und sie verließ diese Welt.

Eine andere Frau lag todkrank danieder. Die anwesenden Angehörigen beteten viel für sie. Nachdem ihre Atmung schon mehrmals ausgesetzt hatte, sagte sie leise: „Ich bin drüben gewesen. Es ist wunderschön dort. Ich möchte gerne dort bleiben, aber eure Gebete halten mich hier fest. Bitte betet nicht mehr.“ Die Angehörigen ließen daraufhin vom Beten ab, und kurz danach entschlief diese Frau.

Ein fünfjähriger Bub lag infolge eines bösartigen Hirntumors bereits seit drei Wochen im Koma. Seine Angehörigen weilten fast ununterbrochen an seinem Bett und beteten inbrünstig um seine Genesung. Da betrat der Pfarrer das Krankenzimmer. Es kostete ihn offensichtlich Überwindung, einen sonderbaren Traum zu erzählen, weil er nicht wußte, wie man reagieren würde.

Der kranke Junge war ihm deutlich im Traum erschienen und hatte gesagt: „Es ist Zeit für mich, zu sterben. Sagen Sie meinen Eltern, daß sie nicht mehr um mein Leben beten sollen. Ich muß jetzt gehen.“ Dieses Traumerlebnis beeindruckte den Pfarrer dermaßen, daß er des Jungen Gegenwart noch immer zu spüren glaubte.

Man besprach sich nun und empfand, daß es sich hier um eine Willensäußerung ihres Buben handeln könnte und sie diese akzeptieren sollten. Sie sprachen ein letztes Gebet, streichelten seinen wie leblos daliegenden Körper und sagten ihm, daß sie mit seinem Weggang einverstanden seien, wiewohl sie ihn sehr vermissen würden. Da kam der Junge plötzlich zu sich! Er bedankte sich bei den Seinigen, daß man ihn nun gehen lasse und kündigte sein baldiges Sterben an. Dies war sodann nächstentags der Fall.*

Abschließend möchte ich noch den Titel dieser Abhandlung erläutern, er lautet eigentlich: „Bete nie zum Schein, es könnte funktionieren!"

Es handelt sich um ein Erlebnis an der Schwelle zum körperlichen Tode, welches der US-Kardiologe Dr. *Maurice Rawlings* mit einem Notfallpatienten namens Charlie hatte. Dr. Rawlings war gerade beim Einsetzen eines Herzschrittmachers. Dabei mußte er den Brustkorb des Patienten rhythmisch drücken. Doch jedesmal, wenn er dies unterbrach, begann Charlie zu toben, verdrehte die Augen, verfiel in Zuckungen und schrie: „Um Gottes willen, nicht aufhören! Jedesmal, wenn Sie loslassen, bin ich in der Hölle! Bitte beten Sie für mich!"

Dr. Rawlings empfand dies als Zumutung und sagte unwirsch, er sei Arzt, und kein Pfarrer. Charlie solle seinen Mund halten! Aber der Patient bat weiter flehentlich um Gebete, und da waren auch die erwartungsvollen Blicke der Krankenschwestern... Rawlings sagt: „Mir blieb keine andere Wahl, ich mußte, wenn auch nur zum Schein, ein Gebet erfinden." Während er nun mit der einen Hand die

* Auch hier ist wiederum erkennbar, daß Menschen im Koma ansprechbar sind, aber nicht zu reagieren vermögen. Demnach wäre eine Organentnahme bei sogenannten „Hirntoten" als Verbrechen einzustufen (vgl. Kap. über Organverpflanzungen).

Wiederbelebungsversuche fortsetzte, regulierte er mit der anderen den Herzschrittmacher. Fast verzweifelt sprach er zum Patienten: „Sprechen Sie mir nach: Jesus Christus ist Gottes Sohn. – Los, sagen Sie es! – Bewahre mich vor der Hölle, und wenn du mich am Leben bleiben läßt, so will ich für immer dir gehören. Los, sagen Sie es!"

Charlie wiederholte Wort für Wort das erfundene Gebet und war plötzlich nicht mehr der schreiende tobsüchtige Irre, der mit wildem Blick um sein Leben kämpfte. Er war jetzt ganz ruhig und kooperativ geworden! Sollte das zum Schein gesprochene „Gebet" eine solche Wirkung haben? Dr. Rawlings, bis dahin religiös gleichgültig, ist seitdem überzeugter Christ. Und er schließt seinen Bericht mit den Worten: „Was lernen wir daraus? Daß man nie zum Schein ein Gebet sprechen sollte, es könnte funktionieren!"*

Achte auf Deine Gedanken
denn sie werden Deine Worte.

Achte auf Deine Worte,
denn sie werden Deine Taten.

Achte auf Deine Taten,
denn sie werden Deine Gewohnheiten.

Achte auf Deine Gewohnheiten,
denn sie werden Dein Charakter.

Achte auf Deinen Charakter,
denn er wird Dein Schicksal!

(Aus dem Talmud)

---

* Maurice S. Rawlings: Zur Hölle und zurück. Verlag CM Fliß, Hamburg 1996, S. 42.

Gott lebt!

Dieses Gedicht entstand unter krassen Umständen im Jahre 1950 in einem geheimen sowjetischen Straflager. Ein mitgefangener Werkstudent der Zeisswerke in Jena hatte in einem Vortrag vor etwa 700 Leidensgenossen die Überzeugung vertreten, daß es keinen Gott geben könne. *Karl Marx* habe recht, wenn er Religion als „Opium des Volkes" betrachtet. Als Reaktion auf die Darlegungen jenes Studenten entstand das nachfolgende Gedicht. Es mußte im Gedächtnis bewahrt werden, weil es so gut wie keine Aufzeichnungsmöglichkeiten gab:

Jene, die in guten Tagen
nie nach Gott und Kirche fragen,
Wahrheit und Vernunft mißachten,
Ehrlichkeit als dumm betrachten
und in ihrem ganzen Denken
nur sich selbst Beachtung schenken –
die das Recht durch üble Tücken
ohne Rücksicht unterdrücken
und erst in Bekümmernissen
plötzlich Gottes Schutz vermissen,
fragen jetzt voll Ironie
Gott, warum er den in Nöten
angstgebor'nen Stoßgebeten
nicht sofort Gehör verlieh!

Die damals begeistert den Krieg propagiert
und s e l b s t dann, entsetzt, seine Schrecken verspürt,
die klagen jetzt Gott an und seine Geduld,
ihn eifrig beladend mit menschlicher Schuld.

Behaupten nun kühn, mit empörtem Geschrei,
daß Gott für ihr Elend verantwortlich sei –
und leugnen bewußt, daß durch Willen und Kraft
der eig'nen Verbohrtheit sie selbst es geschafft!
Umsonst ist die Lehre, die Völker versöhnt,
solange die Erde von Bomben erdröhnt,
weil Menschen, verblendet durch Machtrausch und Gold
*fanatisch statt Butter Kanonen gewollt!**

Sie selbst warfen Fackeln ins feurige Spiel
mit „Kampf bis zum letzten!" und „Führer, befiehl!" –
Verlangten hysterisch totaleren Krieg,
als längst schon das Leid jedes Maß überstieg!

Nun höhnt man: „Wo war Gottes schützende Hand,
als Frauen und Kinder im Phosphor verbrannt? –
Wo grausam die Sense des Todes geblitzt,
da hat weder Bibel noch Beten genützt!
Der Gottesverehrung moralischer Kern
ist Opium fürs Volk nur und nicht mehr modern.
Wenn Gott existierte, dann gäb's keine Not –
Drum Schluß mit dem Schwindel, denn Gott ist längst tot!"

Solche, die in ihrem Leben
nur nach eig'nem Vorteil streben
und durch Worte als auch Taten
Skrupellosigkeit verraten. –
Dennoch Tugenden verkünden,
die an ihnen nie zu finden;

* Am 13.2.1943 im Berliner Sportpalast.

andern Opfer auferlegen,
selber keinen Finger regen
und in teuflischem Empfinden
Rassenhaß für gut befinden,
haben ständig Gott geschmäht,
bis sie ihn bei Bombennächten
angsterfüllt in Kellerschächten
um Errettung angefleht!

Solch' Leute, die oftmals schon Unrecht getan,
die zweifeln jetzt Gottes Vorhandensein an
und schaffen aufs neue, in störrischem Trott,
Partei-Ideale mit eigenem Gott.
Ersetzen die christliche Ethik bequem
durch Klassenkampf-Sprüche mit Einheitssystem –
und seh'n auch im Wesen der Mutter Natur,
nicht Gott, sondern ‚logische Vorgänge' nur.
Erfinden Parolen und Phrasen genug
das Volk zu verhetzen; doch aller Betrug,
den jemals die menschliche Bosheit erfand,
der wurde zuletzt an den Früchten erkannt.

Und dieses verlog'ne Betrügergeschlecht
ergreift gegen Gott nun das Anklagerecht!
Ihr Urteilsspruch aber wird ihnen allein
sehr bald zum Verhängnis die Ursache sein.

Wir andern jedoch schauen lächelnd und still
hinab auf des tobenden Pöbels Gebrüll –
denn Edles ward stets schon vom Abschaum der Welt
ins übelste Licht der Verachtung gestellt.

Gott lebt!

Mit gläubigem Herzen dem Herrgott vertrau'n,
ermöglicht, den S i n n des Gescheh'ns zu durchschau'n;
drum zagt nicht, weil Lüge zur Weltherrschaft strebt –
die Wahrheit wird siegen, denn u n s e r Gott l e b t!

Rudolf Passian

Ausklang und brüderlicher Rat

Liebe Leserinnen und Leser dieses Buches,

anhand vieler Tatsachenberichte konnten Sie ersehen, daß sich niemand von uns verlassen oder einsam zu fühlen braucht. Auch Sie nicht! Selbst dann nicht, wenn man seit langem körperlich und seelisch leiden muß und man sich zutiefst nach spürbarer göttlicher Hilfe sehnt!

Freilich hat gut reden, wer nicht in ähnlicher Situation steckt. Da ich jedoch selber jahrelang dem Tode näher war als dem Leben und überdies hartes Unrecht erdulden mußte, glaube ich zu dem folgenden brüderlichen Rat berechtigt zu sein. Er ist mitfühlend und gut gemeint:

Wer gibt, dem wird gegeben. Man kann das ohne Risiko selber ausprobieren. Nämlich, nicht immer nur ans eigene Leid zu denken, sondern daran, daß es anderen möglicherweise noch weit schlimmer ergeht! Senden Sie täglich, möglichst öfters, allen Menschen, ja aller leidenden Kreatur, bewußt Ihre segensreichen Wunschgedanken (z. B. in Form der Segensformel auf der letzten Seite). Verzeihen Sie von Herzen allen, von denen Sie verletzt wurden, und beten Sie auch für jene, von denen Sie abgelehnt werden. Denken Sie an das, was im Kapitel über Gedanken- und Gebetskräfte gesagt wurde.

Gewöhnen Sie sich bitte an, für andere öfters ein Lächeln, ein gutes Wort übrig zu haben, oder helfen Sie, wo es angebracht erscheint, so gut und auf welche Art Sie es vermögen. Gewähren Sie irgendwelchem Groll und der Verbitterung keinen Platz mehr in Ihrem Herzen. Vollziehen Sie (sofern nicht schon geschehen) die längst überfällige spirituell positive Kurskorrektur in Ihrer Lebenseinstellung. Ernsthaft, gottvertrauend und mit Ausdauer. Wenn Sie das beharrlich tun, dann werden auch Sie... Wunder erleben!

Bitte achten Sie auch darauf, nichts als selbstverständlich zu betrachten, was unser Leben angenehm macht. Weder das Glück, gesund zu sein, Familie und Freunde zu haben, noch sich sattessen zu können und ein freier Mensch zu sein. Ebensowenig selbstverständlich ist es, wenn alle Lieben am Abend oder Wochenende wohlbehalten wieder heimkommen. Wie rasch kann sich dies, z. B. durch einen schweren Verkehrsunfall, schlagartig ändern.

Bitte versuchen Sie diese Umstellung, mit zuversichtlichem Gebet zu Gott oder Jesus Christus. Für Katholiken ist auch die Anrufung von Mutter Maria oder zur Gemeinschaft der Heiligen kein leerer Wahn. Von Nichtkatholiken wird dies oft fälschlich als „Anbetung" mißverstanden. Wichtig ist ja, daß überhaupt vertrauensvoll gebetet wird, damit gottbezogene, energiereiche Kraftfelder entstehen und von der himmlischen Welt genutzt werden können (vgl. das Kapitel über Gedanken- und Gebetskräfte). Wer dies alles noch nie ernstlich und mit Geduld praktiziert hat, der kann überhaupt nicht mitreden, weil es an bestätigender Erfahrung mangelt. Deshalb sollte man sich endlich besinnen. Es ist höchste Zeit! Beginnen Sie noch heute!

Goethe sagte ganz richtig: „Sobald der Geist auf ein Ziel gerichtet ist, kommt ihm vieles entgegen." Sie werden dies bestätigt finden, wenn Sie sich endlich auf das allein Wesentliche besinnen und erkennen, daß auch Ihr Leben von Bedeutung ist; bedeutsam für Sie selbst, für Ihre Mitmenschen, und sogar für das Geschehen im Weltganzen. Zögern Sie daher nicht, Aufgaben zu übernehmen, z. B. eine ehrenamtliche Tätigkeit, die weder Geld noch Ruhm einbringt, aber dem Ganzen dient! Sie haben ja mit Ihrem eigenen Erdenleben ebenfalls eine Aufgabe übernommen (und eine keineswegs leichte), die – nach *Jean Gebser* – „in dem Maße an Bedeutung zunimmt, als der einzelne die Zusammenhänge durchschaut und sich neue Erkenntnisse zugänglich macht."

Horizonterweiternde Erkenntnisse möge Ihnen dieses Buch vermittelt haben. – Als Ihr Weggefährte aber rufe ich Ihnen zu: Seien Sie, trotz allem, guten Mutes! Es lohnt sich, zu leben und zu kämpfen für das zeitlos Gute! Schließen möchte ich mit Worten von *Rita Reimers*:

„Du kannst nicht alles Leid der Erde trösten,
nicht alle Not und alles Elend lindern.
Schwer trägst Du an der Last des Ungelösten,
und kannst es trotz Betrübnis nicht vermindern.

Du kannst nicht jedes Tier vor Qual erretten,
Du kannst nicht jedes Herz vor Kummer schützen
doch einige kannst Du in Liebe betten,
und sie in Not und in Verzweiflung stützen.

Die Welt ist voll von unheilbaren Übeln,
von denen Du nur einen Bruchteil bannst.
Lass ab drum vom ergebnislosen Grübeln:
Erkenn den Kreis, in dem Du wirken kannst!"

Allzeit G u t L i c h t auf Ihrem Wege wünscht Ihnen von Herzen

Ihr Mitwanderer

Rudolf Passian

Segensspruch

Friede sei allen Geschöpfen
Licht sei allen Geschöpfen
Heil sei allen Geschöpfen!
Mögen alle Geschöpfe gesegnet sein in Gott –
denn Gott ist die Liebe,
und Gott ist gut!

So sei es!

Wenn man dieses energiereiche Kurzgebet – bewußt – möglichst oft spricht oder denkt, so wird man schon bald eine erstaunliche Wirkung feststellen: Man gewinnt den Eindruck, als ob alles Ungute nicht mehr so recht an einen herankommen könne; und wenn, daß es uns nicht mehr sonderlich berührt...
...denn das Licht hat unbeschränkte Macht über die Dunkelheit!

R. P.

Literaturverzeichnis

Zum Thema Engel:

Moolenburgh, H. C.: Engel als Beschützer und Helfer des Menschen. H. Bauer, Freiburg i.Br. 1985.

Moolenburgh, H. C.: Engel. Helfer auf leisen Sohlen. H. Bauer, Freiburg i. Br. 1993.

Schiebeler, Werner: Engel als Boten Gottes und Helfer der Menschen. WerSch Verlag, Schutterwald 1996 (Ravensburg-Torkenweiler 1997).

Snell, Joy: Der Dienst der Engel. Erlebnisse einer hellsichtigen Krankenschwester. Turm-Verlag, Bietigheim-Bissingen 2002.

Sutherland, Cherie: Als mir der Engel erschien. Begegnungen mit himmlischen Helfern. Hugendubel, Kreuzlingen/München 2003.

Wenberg, Egon: Ein Plädoyer für Engel. H. Bauer, Freiburg i.Br. 1994.

Sterbe- und Weiterlebensforschung, Nah-Todeserlebnisse und Jenseitskontakte:

Brinkley, Dannion und Perry, Paul: Zurück ins Leben. Die wahre Geschichte des Mannes, der zweimal starb (Vorwort von R. Moody). Droemer Knaur, München 1994.

Dam, W. C. van: Tote sterben nicht. Pattloch, Augsburg 1990.

Fenimore, Angie: Jenseits der Finsternis. Eine Nah-Todeserfahrung, die in die Schattenwelt führte. Droemer Knaur, München 1996.

Guggenheim, Bill und Judy: Trost aus dem Jenseits. Unerwartete Begegnungen mit Verstorbenen. Scherz Verlag, München 1998.

Güldenstubbe, Ludwig von: Positive Pneumatologie. Die Realität der Geisterwelt. Lindemann, Stuttgart 1870.

Landmann, P. H.: Wie die Toten leben. Protokolle aus dem Jenseits. Schwab, Argenbühl-Eglofstal 1979.

Martensen-Larsen, Hans: [1.] An der Pforte des Todes. Wanderung zwischen zwei Welten. Furche, Berlin 1933. [2.] Ein Schimmer durch den Vorhang. Vom Einbruch jenseitiger Mächte und Gewalten in das irdische Leben. Furche, Berlin 1932. [3.] Am Gestade der Ewigkeit. Die Stadt der Trauer und die Welt des Lichts. Furche, Berlin 1933.

Moody, Raymond A.: Leben nach dem Tod. Nachgedanken über das Leben nach dem Tod; Das Licht von drüben. (Vorwort von Elisabeth Kübler-Ross). Rowohlt, Rheinbek bei Hamburg 1977; erw. Neuausg. 2001.

Morse, Melvin und Perry, Paul: Verwandelt vom Licht. Über die transformierende Wirkung von Nah-Todeserfahrungen. Droemer Knaur, München 1994.

Morse, Melvin und Perry, Paul: Zum Licht. Was wir von Kindern lernen können, die dem Tode nahe waren (Vorwort von Raymond Moody). Droemer Knaur, München 1994.

Prel, Carl du: Entdeckung der Seele durch die Geheimwissenschaften. 2 Bände. Altmann, Leipzig 1895.

Prel, Carl du: Der Tod, das Jenseits, das Leben im Jenseits. Costenoble, Jena 1901.

Rawlings, Maurice S.: Jenseits der Todeslinie. Neue klare Hinweise auf die Existenz von Himmel und Hölle. Christliche Buchh., Baden (CH) 1987.

Rawlings, Maurice S.: Zur Hölle und zurück. Leben nach dem Tod, überraschende neue Beweise. CM Fliß, Hamburg 1996.

Ring, Kenneth: Den Tod erfahren, das Leben gewinnen (Vorwort von Elisabeth Kübler-Ross). Scherz Verlag, Bern 1985.

Ritchie, Jean: Blicke ins Jenseits. Berichte von der Schwelle zum Tod. Bastei-Verlag Lübbe, Bergisch-Gladbach 1997.

Rommer, Barbara R.: Der verkleidete Segen. Erschreckende Nahtodeserfahrungen und ihre Verwandlung. Santiago-Verlag, Goch 2004.

Schwarz, Rudolf: Der geheime Weg zur Unsterblichkeit. Schwab, Argenbühl-Eglofstal 1981.

Schwarz, Rudolf: Mehr Licht aus dem Jenseits. Die Landmannschen Jenseits-Protokolle und ihre praktischen Folgerungen für unsere Lebensführung. Schwab, Argenbühl-Eglofstal 1980.

Sutherland, Cherie: Tröstliche Begegnungen mit verstorbenen Kindern. Eltern berichten. Scherz Verlag, Bern 1998.

Empfohlen seien außerdem die Bücher und Schriften des Physikers Prof. Dr. Werner Schiebeler sowie von Rudolf Passian die nach wie vor bestverständliche Einführung in die internationale Forschung zum Thema Leben, Tod und Sinnfragen: „Abschied ohne Wiederkehr? Tod und Jenseits in parapsychologischer Sicht“, Reichl Verlag 1988; erw. Neuausgabe 2005.

KUNDGEBUNGEN DES GEISTES EMANUEL

Gesammelt durch

Bernhard Forsboom

Diese zeitlosen Kundgebungen eröffnen uns nicht nur einen tiefen Einblick in die geistige Gesetzeswelt, sondern sie geben uns auch Aufschluß über unser eigenes Wesen und über den Sinn und Zweck unseres Erdenlebens. *Graf Bogislav* urteilt über sie: „Klar und widerspruchslos sind die Offenbarungen Emanuels ein wahres Himmelsgeschenk, das wir dankbar annehmen sollten.“

Dabei reichen die Kundgebungen Emanuels teilweise in ferner Zeiten zurück, so daß wir nach reiflicher Überlegung den Kundgebungen gegenüber nur sagen können: Ja, so oder so ähnlich könnte es gewesen sein. Immerhin erhalten wir so eine erste „Arbeitshypothese“ auf der man weiter aufbauen kann, auch durch vergleichbare Schauungen unserer bekannten Mystiker. Emanuel führt uns so von den Anfängen der Schöpfung über den ersten Geisterfall bis zu den allgemeinen Entwicklungsprinzipien des Lebens, läßt uns einen Blick werfen in die Geisterschmiede des Kosmos.

Die daran anschließenden Kundgebungen beleuchten die Grundfragen der geistigen Weiterentwicklung, menschliche Gemeinschaft und gegenseitige Hilfe, das große, Zeit und Raum übergreifende „Gesetz der Solidarität der Geister“. Viele bekannte Aussagen begegnen uns hier, aber auch auch so manches Neues, das wir in dieser Form wohl nur bei Emanuel finden.

Zu den Grundaussagen Emanuels gehören: Die Existenz Gottes, die Historizität Jesu Christi und die Bedeutung seiner Mission, die ursprünglich rein geistige Schöpfung, der mehrfache Fall der Geister, die Entstehung derbmaterieller Welten. Ferner: das Vorhandensein von Engeln und Schutzgeistern und das Gnadengesetz, welches durch betätigte Liebe wirksam wird.

272 S., kart. ISBN 978-3-87667-253-3

II. Band: 171 S., geb. ISBN 978-3-87667-254-0

Werke von Friedrich Markus Huebner:

MENSCHEN ALS ARZNEI UND GIFT

Zu den Äußerungen, die wir mit unseren Mitmenschen austauschen, gehören die unbewußten und unwillkürlichen nicht nur hinzu, sie sind sogar mindestens von gleicher Wichtigkeit. Huebner gelingt es, diese subtil ablaufenden Vorgänge mit meisterhaftem Scharfblick ins Wort zu heben, sodaß wir erkennen, warum uns die Gesellschaft mancher so sympathisch ist, wir in ihrer Gegenwart förmlich aufleben, während wir bei anderen an Schwung und Strahlkraft einbüßen müssen. Es ist vor allem die Wesenssumme, die hinter den sichtbaren Ausdrücken der Persönlichkeit liegt, die darüber entscheidet, wie Menschen auf uns wirken – ob als Arznei oder aber als Gift.

55 Seiten, kart. ISBN 978-387667-271-7

NIEMAND IST EINSAM

Sobald der Mensch fühlt, wie in ihm täglich und stündlich eine Macht hineinragt, die sich in keiner Weise seinem ich odar gar nur seiner bürgerlichen Existenz gleichsetzen läßt, erkennt er, daß die Einsamkeit auf Selbsttäuschung beruht. Niemand ist einsam! – Im Augenblick, wo der Mensch die Umstellung seiner geistigen Gravitationsrichtung vornimmt, wird aus der bloß latenten Möglichkeit des inwendigen Gegenübers eine schöpferische – was wächst, ist seine fluidale Reichweite, seine Teilnahme und Teilhabe am Lebensganzen. Der Mensch gehört fortab nicht mehr nur dem sichtbaren, sondern auch dem unsichtbaren Naturreich, nicht mehr nur der Erde, sondern auch dem Himmel an.

55 Seiten, kart. ISBN 978-3-87667-272-4

ZEICHENSPRACHE DER SEELE

Der Mensch als Funke Gottes, als Geist von Seinem Geist, ist mitnichten weit mehr als eine bloße biologische, klar kalkulierbare funktionale Wesenheit – für die Entfaltung überpersönlicher Kräfte ist die gewöhnliche Selbstgleichheitsfiktion der Schulpsychologie daher wenig förderlich. Vielmehr ist es für ein tiefes Verständnis der Regungen der menschlichen Seele und damit des Wesens des ganzen Menschen unabdingbar, hinter die bloß vordergründigen Äußerungen des Charakters zu sehen. Die so eingeschlagene Bahn einer ganzheitlichen Seelenkunde, die als letztes Forschungsziel nicht mehr bei der persönlichen, sondern beim überpersönlichen Charakter des Menschen ansetzt, fürt dagegen ins Unermeßliche.

59 Seiten, kart. ISBN 978-3-87667-273-1

Annekatrin Puhle

MIT GOETHE DURCH DIE WELT DER GEISTER

Aktuelle seriöse Literatur über Geistererscheinungen ist in Deutschland – trotz des großen Interesses an esoterischen Themen – eher Mangelware. Wenn sich eine studierte Philosophin und Anthropologin im Rahmen eines Forschungsauftrags eines solchen vielschichtigen Themas annimmt, darf man eine wissenschaftlich fundierte und äußerst aufschlußreiche Veröffentlichung erwarten, die gleichzeitig aber auch populär und spannend geschrieben ist.

„Mit Goethe durch die Welt der Geister" stellt die einbändige Kurzausgabe aus einer auf vier Bände angelegten Gesamtausgabe dar, die nach sechsjährigen Recherchen und vielen Reisen zu den wichtigsten Bibliotheken in Deutschland, Österreich, England und Schweden entstanden ist. Das Buch, das einen sehr weit gefaßten Überblick über diese Thematik im deutschsprachigen und europäischen Raum gibt, klassifiziert die verschiedenen Arten von Geistererscheinungen, wie Natur-, Haus- und Spukgeister, beschreibt außerkörperliche Reisen und Nahtoderfahrungen und gibt sogar „praktische" Anleitungen für den Umgang mit Geistern. Es enthält seltene und schwer zugängliche historische Texte über Geisterbegegnungen neben hochaktuellen Fallberichten und orientiert sich an der neuesten Forschung. Mit vielen Goethe-Zitaten und paranormalen Episoden aus Goethes Leben wird der Leser durch die geheimnisvolle Welt der Geister geleitet.

Dieses Werk ist jedoch viel mehr als nur eine Anthologie verschollener Geisterberichte und eine wahre Fundgrube für seltene Literaturquellen ebenso wie hochinteressantes Bildmaterial, sondern zudem ein Werkzeug, das uns hilft, mehr über uns selbst zu erfahren, denn: „Die Frage, was ein Geist ist, ist die Frage nach uns selbst. Es ist die Frage nach unserer Seele, nach einem unvergänglichen und wertvollen Kern in uns selbst."

382 Seiten, mit vielen s/w-Abbildungen und Farbtafeln
ISBN 978-387667-268-7

Gesamtausgabe in 4 Bänden, ca. 1700 Seiten, Abb.
ISBN 978-387667-269-4

Johannes Müller – Heinrich Lhotzky

BLÄTTER ZUR PFLEGE PERSÖNLICHEN LEBENS

– Auswahlband –

Die Beiträge von Johanes Müller und Heinrich Lhotzky für die „Blätter zur Pflege des persönlichen Lebens" sind Schriften zur Persönlichkeitsentfaltung. Ihnen gemeinsam ist ein wesentliches Merkmal, das sie über so manche scheinbar ähnliche Schrift damaliger und später Zeit hervorhebt: Sowohl für Johannes Müller als auch für Heinrich Lhotzky ist der Gott unserer Bibel eine alles umfassende Wesenheit, von der eine lebendige Kraft ausgeht und in alles hineinstrahlt. Diese mit Worten nicht zu beschreibende unendlich liebevolle Kraft, dieses „Etwas" kann geduldig auf uns warten, und greift vor allem dann ordnend und wandelnd in unser Leben ein, sobald wir uns darauf einlassen, verstärkt auf unsere innere Stimme zu achten, Jesu Spuren und Handreichungen in unserem eigenen Leben zu suchen und ihnen zu folgen.

Mit dem hier vorliegenden Band werden aus den ersten 10 Jahresbänden, erschienen 1897–1906, ausgewählte Beiträge in zeitlicher Reihenfolge ihres damaligen Erscheinens vereint.

300 S., Hln. ISBN 978-3-87667-282-3

REICHL VERLAG · DER LEUCHTER · 56329 ST. GOAR

Auf dem Hähnchen 34 · www.reichl-verlag.de

Tel. 06741-1720 · Fax 1749 · E-mail: post@reichl-verlag.de